Gesetzgebungsoutsourcing

Europäische Hochschulschriften

European University Studies

Publications Universitaires Européennes

Reihe II	**Rechtswissenschaft**
Series II	Law
Série II	Droit

Band/Volume **5459**

Julia Leven

Gesetzgebungsoutsourcing

Verfassungsrechtliche Probleme der Inanspruchnahme Privater zur Erstellung von Gesetzentwürfen

PL ACADEMIC RESEARCH

Bibliografische Information der Deutschen Nationalbibliothek
Die Deutsche Nationalbibliothek verzeichnet diese Publikation in der Deutschen Nationalbibliografie; detaillierte bibliografische Daten sind im Internet über http://dnb.d-nb.de abrufbar.

Zugl.: Düsseldorf, Univ., Diss., 2012

Dissertation der Juristischen Fakultät der Heinrich-Heine Universität Düsseldorf
Erstgutachter: Prof. Dr. Lothar Michael
Zweitgutachter: Prof. Dr. Stefan Hertwig
Tag der mündlichen Prüfung: 26. November 2012

D 61
ISSN 0531-7312
ISBN 978-3-631-62696-2

www.peterlang.de

Vorwort

Die vorliegende Arbeit wurde im Wintersemester 2012/2013 von der Juristischen Fakultät der Heinrich-Heine-Universität Düsseldorf als Dissertation angenommen.

Rechtsprechung und Literatur sind bis zum Winter 2012 berücksichtigt.

Mein herzlicher Dank gilt meinem Doktorvater, Herrn Prof. Dr. Lothar Michael, der die Bearbeitung des Themas angeregt und ihren Fortgang mit hilfreichen Ideen und Ratschlägen gefördert hat. Herrn Prof. Dr. Stefan Hertwig danke ich für die Erstellung des Zweitgutachtens.

Besonders danken möchte ich außerdem meinen Eltern, Veronika und Hans-Joachim Leven, die mich in allen Phasen meines Studiums und der Promotion uneingeschränkt unterstützt haben sowie meinem Partner, Alexander Kerntopf, der mir jederzeit mit viel Verständnis und Geduld zur Seite stand.

Nicht zuletzt möchte ich mich bei meinen großartigen ehemaligen und jetzigen Kollegen an der Professur für Öffentliches Recht bedanken, die jederzeit für Diskussionen zur Verfügung standen und die Arbeit an mancher Stelle bereichert haben: Dr. Franz Unkel, Christian Dölling, Daniel Dunz, Christian Kemler, Michaela Luhs, Carl Georg Müller, Sarah Schreiner und Dr. Lars Wildhagen. Christian Dölling danke ich außerdem für die wertvolle technische Unterstützung.

Düsseldorf, im Dezember 2012 *Julia Leven*

Inhaltsverzeichnis

A. Das Phänomen des Gesetzgebungsoutsourcings und seine Einordnung

Der Begriff „Gesetzgebungsoutsourcing“ wirkt auf den ersten Blick selbsterklärend: „Outsourcing“ setzt sich zusammen aus den englischen Begriffen „outside“ (außen), und „resources“ (Ressourcen) und bedeutet, dass bisher selbst erbrachte Leistungen von externen Auftragnehmern ausgeführt werden.[1] Hierdurch wird regelmäßig eine Erhöhung der Effektivität und Produktivität angestrebt. Probleme bereitet jedoch die Kombination des „Outsourcings“ mit der Gesetzgebung. Die vorliegende Untersuchung umfasst nicht den gesamten Bereich der Gesetzgebung, sondern lediglich die Auslagerung der Erstellung von Gesetzentwürfen, somit das „innere Gesetzgebungsverfahren.“

Im Folgenden soll erörtert werden, inwiefern die Auslagerung der Erstellung von Gesetzentwürfen möglich ist, welche Ziele hiermit verfolgt werden und welche verfassungsrechtlichen Probleme sich in diesem Zusammenhang ergeben.

I. Begriff des Gesetzgebungsoutsourcings

Gegenstand der vorliegenden Untersuchung ist die immer populärer werdende Übung der Bundesregierung, von ihr initiierte Gesetzentwürfe durch private Rechtsanwaltskanzleien erstellen zu lassen und die verfassungsrechtlichen Probleme, die sich hieraus ergeben.[2] Insofern böte sich zur Bezeichnung des Untersuchungsgegenstandes auch der Begriff des „Gesetzentwurfsoutsourcing“ an. Im Folgenden soll jedoch weiterhin auf den Begriff des „Gesetzgebungsoutsourcings“ abgestellt werden, da sich dieser bereits in der Debatte als gängige Bezeichnung etabliert hat.[3]

Geklärt werden muss zunächst, wie die Tätigkeit der Privaten rechtlich einzuordnen ist.

Vergleichbare Problemfelder sind die private Rechtsetzung sowie die sachverständige Beratung des Staates. In einer Bestandsaufnahme sind sowohl die

1 Brockhaus, Enzyklopädie online, http://www.brockhaus-enzyklopaedie.de/be21_article.php (Abruf am 27.07.2010).

2 Die Beauftragung einer Rechtsanwaltskanzlei durch andere Initiativberechtigte ist zwar ebenfalls denkbar, praktisch aber von geringer Relevanz. Es soll daher hier nur die Beauftragung durch die Bundesregierung untersucht werden.

3 Vgl. zu dieser Bezeichnung Filges, BRAK-Mitt. 6/2010, 239; Kloepfer, Gesetzgebungsoutsourcing; ders., NJW 2011, 131; Krüper, JZ 2010, 655.

Fälle des Gesetzgebungsoutsourcings als auch dessen Vergleichsfälle darzustellen, um in einem weiteren Schritt aus ihrer Behandlung mögliche Lösungsmöglichkeiten der Probleme um das Phänomen des Gesetzgebungsoutsourcings entwickeln zu können.

1. Fälle des Gesetzgebungsoutsourcings

In den ersten beiden Wahlperioden nach Gründung der Bundesrepublik kam es mit 805 Initiativen in der ersten und 861 Initiativen in der zweiten Periode zwar zu relativ vielen Gesetzesvorlagen, in der darauffolgenden Zeit regulierte sich die Initiativflut aber wieder und blieb bis zur 12. Wahlperiode konstant niedriger bei durchschnittlich nur 606 Vorlagen.[4] Ab der 12. Wahlperiode stieg die Zahl der eingebrachten Vorlagen dann wieder an und bewegte sich mit 895 Initiativen in der 12. Periode[5], 1013 Vorlagen in der 13. Periode[6] sowie deren 1013 in der 14. Periode[7] auf einem Rekordhoch. Erst in der 15. Wahlperiode sank die Zahl der vorgebrachten Entwürfe wieder auf 763.[8]

Eine äquivalente Entwicklung der Konsultation Privater zu der Zahl der eingebrachten Gesetzesvorlagen ist nicht eindeutig erkennbar. Allerdings kann der Statistik entnommen werden, dass externe Berater erst seit dem Jahre 1990 an Gesetzentwürfen mitwirken.[9] Zunächst trat das Phänomen des Gesetzgebungsoutsourcings nur recht sporadisch auf, in den Jahren von 1990 bis 1999 ist lediglich eine Vergabe eines solchen Auftrags an Private bekannt. Seit Beginn des 21. Jahrhundert steigt die Zahl der Beauftragung Privater zur Erstellung von Gesetzentwürfen beständig an. Bis 2009 haben Private an verkündeten Gesetzen in 61 Fällen mitgewirkt, davon entfielen allein 16 auf das Jahr 2009. Interessant für die vorliegende Untersuchung sind dabei vor allem die letzteren Aufträge:

In den Jahren 2008 und 2009 berieten mehrere Sozietäten die Bundesregierung bezüglich der Finanzmarktgesetzgebung. Von der Kanzlei Freshfields Bruckhaus Deringer wurde 2008 zum einen das Finanzmarktstabilisierungsgesetz (FMStG[10]) entworfen, weiterhin aber auch die Finanzmarktstabilisierungsfondsverordnung (FMStF[11]) sowie das Finanzmarkstabilisierungsergänzungsgesetz (FMStErgG[12]). An diesem wirkte auch die Sozietät Hengeler Müller mit.

4 v. Beyme, Der Gesetzgeber, S. 70.
5 Vgl. GESTA 12
6 Vgl. GESTA 13
7 Vgl. GESTA 14
8 Vgl. GESTA 15
9 Anlage 1 zu BT-Drs. 16/14133 v. 26.10.2009, S. 6.
10 BT-Drs. 16/10651 v. 17.10.2008, BGBl. I 2008, S. 1982.
11 BGBl. I 2008, S. 2074.
12 BT-Drs. 16/12100 v. 03.03.2009.

Freshfields Bruckhaus Deringer wurde dabei vom Bundesministerium der Finanzen (BMF) beauftragt, Hengeler Müller vom Bundesinnenministerium (BMI). Weiterhin beauftragte das Bundesfinanzministerium im Jahre 2009 die Kanzlei White & Case zur Erstellung des Gesetzes zur Änderung des Einlagensicherungs- und Anlegerentschädigungsgesetzes sowie anderer Gesetze.[13] Die hierfür gezahlten Honorare wurden dabei nicht veröffentlicht.

Bezüglich der konkret erbrachten Leistungen durch die Kanzleien gibt die Bundesregierung an, es sei „insbesondere der gesellschaftsrechtliche und verfassungsrechtliche Sachverstand der mandatierten Rechtsanwälte konsultativ herangezogen“[14] worden. Im Übrigen beruft sie sich auf die Wahrung der Betriebs- und Geschäftsgeheimnisse.[15]

Schließlich erhielt die Kanzlei Linklaters im gleichen Jahr vom Bundeswirtschaftsministerium (BMWi) den Auftrag zur Erstellung eines Restrukturierungsverwaltungsmodells. Die gezahlten Honorare für diese Aufträge wurden von der Bundesregierung als vertraulich eingestuft und ebenfalls nicht offen gelegt.[16]

Das Restrukturierungsmodell war dazu bestimmt, die Stabilität der Finanzmärkte zu sichern, ohne gleichzeitig eine Enteignung der Banken durchzuführen, wie das Finanzmarktstabilisierungsergänzungsgesetz dies vorsah. Dabei betraf die Regelung auch Gegenstände, die eigentlich durch das Kreditwesengesetz geregelt werden. Für die Ausarbeitung von dessen Ergänzungen ist nun federführend das Bundesministerium der Finanzen zuständig. Das Bundesministerium der Justiz (BMJ) überwachte den Vorgang. Durch Kabinettsbeschluss der Bundesregierung wurde am 18. Februar 2009 aber sowohl das Bundesjustizministerium als auch das BMWi mit der Ausarbeitung des Restrukturierungsmodells beauftragt.[17] Zunächst führten das BMWi und das Bundesjustizministerium informelle Vorgespräche am 12.02.2009 und am 23.02.2009, zu Ressortbesprechungen am 23.03.2009 und am 08.04.2009 wurden dann auch die Bundesministerien der Finanzen sowie des Inneren, und zusätzlich das Bundeskanzleramt hinzugezogen.[18]

Nach eigenen Angaben wurde die Kanzlei Linklaters durch das BMWi hinzugezogen, da „dringender Handlungsbedarf bestand“[19] und „kurzfristig keine ausreichenden personellen Ressourcen mit praktischen Kenntnissen und Erfahrungen bei der Sanierung von Banken zur Verfügung standen.“[20] Begründet

13 BT-Drs. 16/12255 v. 16.03.2009; Anlage 3 zu BT-Drs. 16/14133 v. 26.10.2009, S. 8.

14 BT-Drs. 16/12547 v. 31.03.2009, S. 3.

15 BT- Drucks. 16/12547 v. 31.03.2009, S. 3, 2.

16 Vgl. BT-Drs. 16/14133 v. 26.10.2009, S. 2 f., Anlage 4.

17 Zum Ganzen BT-Drs. 16/13983 v. 04.09.2009, S. 1.

18 BT-Drs. 16/13983 v. 04.09.2009, S. 2.

19 BT-Drs. 16/13983 v. 04.09.2009, S. 2.

20 BT-Drs. 16/13983 v. 04.09.2009, S. 2.

wurde dies damit, dass die Erarbeitung von Änderungen zum Kreditwesengesetz bisher nur Aufgabe anderer Ministerien gewesen war, nicht jedoch eine solche des Bundesministeriums für Wirtschaft.

Weder dieser Auftrag noch die oben genannten Entwürfe zur Finanzmarktgesetzgebung wurden dabei ausgeschrieben.

Auch bezüglich niemals in Kraft getretener Gesetze wurden Beratungsleistungen privater Kanzleien in Anspruch genommen. So erhielt die Kanzlei Hölters & Elsing 1.088.591 € für Beratungsarbeiten im Rahmen der Erarbeitung des Entwurfs eines Gesetzes zur Neuorganisation der Eisenbahnen des Bundes,[21] welches zwar in den Bundestag eingebracht, aber niemals beschlossen wurde. Beauftragt wurde die Sozietät vom Ministerium für Verkehr, Bau und Stadtentwicklung (BMVBS).

2. Ablauf der Beauftragung einer Rechtsanwaltskanzlei

Über den genauen *Ablauf* der Beauftragung und die Interaktion zwischen den Kanzleien und den Ministerien lässt sich nur spekulieren. Aus der Aufgabenverteilung innerhalb der Bundesregierung lässt sich jedoch ableiten, dass die Beauftragung in der Regel durch das verantwortliche Ministerium geschieht. Die Beauftragung der Kanzlei Linklaters durch das Wirtschaftsministerium stellt insoweit eine Ausnahme dar.

Bei der Beauftragung müssen bestimmte Eckpunkte festgelegt werden, die notwendig Teil des zu erarbeitenden Gesetzentwurfs werden sollen, sowie eine Frist, in der die Vorlage fertigzustellen ist. Die folgende Interaktion zwischen dem Ministerium und der Kanzlei hängt dann von der Kürze der Zeit ab, die für die Erstellung veranschlagt wurde, sowie vom Grad der Spezialisierung, die die Mitarbeiter des Ministeriums selbst erfahren haben.

3. Gründe für die Beauftragung einer Rechtsanwaltskanzlei

Die Gründe für die Beauftragung privater Kanzleien sind regelmäßig sehr ähnlich. Argumentiert wird häufig mit der Knappheit „ausreichende[r] personelle[r] Ressourcen mit praktischen Kenntnissen und Erfahrungen“[22] sowie dem gleich-

21 BT-Drs. 16/6383 v. 18.09.2007.

22 BT-Drs. 16/13983 v. 04.09.2009, S. 2. Diese Argumentation wird immer wieder angebracht, so auch in BT-Drs. 16/14022 v. 08.09.2009, S. 1 und BT-Drs. 16/14133 v. 26.10.2009, S. 5.

zeitig bestehenden „dringende[n] Handlungsbedarf"[23]. Gleichzeitig wird vorgebracht, eine – ebenfalls denkbare – Verstärkung des Personals sei nicht zielführend, da sie in wirtschaftlicher Hinsicht nicht gleich effektiv sei.[24] Letzteres Argument mag bezüglich der Vielfalt der möglichen Gesetzesmaterien zutreffen. Eine sachkundige Beratung erscheint jedoch auch auf andere Weise möglich, beispielsweise durch die punktuelle Hinzuziehung qualifizierter Beratungsbüros.[25]

Bezüglich der Gesetzesvorlagen zur Finanzmarktgesetzgebung war das tragende Argument die Kürze der Zeit, in der ein Gesetzentwurf benötigt wurde.[26] In Bezug auf die Änderung des Kreditwesengesetzes berief sich das BMWi auf den Mangel an eigenen Fachkräften.[27]

Für den von vorgetragenen Fachkräftemangel sind die Bundesministerien allerdings zu einem großen Teil selbst verantwortlich: So werden seit 1995 jedes Jahr rund 1,5 Prozent der Arbeitsplätze innerhalb der Ministerien abgebaut, wodurch der Mangel an Volkswirten und Wirtschaftsjuristen noch offensichtlicher wird.[28]

In Einzelfällen mag die Eilbedürftigkeit der Vorhaben begründet sein.[29] Teilweise mögen auch die Klagen der Ministerien wegen des zu hohen Arbeitsaufkommens zutreffen.[30] Häufig spielt jedoch die große Flexibilität eine Rolle, die die großen Kanzleien im Gegensatz zur Ministerialbürokratie auszeichnet. Letztere beschränkt ihre Arbeit zwar auch nicht ausschließlich auf die vorgegebenen Bürozeiten, kann jedoch gegenüber den privaten Kanzleien in Bezug auf Vergütung und Präsenz nicht konkurrieren.[31]

23 BT-Drs. 16/13983 v. 04.09.2009, S. 2. So auch in BT-Drs. 16/14022 v. 08.09.2009, S. 2.

24 BT-Drs. 16/14133 v. 26.10.2009, S. 5.

25 So auch Kloepfer, NJW 2011, 131, 133.

26 Stadler, in: Kloepfer, Gesetzgebungsoutsourcing, S. 15, 17.

27 BT-Drs. 16/13983 v. 04.09.2009, S. 2.

28 So der Vorsitzende des dt. Beamtenbundes Heesen gegenüber der Süddeutschen Zeitung, http://www.sueddeutsche.de/wirtschaft/gesetz-outsourcing-jetzt-raecht-sich-eine-suende-der-vergangenheit-1.153451.

29 Beispielsweise bei der Erarbeitung des Finanzmarkstabilisierungsgesetzes, welches über das Wochenende erarbeitet werden musste, um einen Börsensturz zu vermeiden.

30 Beispielhaft sei hier die Aussage eines Abteilungsleiters im BMU gegenüber dem Spiegel (Ausgabe 34/2009, 68, 70) genannt, dessen Referate pro Jahr etwa 50 Gesetzesänderungen bzw. Verordnungen erarbeiten müssen.

31 So zutreffend Kloepfer, NJW 2011, 131, 133.

4. Beschränkung der Untersuchung auf formelle Gesetze

All diesen Fällen ist gemein, dass sie sich auf die Entstehung formeller Gesetze beziehen. Dies sind solche Normen, die ein förmliches Verfahren durchlaufen (sogenannte Parlamentsgesetze).[32] Bezüglich materieller Gesetze, also all derjenigen, die nicht im förmlichen Verfahren verabschiedet werden,[33] mag die Existenz des Phänomens des Outsourcings zwar nicht auszuschließen sein, die praktische Relevanz ist jedoch gering.

Aus diesem Grund soll sich die vorliegende Arbeit auf die Untersuchung der Problematik in Bezug auf formelle Gesetze beschränken.

II. Vergleichbarkeit des Gesetzgebungsoutsourcings mit privater Rechtsetzung

Das Phänomen, allgemeingültige Vorschriften durch private Gremien erstellen zu lassen, ist schon länger bekannt: So werden die Verdingungsordnungen des Vergaberechts von den privaten Verdingungsausschüssen erstellt, DIN-Normen von Normungsinstituten, oder Tarifverträge von den jeweiligen Tarifparteien.

All diese Normen sind jedoch Gesetze im materiellen, nicht im formellen Sinn. Letztere sollen aber im Falle der Beauftragung von Rechtsanwälten mit der Erstellung eines Gesetzentwurfs regelmäßig entstehen. Es ist also die Frage aufzuwerfen, inwieweit die Phänomene der privaten Rechtsetzung und des Gesetzgebungsoutsourcings vergleichbar sind, obwohl sie sich auf jeweils unterschiedliche Typen von Normen beziehen.

1. Abgrenzung zur staatlichen Rechtsetzung anhand der Normgebereigenschaft

Für die Untersuchung der Vergleichbarkeit der Fallgruppen ist zunächst an das Kriterium des Normgebers anzuknüpfen. Regelmäßig ist die Normgebereigenschaft unproblematisch, da die Erstellung in der staatlichen Sphäre stattfindet und somit nur der Staat als Normgeber in Betracht kommt. Eine Abweichung von dieser Regel ist die Setzung privaten Rechts, an der der Staat nur indirekt beteiligt ist, indem er die private Norm anerkennt und ihr dadurch Geltung ver-

---

32 Vgl. zu den formellen Gesetzen Jellinek, Gesetz und Verordnung, S. 230; Larenz/Wolf, Allgemeiner Teil des BGB, § 3, Rn. 12 f.; Meyer-Cording, Rechtsnormen, S. 20 f.; Wolff/Bachof/Stober/Kluth, Verwaltungsrecht I, § 20, Rn. 21.

33 Wolff/Bachof/Stober/Kluth, Verwaltungsrecht I, § 24, Rn. 8 ff. Zur Abgrenzung formeller und materieller Gesetze Jellinek, Gesetz und Verordnung, S. 226 ff.; Meyer-Cording, Rechtsnormen, S. 21 f.

leiht.[34] An der Entstehung der Norm und an der Erarbeitung ihres Inhalts hat er jedoch keinen Anteil; Normgeber sind stattdessen private Institutionen.[35]

Bezüglich der Fallgruppe des Gesetzgebungsoutsourcings liegt der Fall ähnlich: Auch hier erfolgt die Erstellung des Gesetzentwurfs durch Private (Rechtsanwaltskanzleien), die durch das für die Erarbeitung des Entwurfs originär zuständige Bundesministerium beauftragt werden. Da der Entwurf die Grundlage für den endgültigen Gesetzesbeschluss durch das Parlament darstellt, kommen im Ergebnis sowohl das Ministerium als auch die Kanzleien als Normgeber in Betracht.

Die Beurteilung der Normgebereigenschaft kann dabei zum einen an die Verantwortlichkeit für die Rechtsnorm anknüpfen, zum anderen aber auch an deren inhaltliche Erstellung sowie weiterhin an die Freiheit von jeglicher Weisungsgebundenheit.

a) Verantwortlichkeit als Kriterium

Bestimmt man den Normgeber nach seiner Verantwortung für den Rechtssatz, so ist regelmäßig nur der Staat als Normgeber anzusehen. Denn die Bundesregierung bringt den Gesetzentwurf in den Bundestag ein und eignet ihn sich somit an. Das Parlament entscheidet im Anschluss über das Zustandekommen als Gesetz.[36] Somit kann der Staat den Gesetzentwurf nach seinem Willen zur Rechtsfolgenerzeugung einsetzen, was Voraussetzung für die Normgebereigenschaft kraft Verantwortlichkeit ist.[37]

Für die Anerkennung der Verantwortlichkeit als Kriterium für die Bestimmung der Normgebereigenschaft spricht, dass jeder Zweifel über die Herkunft einer Norm ausgeräumt wird, wenn der Ersteller gleichzeitig dafür verantwortlich ist. Allerdings birgt die alleinige Heranziehung dieses Kriteriums auch Schwierigkeiten, da die Grenze zum zweiten Schritt, nämlich der Anerkennung der Norm durch den Staat als notwendiger Mitwirkungsakt, zu verschwimmen droht.

Eine Zuerkennung der objektivrechtlichen Regelwirkung kann tatsächlich nur durch den Verantwortlichen geschehen. Diesen Rechtsakt der Normgebereigenschaft gleichzusetzen, verbietet sich jedoch, da der Fall der privaten Rechtsetzung sonst ausgeschlossen wäre. Diese ist aber evident zulässig und wird regelmäßig praktiziert.

Im Ergebnis ist festzustellen, dass die Verleihung der Geltungswirkung nach der Erstellung der Rechtsnorm tatsächlich nur durch den Staat geschehen kann.[38]

34 Dazu noch unten A. II. 2. b).

35 F. Kirchhof, Private Rechtsetzung, S. 104.

36 Zum Gesetzgebungsverfahren im Einzelnen noch unten B. I. 2. a) cc).

37 F. Kirchhof, Private Rechtsetzung, S. 101.

38 F. Kirchhof, Private Rechtsetzung, S. 138.

Für die Normgebereigenschaft ist das Kriterium der Verantwortlichkeit dagegen abzulehnen.

b) Inhaltliche Erstellung als Kriterium

Andererseits könnte man auf den Inhalt der Norm abstellen und als Normgeber denjenigen ansehen, dessen Wille den Inhalt des Rechtssatzes prägt.[39] Nach diesem Kriterium ist entscheidend, dass der Normgeber den Rechtsbefehl, den der Rechtssatz vorgeben soll, selbst schafft und ausformuliert.[40] Dabei kommt es nach *Kirchhof* nicht darauf an, ob er materielle Vorgaben erhalten hat oder seine Rechtsetzungsbefugnis von anderen Institutionen ableitet.[41]

Folgt man dieser Auffassung, so wäre im Fall der privat erstellten Gesetzentwürfe die ausarbeitende Kanzlei als Normgeber anzusehen, was das Gesetzgebungsoutsourcing nahe an den Fall privater Rechtsetzung heranrücken würde. Dies hätte aber weitreichende Folgen: Lehnt man nämlich, wie nach hier vertretener Ansicht, die Verantwortlichkeit als Bestimmungskriterium ab und fordert weiterhin auch kein autonomes Handeln des den Rechtssatz Formulierenden, so käme jeder, der in irgendeiner Weise an der inhaltlichen Entstehung der Norm mitgewirkt hat, als Normgeber in Betracht. Dies aber führte zu der Existenz einer Vielzahl von Normgebern, die zu überblicken beinahe unmöglich erscheint. Die endgültige Zuordnung einer Norm zu ihrem Ersteller wird bei konsequenter Anwendung dieser Auffassung praktisch nicht durchführbar sein.

Nun soll hier nicht die Existenzberechtigung der privaten Normgebung bestritten werden. Jedoch darf der Begriff der Normgebung auch nicht ad absurdum geführt werden. Es ist also ein Korrektiv zur klaren Bestimmung des Normgebers zu entwickeln.

c) Vorgabenfreie Erstellung als Kriterium

Zuzustimmen ist der Forderung nach einer Ausformulierung des Rechtssatzes durch den Normgeber. Entscheidend ist dabei jedoch, dass dieser Vorgang ohne wesentliche Fremdbestimmung stattzufinden hat.[42] Es spricht zwar nichts gegen einen „Anstoß" zur Formulierung. Auch die Vergütung der Formulierungsarbeit erscheint vertretbar. Würden jedoch weitere materielle Vorgaben bezüglich des Inhalts der Norm an den Normgeber gestellt, so wäre dessen Freiheit zu sehr beschränkt.

---

39 So in der Sache auch BVerfGE 18, 407, 414.

40 F. Kirchhof, Private Rechtsetzung, S. 101.

41 F. Kirchhof, Private Rechtsetzung, S. 101.

42 Zum Begriff der Autonomie und seinen verschiedenen Auslegungsmöglichkeiten Waltermann, Rechtsetzung durch Betriebsvereinbarung, S. 54 ff.

Eine Rechtsanwaltskanzlei wäre unproblematisch als Normgeber zu qualifizieren, wenn sie initiativ einen Gesetzentwurf erarbeitete und durch die Bundesregierung unter Offenlegung der Umstände seiner Entstehung in den Bundestag einbringen ließe. In diesem Fall wäre die Bundesregierung offensichtlich nicht Schöpferin der Vorlage, sondern die diese erarbeitenden Rechtsanwälte.[43]

Problematisch wird die Zuordnung, wenn die Bundesregierung die ihr originär zufallende Aufgabe zur Erstellung eines Gesetzentwurfs auf die Rechtsanwälte überträgt. Regelmäßig wird die Beauftragung mit der Erstellung eines Gesetzentwurfs mit der Vorgabe bestimmter Anforderungen verbunden sein. Die Genauigkeit dieser Vorgaben ist einzelfallabhängig zu bewerten, die Normgebereigenschaft der Kanzleien kann noch nicht generell angenommen oder ausgeschlossen werden.

Es bietet sich eine abgestufte Betrachtungsweise an: Je genauer die Vorgaben sind, die die Kanzlei bei der Erstellung eines Gesetzentwurfs zu beachten hat, desto eher ist ihr die Normgebereigenschaft abzusprechen. Auf der anderen Seite sind die Rechtsanwälte regelmäßig als Normgeber einzustufen, wenn die staatliche Einflussnahme auf den Entstehungsprozess sich auf eine bloße Kontrolle der Inhalte beschränkt.

Um das Kriterium der autonomen Erstellung besser handhaben zu können, lässt sich folgende These formulieren: Es ist bei einer Mitarbeit mehrerer Beteiligter an einer Norm derjenige als Normgeber einzustufen, der nach seinem Willen über den Inhalt bestimmen kann.[44]

Bei der Fallgruppe der privaten Rechtsetzung sind dies regelmäßig private Gruppierungen.[45] Das Phänomen des Gesetzgebungsoutsourcings bezieht sich jedoch gegenständlich auf formelle Gesetze, die allgemeine Geltung entfalten. Da Private selbst nur privates Recht setzen können, scheidet ihre Normgebereigenschaft in Bezug auf solche Normen zunächst aus.[46] Diese Eigenschaft muss vielmehr originär beim Staat liegen und kann nur auf Private übertragen werden.

---

43 Auch in diesem Fall läge die Verantwortlichkeit für den Gesetzentwurf bei der Bundesregierung als initiativberechtigtem Organ, auf dieses Kriterium soll vorliegend wie beschrieben aber nicht entscheidend abgestellt werden, vgl. A. II. 1. a).

44 So bereits BVerfGE 18, 407, 417 bezüglich der Frage, ob die Normgebereigenschaft bei Landesgesetzen, die aufgrund einer bundesgesetzlichen Ermächtigung erlassen wurden, bei dem betreffenden Land oder beim Bund liegt.

45 Vgl. zum privaten Normgeber Kirchhof, Private Rechtsetzung, S. 104.

46 Kirchhof, Private Rechtsetzung, S. 104 f.

2. Übertragung der Normgebereigenschaft auf Private

Möglicherweise kann jedoch durch die Übertragung des Gesetzgebungsauftrags auf eine Rechtsanwaltskanzlei gleichzeitig die Normgebereigenschaft übertragen werden.

In Betracht kommt hier zunächst die Möglichkeit der tatsächlichen Übertragung hoheitlicher Befugnisse, die Beleihung, aber auch die bloße Anerkennung privater Normen durch Verweise in staatlichen Normen erscheint denkbar.

a) Übertragung durch Beleihung

Das Rechtsinstitut der Beleihung führt dazu, dass der Beliehene, welcher grundsätzlich nicht mit hoheitlichen Befugnissen ausgestattet ist, zu einem Teil der öffentlichen Verwaltung wird.[47] Die dabei wahrgenommenen Aufgaben bleiben Verwaltungsaufgaben, ein Fall der Aufgabenprivatisierung liegt nicht vor.[48] Erforderlich ist allerdings, dass die zu übertragende Aufgabe originär staatlicher Natur ist; diesen Charakter behält sie auch bei Erledigung durch einen Privaten.[49] Die Erstellung eines Gesetzentwurfs ist eine solche originär staatliche Aufgabe, so dass eine Beleihung grundsätzlich möglich erscheint.

Es stellt sich jedoch die Frage nach einer Übertragbarkeit der Aufgabe einer Gesetzentwurferstellung. Es ist zu unterscheiden zwischen übertragbaren und nicht übertragbaren staatlichen Aufgaben. Private können unproblematisch alle Aufgaben mit Außenwirkung wahrnehmen, die durch die Verwaltung in der Form des Privatrechts ausgeübt werden. Auch die Übernahme verwaltungsinterner Maßnahmen ist möglich.[50] Dies hat zur Folge, dass eine privatrechtlich organisierte Vereinigung mit öffentlich-rechtlich organisierten Mitgliedern,[51] die ebenso strukturiert ist wie eine Vereinigung in öffentlich-rechtlicher Form, auf Landesebene zum Erlass von Satzungen beliehen werden kann.[52] Dabei gelten für die privatrechtlich organisierte Vereinigung die gleichen Kompetenzgrenzen wie für die öffentlich-rechtliche Organisation.

---

47 Schmidt-Aßmann, Das allgemeine Verwaltungsrecht als Ordnungsidee, S. 269, 272; Burgi, in: Festschrift für Hartmut Maurer, S. 581, 585. Zum Begriff der Beleihung im Wandel der Zeit Weisel, Das Verhältnis von Privatisierung und Beleihung, S. 55 ff.

48 Schmidt-Aßmann, Das allgemeine Verwaltungsrecht als Ordnungsidee, S. 272; Burgi, in: Festschrift für Hartmut Maurer, S. 585 f.

49 Steiner, Öffentliche Verwaltung durch Private, S. 46.

50 Steiner, Öffentliche Verwaltung durch Private, S. 55.

51 Beispiele hierfür sind u.a. die Bundesärztekammer sowie die Bundesrechtsanwaltskammer.

52 Weisel, Das Verhältnis von Privatisierung und Beleihung, S. 68 f. A. A. Steiner, Öffentliche Verwaltung durch Private, S. 212 f.; Stuible-Treder, Der Beliehene im Verwaltungsrecht, S. 37 ff.

Problematisch wird die Situation, in der ein privatrechtlicher Verein zum Erlass von Rechtsnormen beliehen wird, die ein gleichartiger öffentlich-rechtlicher Verein nicht erlassen dürfte, beispielsweise einer Rechtsverordnung. Bei der Vornahme einer solchen Handlung träte der Beliehene an die Stelle des staatlichen Hoheitsträgers selbst und nicht an die eines vergleichbaren öffentlich-rechtlichen Vereins. Da nicht zu erwarten ist, dass die Interessenstrukturen des beliehenen Unternehmens parallel zu denen des staatlichen Hoheitsträgers verlaufen, können hier Friktionen mit dem Demokratieprinzip bestehen. Verfassungsrechtlich ist die Übertragung von Rechtsetzungsmacht außerdem *de lege lata* abschließend geregelt: Bezüglich der Verordnungsgebung findet sich in Art. 80 Abs. 1 GG die Ermächtigung zur Übertragung von Rechtsetzungsmacht von der Legislative auf die Exekutive, nicht jedoch die Möglichkeit einer Beleihung.[53]

Von der Möglichkeit, einer anderen Staatsgewalt Rechtsetzungsbefugnisse zu übertragen, kann nicht gleichzeitig auf die Alternative der Übertragung solcher Befugnisse auf Private geschlossen werden. Vielmehr ist aus der Ausnahmeregelung des Art. 80 Abs. 1 GG zu schließen, dass Normsetzungsbefugnisse gerade nicht regelmäßig übertragbar sein sollen, sondern hierfür eine ausdrückliche Regelung bestehen muss.[54] Dies gilt gerade auch für die Übertragung von Befugnissen auf Private und schließt jede Stufe des Entstehungsverfahrens einer Norm ein.

Es ist also nur eine Übertragung von Verwaltungskompetenzen durch Beleihung möglich, nicht jedoch die Beleihung zur Rechtsetzung.[55] Ist die Verwaltung ausnahmsweise zum Erlass materiellen Rechts, wie beispielsweise der oben genannten Satzungen befugt, so besteht ausnahmsweise auch die Möglichkeit einer Beleihung Privater auf diesem Gebiet.[56]

De lege lata besteht weder eine verfassungsrechtliche noch eine einfachgesetzliche Ermächtigung zur Beauftragung eines Privaten mit der Erstellung eines Gesetzentwurfs, so dass eine gesetzliche Übertragung von Rechtsetzungsbefugnissen ausgeschlossen ist. Auch handelt es sich bei der Erstellung eines Gesetzentwurfs nicht um den Erlass materiellen Rechts durch die Verwaltung, sondern um einen Vorgang im „inneren Gesetzgebungsverfahren“,[57] der eine Vorberei-

53 Ossenbühl, in: Isensee/Kirchhof, HStR, V3, § 103, Rn. 36; Rennert, JZ 2009, 976, 979 ff.

54 Vgl. zu der Möglichkeit der verfassungsrechtlichen oder einfachgesetzlichen Ermächtigung zur Beauftragung von Privaten mit der Erstellung eines Gesetzentwurfs noch unten D. II.

55 In dieser Deutlichkeit auch Wolff/Bachof/Stober, Verwaltungsrecht III, § 90, Rn. 18.

56 Wiegand, Die Beleihung mit Normsetzungskompetenzen, S. 95 ff., 120 f.

57 Zu diesem Begriff Krüper, JZ 2010, 655, 657; in anderem Zusammenhang Meßling, in: Festschrift für Renate Jaeger, S. 787, 792.

tung des Rechtserlasses darstellt. Die Voraussetzungen der Beleihung liegen somit nicht vor.

b) Übertragung durch Verweisungen

Zur Erlangung rechtlicher Geltung ist die Praxis der Verweisung auf privat erstellte Normen relevanter als die Beleihung zur Rechtsetzung. Durch die Verwendung der Verweisungstechnik behält sich der Staat die Letztentscheidungskompetenz vor, denn es liegt allein in seiner Hand, ob der privat erstellte Rechtssatz Geltung erlangt oder nicht. Durch die verschiedenen Möglichkeiten der Verweisung kann er weiterhin entscheiden, ob er dem privaten Normgeber die für die Erlangung der Außenwirkung einer zu erlassenden Norm notwendige Rechtsetzungsgewalt überträgt und den Rechtssatz in der jeweiligen Fassung gelten lassen möchte („dynamische Verweisung"[58]) oder ob er lediglich dem ursprünglich verfassten Normtext rechtliche Geltung verleihen möchte („statische Verweisung" [59].)

Folge der Verweisung ist die Inkorporation des Rechtssatzes in das verweisende Gesetz.[60] Hierdurch wird das Verweisungsobjekt untrennbar mit jenem verbunden und erhält auch die gleiche Rechtswirkung, wodurch eventueller Rechtsschutz sich nach den gleichen Vorschriften richtet wie gegen die Verweisungsnorm, sofern ein solcher gegeben sein kann.

Die genaue Funktionsweise der Verleihung von Rechtswirkungen durch Verweisungen soll im Folgenden an ausgewählten Anwendungsfällen privat gesetzten Rechts darstellt werden.

aa) Verweis auf vergaberechtliche Verdingungsordnungen

Die Verdingungsordnungen wurden durch die Verdingungsausschüsse geschaffen, die vom Reichsfinanzministerium mit dem Ziel begründet wurden, durch besonderen Sachverstand einheitliche Regelungen für die Leistungsvergabe zu schaffen, dabei aber die privatrechtliche Tradition der Beschaffung fortzusetzen. Mitglieder der Ausschüsse waren auf staatlicher Seite Vertreter der Reichsver-

---

58 Backherms, Das DIN als Beliehener, S.71 f.; Brugger, VerwArch 78 (1987), 1, 7; Clemens, AöR 111 (1986), 63, 64, 80; Karpen, Die Verweisung als Mittel der Gesetzgebungstechnik, S. 67 f.

59 Backherms, Das DIN als Beliehener, S. 68; Karpen, Die Verweisung als Mittel der Gesetzgebungstechnik, S. 67; Brugger, VerwArch 78 (1987), 1, 7; Clemens, AöR 111 (1986), 63, 64, 80.

60 BVerfGE 47, 285, 309 f.; BVerwGE 57, 204, 206 f.; Papier, in: Festschrift für Rudolf Lukes, S. 159, 164; Brugger, VerwArch 78 (1987), 1, 4; Clemens, AöR 111 (1986), 63, 65; Ehricke, EuZW 2002, 746, 749; Karpen, Die Verweisung als Mittel der Gesetzgebungstechnik, S. 30 ff.

waltung und der Länderregierungen, aber auch der Städte, sowie auf privater Seite der Wirtschaft und der Gewerkschaften.[61]

Umstritten ist allerdings, ob die Verdingungsordnungen durch den Staat eine allgemeingültige Wirkung verliehen bekommen haben, auf die sich die Bieter berufen können oder ob sie bloße Verwaltungsvorschriften darstellen,[62] die keine unmittelbare Außenwirkung entfalten.

Für den jeweils zweiten Abschnitt des Teiles A der Vergabe- und Vertragsordnung für Leistungen (VOL/A) und der Vergabe- und Vertragsordnung für Bauleistungen (VOB/A) sowie für die gesamte Vergabeordnung für Freiberufliche Leistungen (VOF) erfolgte eine statische Verweisung in §§ 4-6 der Vergabeverordnung (VgV), die diesen Normen Rechtswirkungen verleiht; eine Einbeziehung des ersten Abschnitts wird jedoch zum Teil immer noch abgelehnt.[63]

Eine Differenzierung zwischen den Abschnitten der Verdingungsordnungen wird vorgenommen, weil das Unionsrecht erst ab der Erreichung der in § 2 VgV festgelegten Schwellenwerte für die Auftragsvergabe einschlägig ist. Für rein nationale, unterschwellige Vergaben hat der EuGH jedoch das Unionsrecht mittlerweile ebenfalls für anwendbar erklärt,[64] so dass sich eine Differenzierung nach diesem Kriterium erübrigt. Des Weiteren ist nicht ersichtlich, aus welchem Grund die Rechtsnormqualität von Verfahrensvorschriften von der Auftragshöhe des Verfahrensgegenstands abhängig gemacht werden sollte.

Selbst wenn man eine Rechtsnormqualität des ersten Abschnitts der jeweiligen Verdingungsordnung Teil A ablehnt, kommt diesem zumindest die Rechtsqualität einer Verwaltungsvorschrift *qua* Verweisung zu: Nach § 55 Abs. 2 BHO ist beim Abschluss von Verträgen nach einheitlichen Richtlinien zu verfahren. Zur Konkretisierung dieser Bestimmungen haben sowohl der Bund als auch die Länder Allgemeine Verwaltungsvorschriften erlassen (VV-BHO/VV-LHO), die in Nr. 2.2.1 und Nr. 2.2.2 zu § 55 die Anwendung des ersten Abschnitts der jeweiligen Verdingungsordnung anordnen.

bb) Verweis auf Tarifverträge

Bei Tarifverträgen sind die Normgeber nach dem Kriterium der autonomen inhaltlichen Erstellung die Tarifvertragsparteien.

Die Rechtsnatur des Tarifvertrages ist allerdings bislang nicht abschließend geklärt. Für deren Bestimmung wird teilweise allein auf die Tariffähigkeit der

61 Vygen, in: Ingenstau/Korbion, VOB, Einleitung, Rn. 12.

62 BGH, NJW 1992, 827; VGH Baden-Württemberg, DÖV 1999, 79 f. zu § 31 BadWürttGemHVO; Lampe-Helbig/Wörmann, Hb. der Bauvergabe, Rn. 410, Vygen, in: Ingenstau/Korbion, VOB, Einleitung, Rn. 37.

63 Rusam/Weyand, in: Heiermann, VOB/A, Einleitung, Rn. 14; Lampe-Helbig/Wörmann, Hb. der Bauvergabe, Rn. 532.

64 EuGH, Rs. C-87/94 (Kommission vs. Belgien), Rn. 33.

Parteien abgestellt, nach richtiger Ansicht muss für die Bestimmung der Geltungswirkung und damit im Ergebnis der Rechtsnatur jedoch entscheidend sein, ob durch die Tarifnormen objektives Recht entsteht[65] oder lediglich schuldrechtliche Wirkungen entfaltet werden.[66]

Objektives Recht kann im Falle des Tarifvertrages entweder durch die mitgliedschaftliche Legitimation der Beteiligten entstehen[67] oder aber durch Delegation der Rechtsetzungsbefugnis des Staates auf die Tarifparteien.[68] Originäre Rechtsetzungsmacht kommt den privaten Normgebern jedoch nicht zu, so dass auch bei dem Erlass von Tarifverträgen ein staatlicher Mitwirkungsakt erforderlich ist.

Eine Übertragung der Rechtsetzungsbefugnisse durch den Staat ist im Falle der Tarifverträge nicht möglich, da die Regelung der Tarifbedingungen, die nach ständiger Rechtsprechung des Bundesverfassungsgerichts Teil der Arbeits- und Wirtschaftsbedingungen sind,[69] keine staatliche Aufgabe ist, sondern in der Zuständigkeit der Tarifpartner steht. Art. 9 Abs. 3 GG regelt diesbezüglich die Zuständigkeit der Koalitionen. Die Rechtsetzungsbefugnis steht dem Staat nicht zu.

Allerdings obliegt ihm nach wie vor die Letztverantwortung für die zu erlassenden Tarifverträge, so dass in diesem Fall die Erstellung des Tarifvertrages in einem ersten Schritt den Koalitionen zukommt, die Verleihung der Bindungswirkung aber in einem zweiten Schritt durch den Staat geschehen muss.[70]

Dies geschieht durch Inkorporation: § 1 TVG verweist auf den Tarifvertrag und bestimmt, dass dieser „Rechtsnormen, die den Inhalt, den Abschluß und die Beendigung von Arbeitsverhältnissen" regelt.

---

65 BAG NJW 1955, 684, 686 f.; BAG NJW 1957, 1376 - 1 AZR 326/56, AP Nr. 16 zu Art. 3 GG; BAGE 4, 133 -1 AZR 64/56; BAG v. 20.06.1958, 1 AZR 245/57, AP Nr. 2 zu § 1 TVG Rückwirkung.

66 Jacobi, Grundlehren des Arbeitsrechts, S. 277 hält den Tarifvertrag für einen kollektiven Schuldvertrag und spricht ihm jede objektive Geltungswirkung ab. Der Grund dafür ist die generelle Ablehnung der Möglichkeit der Rechtsetzung durch Private.

67 Lehre von der mitgliedschaftlichen Legitimation, vgl. Richardi, Kollektivgewalt, S. 138 f.

68 BAG v. 10.11.1982, 4 AZR 1203/79, AP Nr. 8 zu § 1 TVG Form; BAG v. 04.04.2001, 4 AZR 215/00, AP Nr. 9 zu § 3 TVG Verbandsaustritt; BAG v. 29.08.2001, 4 AZR 332/00, AP Nr. 17 zu § 1 TVG Bezugnahme auf Tarifvertrag; BAG v. 20.06.2001, 4 AZR 295/00, AP Nr. 18 zu § 1 TVG Bezugnahme auf Tarifvertrag.

69 BVerfGE 34, 307, 316 f.; E 44, 322, 340 f.; E 50, 290, 367; E 84, 212, 224; E 94, 268, 283.

70 Ricken, Autonomie und tarifliche Rechtsetzung, S. 115.

cc) Verweis auf DIN-Normen

Technische Normen spiegeln den Stand der Entwicklung und Technik auf einem Gebiet wider, sie sind Ausdruck der besonderen Fachkunde ihrer Ersteller.[71] Ihr Normgeber ist als größte Normungsorganisation in Deutschland zunächst das DIN (Deutsches Institut für Normung e.V.).[72] Dieses arbeitet mit weiteren Regelerstellern wie den wissenschaftlich-technischen Vereinigungen (beispielsweise VDE – Verband deutscher Elektroniker[73] und DVGW – Deutscher Verein des Gas- und Wasserfachs[74]) zusammen. Das DIN sowie die meisten anderen Regelersteller sind privatrechtliche Organisationen, natürliche Personen kommen als Normsetzer für DIN-Normen nicht in Betracht.[75] Die Tatsache, dass zwischen dem DIN und der Bundesrepublik Deutschland im Jahre 1975 ein Vertrag geschlossen wurde, der die Beziehungen der Beteiligten regelt,[76] ändert nichts an der privaten Natur des DIN.

Der näheren Erörterung bedarf schließlich wiederum die Frage nach der Verbindlichkeit der DIN-Normen. Vereinzelt wird der Rechtsnormcharakter der DIN-Normen angenommen, da eine Verleihung von Rechtsetzungsbefugnissen an private Normgeber nach Art. 80 Abs. 1 GG nicht ausgeschlossen und daher zulässig sei.[77] Wie bereits festgestellt, stellt Art. 80 Abs. 1 GG jedoch eine Ausnahmeregelung dar, die sich auf die Übertragung von Rechtsetzungsmacht auf eine andere Gewalt bezieht. Schlüsse über die Zulässigkeit der Übertragung solcher Befugnisse auf Private können hieraus nicht gezogen werden.

Außerdem müsste eine solche Übertragung von Rechtsetzungsmacht dem Willen des Gesetzgebers entsprechen, ein solcher Wille ist jedoch nirgends zum Ausdruck gebracht worden.[78]

Aus dem Vertrag des DIN mit der Bundesrepublik Deutschland schließt *Backherms,* dass das DIN als Beliehener handelt.[79] Wie im Falle der Delegation

---

71 Wagner, NJW 1980, 665, 667.

72 Backherms, Das DIN als Beliehener, S. 48 ff.; Müller-Foell, Die Bedeutung technischer Normen für die Konkretisierung von Rechtsvorschriften, S. 63 f.

73 Müller-Foell, Die Bedeutung technischer Normen für die Konkretisierung von Rechtsvorschriften, S. 64 f.

74 Müller-Foell, Die Bedeutung technischer Normen für die Konkretisierung von Rechtsvorschriften, S. 66 f.

75 Lamb, Kooperative Gesetzeskonkretisierung, S. 73; Müller-Foell, Die Bedeutung technischer Normen für die Konkretisierung von Rechtsvorschriften, S. 61; Reihlen/Lehmann, in: Festschrift für Heinrich von Lersner, S. 319 f.

76 Vertrag zwischen der Bundesrepublik und dem DIN Deutsches Institut für Normung e.V. vom 05.06.1975, abgedruckt in der Beilage zum Bundesanzeiger Nr. 114 vom 25.06.1975. Darin erkennt die Bundesrepublik das DIN als Normungsorganisation an, im Gegenzug verpflichtet sich das DIN zur Berücksichtigung öffentlicher Interessen.

77 Schwierz, Die Privatisierung des Staates, S. 64 ff.

78 Lamb, Kooperative Gesetzeskonkretisierung, S. 88.

von Rechtsetzungsbefugnissen nach Art. 80 Abs. 1 GG muss auch beim Beleihungsakt eine ausdrückliche staatliche Willensbetätigung erfolgen, was aus dem Vertrag aber nicht hervorgeht.[80]

Für die Verleihung von Geltungswirkung erfolgt stattdessen eine Inkorporation der DIN-Normen in staatliche Rechtsätze durch Verweisungen.[81]

Hierbei wird auf die statische Verweisung zurückgegriffen, da diese eine besonders enge Bindung zur technischen Norm erzeugt.[82] Beispiele hierfür finden sich insbesondere im Immissionsschutzrecht: So wird in mehreren Verordnungen zum Bundesimmissionsschutzgesetz (BImSchG) auf technische Normen verwiesen.[83]

dd) Vergleichbarkeit privat erstellter Gesetzentwürfe

Im Gegensatz zu den behandelten privaten Normen, denen durch einen Mitwirkungsakt des Staates Geltung verliehen wurde, handelt es sich bei der Erstellung von Gesetzentwürfen durch Private nicht um eine Norm wie die obigen, der lediglich noch die objektive Rechtswirkung fehlt. Ein Gesetzentwurf hat noch keinerlei Regelungswirkung und wird erst durch parlamentarische Beschlussfassung zur Norm. Objektive Geltung und Bestand der Norm fallen also zusammen.

Es liegt also keine Anerkennung des Gesetzentwurfs durch den Staat vor, weder durch Beleihung, noch durch Verweisung, denn beides erscheint hier nicht möglich, da Normgeber formeller Gesetze keine Privaten sein können. Vielmehr handelt es sich um eine *Aneignung* des Gesetzentwurfs durch die Bundesregierung. Durch die Einbringung in das Parlament macht sie deutlich, dass sie dem von der beauftragten Kanzlei erarbeiteten Entwurf als eigenem zu objektiver Geltung verhelfen will. Die den Entwurf ausarbeitende Kanzlei stellt

---

79 Backherms, Das DIN als Beliehener, S. 93 f.

80 Dies erkennt auch Backherms an, meint aber, im Falle des DIN sei ein solcher ausdrücklicher Beleihungsakt entbehrlich, da die Staatsaufsicht der übertragenen Tätigkeit immanent sei: Backherms, Das DIN als Beliehener, S. 94. Allerdings steht die Beleihung unter einem Gesetzesvorbehalt, sie kann nur durch Gesetz oder aufgrund eines Gesetzes durchgeführt werden, Wolff/Bachof/Stober, Verwaltungsrecht III, § 90 Rn. 44.

81 Die Möglichkeit einer staatlichen Verweisung prüft auch Backherms und sieht sie als verfassungsrechtlich unbedenklich an, wenn die Anforderungen an eine ordnungsgemäße Publikation nach dem Bundesverwaltungsgericht erfüllt sind: BVerwG, NJW 1962, 506.

82 Müller-Foell, Die Bedeutung technischer Normen für die Konkretisierung von Rechtsvorschriften, S. 112.

83 Beispielsweise in § 1 10. BImSchV (Verordnung über die Beschaffenheit und die Auszeichnung der Qualitäten von Kraftstoffen vom 27.01.2009, BGBl. I, S. 123); § 3 1. BImSchV (Verordnung über kleine und mittlere Feuerungsanlagen vom 26.01.2010, BGBl. I, S. 38).

hierfür lediglich ein Werkzeug dar, so dass die Verantwortlichkeit sowie auch die Normgebereigenschaft bei der Bundesregierung verbleiben. Eine Übertragung von Rechtsetzungsbefugnissen findet somit nicht statt. Es verhält sich vielmehr andersherum: Durch die Einbringung in den Bundestag entzieht die Regierung den Erstellern des Entwurfs gleichsam mit ihrem Einfluss auf diesen auch den Anspruch auf die Normgebereigenschaft.

Als alleiniger Normgeber ist somit der Staat zu betrachten, weshalb eine Einordnung des Gesetzgebungsoutsourcings in den Bereich privater Rechtsetzung nicht in Betracht kommt.

3. Ergebnis

Die Einordnung des Gesetzgebungsoutsourcings in den Bereich der privaten Rechtsetzung ist im Ergebnis abzulehnen. Zwar ergibt sich eine Vergleichbarkeit insofern, als die tatsächliche Erstellung des Gesetzentwurfs auch durch Private, nämlich Rechtsanwälte geschieht. Stellt man aber, wie oben vorgestellt,[84] auf die autonome inhaltliche Erstellung des Gesetzentwurfes als Kriterium für die Bestimmung der Normgebereigenschaft ab, so müsste man im Falle des Gesetzgebungsoutsourcings die Kanzleien als Normgeber qualifizieren, da sie zwar materielle Vorgaben von dem sie beauftragenden Bundesministerium erhalten haben werden, für die inhaltliche Fassung aber gestalterische Freiheit genießen. Rechtsanwälte ergreifen regelmäßig aber nicht die Initiative zur Ausformulierung eines Gesetzentwurfs, sondern erhalten diesen Auftrag vom zuständigen Ministerium, dessen Vorgaben sie umsetzen. Die Eigenständigkeit bei der Erstellung, und damit die Normgebereigenschaft muss den Anwälten somit aberkannt werden.

Die anwaltliche Arbeit erscheint also nicht als eine solche Privater, sondern wird sich von der Bundesregierung als Initiativorgan zu Eigen gemacht und von ihr ins Parlament zur Entscheidung eingebracht. Das hat zur Folge, dass dem Gesetzentwurf schließlich der oben herausgearbeitete notwendige Beteiligungs- und Anerkennungsakt des Staates fehlt, denn eine *Aneignung* des Gesetzentwurfs steht einer *Anerkennung* kaum gleich. Somit kann kein Fall privater Rechtsetzung vorliegen.

84 Vgl. oben A. II. 1. c).

III. Vergleichbarkeit des Gesetzgebungsoutsourcings mit sachverständiger Beratung

Wahrscheinlicher ist eine Vergleichbarkeit des Gesetzgebungsoutsourcings mit einer sachverständigen Beratung des Staates. Auch für diesen Bereich der Mitarbeit an staatlichen Aufgaben können Private herangezogen werden. Es ist zu klären, inwieweit Rechtsanwälte als Sachverständige qualifiziert werden können und inwieweit die Erstellung eines Gesetzentwurfs noch dem Begriff der Beratung unterfällt.

1. Begriff des Sachverständigen

Berater sind in der Figur des „Sachverständigen" oder „Sachkundigen" vielfach bereits im Gesetz selbst vorgesehen,[85] eine Definition des Begriffes fällt jedoch schwer, da das Gesetz diese nicht bereitstellt.

Für den Versuch einer solchen Definition kann man zunächst auf eine abgeschlossene Berufsausbildung abstellen, die eine besondere Sachkunde in einem bestimmten Bereich bestätigt.[86]

Als Sachverständiger wird in der Literatur eine Person bezeichnet, die auf einem bestimmten Gebiet besondere Kenntnisse aufweist und aus diesem Grund zur Beantwortung von spezifischen Fragen in diesem Bereich besonders geeignet zu sein scheint.[87] Welche Anforderungen ein Sachverständiger im Einzelnen erfüllen muss, ergibt sich in der Regel aus den Rechtsvorschriften, in denen der Sachverständige erwähnt wird. Zu nennen sind insbesondere die Kriterien der Sachkunde und der Objektivität.

a) Sachkunde

Das Erfordernis der Sachkunde eines Sachverständigen ergibt sich bereits aus der Natur seiner Tätigkeit. Es kann weiterhin den Eidesformeln des Prozessrechts entnommen werden, nach denen der Gutachter „nach bestem Wissen" Zeugnis zu geben hat.[88] Dabei genügt jedoch nicht die durchschnittliche Kennt-

85 Der Begriff des „Sachverständigen" erscheint u.a. in §§ 58 Abs. 1 S. 2 Nr. 2, 62 Abs. 4 Nr. 3, 4 WHG, 5, 21 Abs. 4 UVPG, 29a Abs. 1 BImSchG, 36 GewO, 96 Abs. 1 VwGO; der Begriff des „Sachkundigen" findet sich u.a. in §§ 42 Abs. 1 LFGB, 13, 14 AMG, 16 Abs. 4a TierSchG, 5 Abs. 2 Nr. 2 GGBefG.

86 So OLG München, GewArch 1995, 297; BVerwG, GewArch 1998, 247, 248; LG Regensburg, GewArch 2002, 476, 477.

87 Scholl, Der private Sachverständige im Verwaltungsrecht, S. 92.

88 Nicklisch, BB 1981, 1653, 1654; Döbereiner, BB 1984, 1074, 1076.

nis des Fachgebiets, der Sachverständige muss „weit über dem Durchschnitt liegende Fachkenntnisse“[89] aufweisen.

b) Objektivität

Auch dieses Erfordernis ergibt sich aus den Eidesformeln des Prozessrechts. Nach § 410 Abs. 1 S. 2 ZPO, § 79 Abs. 2 StPO muss ein Sachverständigengutachten „unabhängig“ abgegeben werden. Unabhängigkeit bedeutet, dass der Sachverständige sich ausschließlich von fachlichen Erwägungen leiten lässt, insbesondere darf er keine Vorurteile bezüglich der Tätigkeit im konkreten Fall haben oder eine bestimmte Auffassung bevorzugen.[90]

Dieses Merkmal ist problematisch bei der Beratungsform der Interessenvertretung.[91] Hierbei wird nämlich ein Vertreter einer bestimmten Interessengemeinschaft angehört, dessen Aufgabe es ist, die spezifischen Interessen der Gruppe zum Ausdruck zu bringen. Auf seine Objektivität kommt es dagegen gerade nicht an, da ihm im Gegensatz zu einem reinen Sachverständigen wenig an dem Ausgleich aller beteiligten Interessen liegt.

c) Rechtsanwälte als Sachverständige

Aufgrund ihrer hohen Spezialisierung auf einem Rechtsgebiet weisen Rechtsanwälte die erforderliche Sachkunde auf, um die Bundesregierung in Bezug auf problematische Punkte bei der Erstellung eines Gesetzentwurfs zu beraten. Vielfach sind sie besser mit der Materie vertraut als die Angehörigen der Ministerialbürokratie, denen die Ausarbeitung des Gesetzentwurfs als primäre Aufgabe obliegt.

Allerdings fehlt den Anwälten die für die Tätigkeit eines reinen Sachverständigen erforderliche Objektivität, denn der vorrangige Wirkbereich der in einer großen Sozietät beschäftigten Rechtsanwälte befindet sich in der freien Wirtschaft. Regelmäßig sind Wirtschaftsunternehmen die Mandanten einer solchen Sozietät und die Interessenvertretung dieser Mandanten ihre Aufgabe und oberstes Ziel. Trotzdem kann eine solche Kanzlei nicht völlig der Sphäre der Wirtschaft zugerechnet werden, was sie zu einem Interessensvertreter machen

89 Böttger, in: Bayerlein, Praxishandbuch Sachverständigenrecht, § 2, Rn. 18; Scholl, Der private Sachverständige im Verwaltungsrecht, S. 94.

90 Böttger, in: Bayerlein, Praxishandbuch Sachverständigenrecht, § 2, Rn. 25; Scholl, Der private Sachverständige im Verwaltungsrecht, S. 95 f.

91 Dazu noch unten A. III. 3. b) aa).

würde.[92] Denn die von ihr vertretenen Interessen sind solche der Mandanten, nicht jedoch notwendig die eigenen.

Es ist außerdem geboten, bei der Beratung der Bundesregierung beziehungsweise des federführenden Ministeriums die gleiche Sorgfalt anzuwenden wie bei der Beratung eines sonstigen Mandanten.

Auf den ersten Blick erscheint der die Bundesregierung beratende Rechtsanwalt also eher als Interessenvertreter denn als Sachverständiger. Wo letzterer Objektivität aufweist, vertritt ersterer offen die Interessen nur einer Gruppe von Betroffenen. Allerdings verzahnen sich die Begriffe häufig, denn auch Interessenvertreter können ausschließlich wegen ihres Fachwissens herangezogen werden.[93] Sachverständige beschäftigen sich auf der anderen Seite derart intensiv mit ihrem Fachgebiet, dass sie die Interessen einer Seite regelmäßig über diejenigen anderer Betroffener stellen werden, wenn diese Lösung ihnen am effektivsten erscheint.[94]

Die Rechtsanwälte sollten als Interessenvertreter also nicht bereits wegen ihrer fehlenden Objektivität aus dem Bereich der Sachverständigen ausgeschieden werden. Vielmehr sind sie als Untergruppe der Sachverständigen zu betrachten und die Zulässigkeit ihrer Beratung ist anhand weiterer Kriterien zu untersuchen.

2. Vorrangige Beratung durch staatsinterne Wissensressourcen

Vorrangig hat sich der Staat zur Erfüllung seiner Aufgaben interner Wissensressourcen zu bedienen. Zur Vorbereitung von Gesetzentwürfen greifen die Ministerien auf ihre Fachreferate zurück. Im Gesetzgebungsverfahren wird die Arbeit dann vielfach auf Ausschüsse übertragen, deren Mitglieder sich parteiübergreifend zusammensetzen und sich jeweils durch besonderes Fachwissen auszeichnen.[95]

a) Beschränkte Zuständigkeit der internen Berater in der Theorie

In der Regel wird die Vorbereitung einer Regierungsvorlage von den Referaten der Ministerien übernommen, wobei der Referatsleiter der betreffenden Arbeits-

---

92 Zur Unterscheidung von Sachverständigen und Interessenvertretern Voßkuhle, in: Isensee/Kirchhof, HStR III3, § 43, Rn. 17 ff.; Dagtoglou, Der Private in der Verwaltung, S. 28 ff.

93 Dagtoglou, Der Private in der Verwaltung, S. 28 f.

94 Dagtoglou, Der Private in der Verwaltung, S. 29.

95 Zur Entwicklung des Ausschusssystems im Bundestag v. Beyme, Der Gesetzgeber, S. 188 ff.

einheit Hauptverantwortlicher ist.[96] Am Beispiel des Bundesministeriums der Justiz soll die Organisationsstruktur diesbezüglich kurz aufgezeigt werden:

Das Ministerium gliedert sich in sechs Fachabteilungen mit 13 Unterabteilungen und 79 Fachreferaten, denen jeweils ein Referatsleiter als Verantwortlicher und Initiator für die Vorbereitung von Gesetzentwürfen vorsteht.[97] Insgesamt beschäftigt das Bundesministerium der Justiz derzeit 683 Bedienstete, davon 266 Juristen.[98]

Zur Vorbereitung eines Gesetzentwurfs wird durch das zuständige Referat zunächst in Abstimmung mit den anderen beteiligten Referaten ein Referentenentwurf angefertigt. Vor dessen Veröffentlichung ist die Zustimmung des Ministers einzuholen, weshalb der Referent nicht vollständig frei in der Erstellung des Entwurfs ist, obwohl dieser zunächst nur einen unverbindlichen Vorschlag darstellt.[99]

Ziel des Referenten ist über die bloße Vorschlagserstellung hinaus bereits die Erarbeitung eines für alle Betroffenen akzeptablen Lösungsvorschlags. Hierfür ermittelt er die Auffassung der beteiligten Parteien und lässt sie anteilig in seine Arbeit einfließen. Der Referentenentwurf gibt somit den späteren Diskussionsrahmen vor. Dass die Arbeit der Fachreferenten aber keine Entscheidungsbefugnisse beinhaltet und bei weitem nicht jeder Referentenentwurf Gesetz wird, versteht sich von selbst.

Während des Gesetzgebungsverfahrens werden die Ausschüsse des Bundestages zur fachlichen Beratung herangezogen. In der 17. Wahlperiode existieren 22 ständige Ausschüsse, welche mit Abgeordneten aller Fraktionen besetzt in der Weise besetzt sind, dass ihre Zusammensetzung den parlamentarischen Mehrheitsverhältnissen entspricht.[100]

Sie geben zwar lediglich Beschlussempfehlungen ab, die Entscheidungen des Bundestages weichen jedoch selten von diesen Empfehlungen ab, so dass auch die Ausschussarbeit tatsächlich mehr als eine bloße Beratung, nämlich eine Mitarbeit an dem betreffenden Gesetzentwurf darstellt.

Zur darüber hinausgehenden Informationsbeschaffung bedienen sich die Regierungsparteien im Einzelfall der wissenschaftlichen Dienste des Bundesta-

---

96 H. Schneider, Gesetzgebung, Rn. 95 f.; Herber, in: Maihofer, Theorie und Methoden der Gesetzgebung, S. 32.

97 Organisationsplan des BMJ, http://www.bmj.de/SharedDocs/Downloads/DE/ Organisationsplan/Organisationsplan_DE_022012.pdf;jsessionid=82A89D5EB4E4E00A7DA8A76B6A32AD44.1_cid093?__blob=publicationFile (Abruf am 25.02.2012).

98 http://www.bmj.de/SharedDocs/Downloads/DE/broschueren/Infobroschuere_deutsch.pdf?__blob=publicationFile, S. 12 (Abruf am 25.02.2012).

99 Herber, in: Maihofer, Theorie und Methoden der Gesetzgebung, S. 33.

100 http://www.bundestag.de/bundestag/ausschuesse17/index.html (Abruf am 25.02.2012).

ges.[101] Die Opposition greift nicht auf dieselben Informationsquellen zu,[102] sondern beauftragt stattdessen die Ministerialbürokratie eines unter ihrer Regierung stehenden Bundeslandes. Diese Vorgehensweise stellt wegen des Initiativrechts des Bundesrates nach Art. 76 Abs. 1 GG keinen Verstoß gegen Verbandskompetenzen dar.

b) Beteiligung interner Berater an der Staatsleitung in der Praxis

Allen internen Beratungsgremien ist gemein, dass sie keine Entscheidungskompetenzen inne haben. Sie unterstehen, im Gegensatz zu externen Sachverständigen, dem Staatsapparat, der für sie die Verantwortung trägt. [103]

Übernimmt die Ministerialbürokratie für das zuständige Ministerium die Ausarbeitung eines Gesetzentwurfs, so setzt sie in zulässiger Weise den Ausgangspunkt aller Beratungen fest. Trotz ihrer theoretisch beschränkten Zuständigkeit übernimmt sie somit eine wichtige Funktion im Gefüge des Staatsapparates.

Der tatsächliche Einfluss der Ministerialbürokratie auf die Staatsleitung wird offensichtlich bei der folgenden Vorgehensweise zur Einbringung eines Gesetzentwurfs:

Gesetzesvorlagen der Bundesregierung sind nach Art. 76 Abs. 2 S. 1 GG zunächst dem Bundesrat zuzuleiten. Da der Bundesrat für die Begutachtung der Vorlagen nach Art. 76 Abs. 2 S. 2 GG sechs Wochen Zeit hat, manche Vorlagen aber eilbedürftig sind, nehmen die Fälle an Häufigkeit zu, in denen die Bundesregierung ihre Vorlage an Abgeordnete der Regierungsfraktionen weiterleitet, die sie dann als Vorlage aus der Mitte des Bundestages einbringen. Für diesen Fall ist eine Zuleitung an den Bundesrat nicht vorgesehen. Trotz der Fragwürdigkeit dieses Vorgehens, welches eine bewusste Umgehung des verfassungsrechtlich normierten Verfahrens darstellt, ist weitgehend anerkannt, dass eine Verfassungswidrigkeit nicht gegeben ist.[104]

Die Akzeptanz einer solch klaren Umgehung des verfassungsrechtlichen Verfahrens führt zu dem Schluss, dass die Beteiligung der Ministerialbürokratie an der Staatsleitung verfassungsrechtlich unproblematisch ist.[105] Dafür spricht

---

101 Vgl. hierzu Quaritsch, in: Festschrift für Ernst Forsthoff, S. 303, 307 ff.; F. Schäfer, Der Bundestag, S. 178.

102 Zeh, in: Maihofer, Theorie und Methoden der Gesetzgebung, S. 68; F. Schäfer, Der Bundestag, S. 178.

103 Brohm, in: Isensee/Kirchhof, HStR II2, § 36, Rn. 8; dem folgend Voßkuhle, in: Isensee/Kirchhof, HStR III3, § 43, Rn. 14.

104 Vgl. H. Schneider, Gesetzgebung, Rn. 117; Schürmann, AöR 115 (1990), S. 45 ff. Ausführlich zu dieser Problematik unten B. I. 2. a) aa) (2) (c) (bb).

105 Zum politischen Entscheidungsspielraum der Ministerialbürokratie Sontheimer/Bleek, Abschied vom Berufsbeamtentum? S. 104; Bleek, in: Sontheimer, Hb. des politischen

auch die bereits oben angesprochene Eingliederung der Ministerialbürokratie in den Staat und nicht zuletzt auch die ausdrückliche Regelung eines Initiativrechts der Exekutive im Grundgesetz. Läge eine Eingliederung der Ministerialbürokratie in den Staat nicht vor, wäre auch ein Initiativrecht der Bundesregierung als Exekutivorgan kaum vorstellbar.

3. Beratung durch externe Sachverständige

Die vollständige Ausformulierung eines Gesetzentwurfs durch Angehörige der Ministerialbürokratie als interne Sachverständige ist wie gezeigt möglich. Die Beratung durch Rechtsanwaltskanzleien spielt sich im Gegensatz hierzu aber außerhalb der Sphäre des Ministeriums ab, so dass nach der Zulässigkeit einer solchen externen Beratung zu fragen ist.

Diese Form der Beratung gewinnt immer mehr an Gewicht, da die Heranziehung staatsinterner Sachverständiger teilweise nicht ausreichend zur staatlichen Aufgabenbewältigung ist. Private Sachverständige werden regelmäßig beauftragt, um den Staatsorganen insbesondere das notwendige Fachwissen auf Spezialgebieten wie dem Umwelt- und Technikrecht verschaffen. Zu den externen Sachverständigen zählen beispielsweise Wissenschaftler an Universitäten, Organe berufsständischer Kammern sowie Funktionäre von Interessenverbänden.[106]

Auch die beratenden Sozietäten, die nur teilweise als Sachverständige, teilweise als Interessenvertreter auftreten, können unter diese Kategorie gefasst werden.

Bereits seit längerer Zeit ist die Beschäftigung externer Sachverständiger im Gesetzgebungsverfahren, etwa durch Enquete-Kommissionen nach § 56 GOBT[107] oder die Inauftraggabe von Gutachten üblich.[108] Grundsätzlich scheint die Beteiligung der Kanzleien also möglich.

Systems der Bundesrepublik Deutschland, S. 51, 54; Ronge, in: Sontheimer, Hb. des politischen Systems der Bundesrepublik Deutschland S. 111, 113; ders., in: Sontheimer, Hb. des politischen Systems der Bundesrepublik Deutschland, S. 388, 390.

106 Zum Kontakt zwischen Regierung und Interessenvertretung Lange, Politische Soziologie, S. 99 ff.

107 Zu den Enquete-Kommissionen und ihrer Arbeit vgl. Hoffmann-Riem/Ramcke, in: Schneider/Zeh, Parlamentsrecht, § 47; Lompe/Rass/Rehfeld, Enquete-Kommissionen und Royal Commissions, S. 181 ff.

108 Zur wissenschaftlichen Beratung im Gesetzgebungsverfahren v. Beyme, Der Gesetzgeber, S. 152 ff.

a) Formen der Beratung

Externe sachverständige Beratung kann in vielfältiger Weise unterschieden werden. In Betracht kommt insbesondere die Anknüpfung an die Art des Sachverstands sowie an den Grad der Formalisierung.

aa) Art des Sachverstands

Unterschieden werden kann zunächst zwischen wissenschaftlicher und praktischer Beratung. Erstere umfasst nach dem Bundesverfassungsgericht jede Tätigkeit, die darauf gerichtet ist, „in methodischer, systematischer und nachprüfbarer Weise neue Erkenntnisse zu gewinnen".[109] Gewährleistet wird dies in erster Linie durch Angehörige von Hochschulen und Universitäten, aber auch andere staatliche und private Forschungsinstitute fallen unter den Begriff der Wissenschaft.[110]

Im Gegensatz dazu steht der praktische Sachverstand. Hierzu zählen alle diejenigen Personen, die eine spezifisch auf ihr Fachgebiet gerichtete Ausbildung durchlaufen haben und nun auf diesem Gebiet tätig sind. Demzufolge ist der Bereich des praktischen Sachverstandes weit zu verstehen, auch Unternehmensberater und Rechtsanwälte können hierunter gefasst werden.[111]

bb) Anlass und Form der Beratung

Weiterhin kann in einer groben Einteilung zwischen der sachverständigen Beratung im Einzelfall und der Einrichtung dauerhafter Beratungsgremien unterschieden werden.[112] Welche dieser beiden Beratungsformen gewählt wird, hängt nicht zuletzt davon ab, ob eine freiwillige Einholung von sachverständigem Rat vorliegt oder das Gesetz zur Anhörung verpflichtet.[113] In letzterem Fall kann von der Einrichtung eines dauerhaften Gremiums nicht ausgegangen werden.

---

109 BVerfGE 35, 79, 113. Zum Begriff der Wissenschaft eingehend Trute, Die Forschung zwischen grundrechtlicher Freiheit und staatlicher Institutionalisierung, S. 54 ff.

110 Trute, Die Forschung zwischen grundrechtlicher Freiheit und staatlicher Institutionalisierung, S. 493 ff.

111 Voßkuhle, in: Isensee/Kirchhof, HStR III3, § 43, Rn. 31.

112 Brohm, in: Isensee/Kirchhof, HStR II2, § 36, Rn. 22 ff.; Voßkuhle, in: Isensee/Kirchhof, HStR III3, § 43, Rn. 35.

113 Eine Auflistung der wichtigsten Gremien auf Bundesebene findet sich im Anhang zum Dritten Bericht der Bundesregierung über den Anteil von Frauen in wesentlichen Gremien im Einflussbereich des Bundes vom 26.5.2002, S. 25 ff.

b) Bedenken gegen die externe Beratung

Gegen die Hinzuziehung von externen Wissensressourcen werden zahlreiche Bedenken vorgebracht. Besonders gravierend erscheint in diesem Zusammenhang der Vorwurf des Lobbyings sowie der Einflussnahme auf das Beratungsergebnis durch externe Sachverständige.[114]

aa) Interessenvertreter als Sachverständige

Als Sachverständige sind auch Vertreter einer Interessengruppe anzusehen, deren Bestimmung die Wahrung und Durchsetzung des Wohls der Gruppe ist. Solchen Interessenvertretern wird in der Regel die Objektivität fehlen, die eines der Kriterien zur Definition des Sachverständigen ausmacht. Stattdessen agieren sie regelmäßig einseitig interessenbezogen.[115] Dies könnte dazu führen, dass der Einfluss nichtstaatlicher Organisationen auf die Politik im Schatten der Politikberatung weiter wächst und sich der Überschaubarkeit und Kontrolle entzieht. Da aber wie beschrieben[116] auch eine Verzahnung der Begriffe des Interessenvertreters und des Sachverständigen stattfindet und sich beide aufeinander zubewegen, ist es vorzugswürdig, von „interessengebundenem Sachverstand"[117] zu sprechen und keine scharfe Trennung beider Arten der Beratung vorzunehmen. Vom Vorwurf des Lobbyings wird sich ein solcher Berater jedoch selten völlig freisprechen können.

bb) Beratung als Mitentscheidung

Ein weiterer Kritikpunkt an der Beratung des Staates durch externe Sachverständige, der sich auch im Zusammenhang mit der Frage der Legitimation politischer Entscheidungen stellt, ist die nur schwer zu definierende Grenze zwischen Beratung und Mitentscheidung. Wie viel Einfluss darf einem außerhalb des Staatsapparates stehenden Sachverständigen auf die politische Entscheidung gewährt werden, ohne dass er gleichzeitig an der Entscheidungsfindung beteiligt wird? Früher ging man davon aus, dass die sachverständige Beratung nur in der Vorbereitungsphase über die tatsächlichen Gegebenheiten informiere und somit für die eigentliche Entscheidung nicht von Bedeutung sei.[118] Die Gründe für eine solche Betrachtungsweise liegen insbesondere in dem Verständnis des Libe-

---

114 Brohm, in: Isensee/Kirchhof, HStR II2, § 36, Rn. 31 ff.; Voßkuhle, in: Isensee/Kirchhof, HStR III3, § 43, Rn. 21 f.

115 Voßkuhle, in: Isensee/Kirchhof, HStR III3, § 43, Rn. 17. A. A. Weber, in: Beutler, Der Staat und die Verbände, S. 19.

116 Vgl. oben A. III. 1. b).

117 Voßkuhle, in: Isensee/Kirchhof, HStR III3, § 43, Rn. 20.

118 Kritisch hierzu schon Brohm, in: Festschrift für Ernst Forsthoff, S. 37 ff.; ders., in: Isensee/Kirchhof, HStR II2, § 36, Rn. 30 ff.

ralismus während der Zeit konstitutioneller Monarchien.[119] Dieses sogenannte „dezisionistische Modell“[120] geht aber an der Realität vorbei. Schon die Bereitstellung von Informationen beeinflusst den Entscheidungsträger in seiner Entscheidungsfindung, da durch die Interaktion zwischen Entscheidungsträger und Sachverständigem der Gegenstand der Sachverständigentätigkeit erst festgelegt wird. Dieser beschränkt sich in der Folge nicht auf die einmalige Bereitstellung von Informationen, es findet vielmehr ein wiederholter Kontakt statt, durch den beide Seiten sich gegenseitig beeinflussen.[121] Ein Anteil an der späteren Entscheidung entfällt also auch auf den im Vorfeld beteiligten Sachverständigen. Dies entspricht eher dem „pragmatistischen Modell“, welches von der Wechselwirkung zwischen Politik und Wissenschaft geprägt ist.[122] Auf der einen Seite steht dabei die sachverständige Beratung der Politik, andererseits kann sich die Tätigkeit der Berater nicht nur auf die Darlegung der Situation beschränken. Entwickelt werden vielmehr konkrete Strategien für die von der Politik zu lösende Problematik. Dass dabei auch die wertende Teilhabe der Berater nicht auszuschließen ist, liegt auf der Hand.

Wenn nun schon die bloße Beratung im Hinblick auf die praktisch kaum auszuschließende Mitentscheidung problematisch erscheint, gilt dies in besonderem Maße für die Inanspruchnahme anwaltlicher Hilfe bei der Erstellung eines Gesetzentwurfs durch das originär dafür zuständige Ministerium. Die Praxis des Gesetzgebungsoutsourcings geht insoweit noch einen Schritt weiter als der Regelfall der sachverständigen Beratung: Die Erstentscheidung über den Inhalt des Gesetzentwurfs wird übertragen, gleichzeitig behält sich das Bundesministerium jedoch die Letztverantwortung vor.[123]

4. Ergebnis

Sachverständige Beratung des Staates beschränkt sich nicht länger nur auf die Vorbereitungsphase eines Entscheidungsprozesses, sondern sie kann durchaus in unterschiedlichem Umfang an der tatsächlichen Entscheidung teilhaben. Das

---

119 Brohm, in: Isensee/Kirchhof, HStR II2, § 36, Rn. 30.

120 Der Begriff des „dezisionistischen Modell geht auf Habermas, Technik und Wissenschaft als Ideologie, S. 120 ff. zurück, der zwischen drei staatspolitischen Modellen unterschied: Neben dem „dezisionistischen Modell“ unterschied er weiter zwischen dem „technokratischen“ sowie dem „pragmatistischen Modell“. Hierzu auch Krüger, Wissenschaftliche Beratung und sozialpolitische Praxis, S. 6 ff.

121 Brohm, in: Isensee/Kirchhof, HStR II2, § 36, Rn. 31; dem folgend Voßkuhle, in: Isensee/Kirchhof, HStR III3, § 43, Rn. 22.

122 Krüger, Wissenschaftliche Beratung und sozialpolitische Praxis, S. 9 f.

123 Auf eine in diesem Zusammenhang möglicherweise bestehende Spannungslage mit dem Demokratieprinzip soll später noch eingegangen werden, vgl. B. I.

Phänomen des Gesetzgebungsoutsourcings kann in diesem Zusammenhang als Folge der Entwicklung staatlicher Beratung betrachtet werden.[124]

Auf der ersten Stufe steht hierbei die Hinzuziehung externen Sachverstands. Das Gesetzgebungsoutsourcing kann auf der zweiten Stufe als die intensivere Form der Beratung angesehen werden, die einen tatsächlichen „Rat“ im Wortsinn enthält, nämlich eine „wohlmeinend-helfende Empfehlung“,[125] die im Folgenden als Referentenentwurf zur Diskussionsgrundlage für eine Regierungsvorlage wird.

Der Grund für die Einschaltung staatsexterner Berater und die Motivation zum „Outsourcen“ von Gesetzentwürfen entsprechen sich dabei. Grundsätzlich ist der sachverständigen Beratung eine Vermutung der Richtigkeit immanent, ein Vertrauen auf fachliche Fähigkeiten und Wahrung der Interessen des Auftraggebers, so dass die Akzeptanz des konkreten Vorhabens erhöht wird.[126] Allerdings besteht die Gefahr, dass gleichzeitig mit dieser Erhöhung der konkreten Akzeptanz eine nicht gerechtfertigte Kollision mit dem Verfassungsrecht entsteht, durch die die staatliche Entscheidung an Richtigkeit verliert. Sollte dies der Fall sein, kann die Zustimmung zum privat erstellten Gesetzentwurf einen solchen Verfassungsverstoß nicht aufwiegen.

---

124 In diese Richtung argumentiert auch Kloepfer, NJW 2011, 131, 132.

125 http://www.brockhaus-enzyklopaedie.de/be21_article.php?document_id=0x0b89ea15@be#2 (Abruf am 01.10.2010).

126 Ähnlich bereits Dagtoglou, Der Private in der Verwaltung, S. 130 f.

B. Verfassungsrechtliche Probleme des Gesetzgebungsoutsourcings

Die spätere Akzeptanz der privat erstellten Gesetzentwürfe kann nicht darüber hinwegtäuschen, dass verfassungsrechtliche Probleme im Zusammenhang mit dem Phänomen des Gesetzgebungsoutsourcings bestehen.

Bereits gegen die externe sachverständige Beratung bestehen Bedenken, so dass sich solche in ausgeprägterer Form auch gegen das Gesetzgebungsoutsourcing ergeben.

Problematisch erscheint insbesondere die demokratische Legitimation privat erstellter Gesetzentwürfe, da die Erstellung eines Gesetzentwurfs nicht innerhalb des Staatsapparates stattfindet.

Weiterhin könnte die Tätigkeit der Rechtsanwälte durch Interessenkonflikte im Zusammenhang mit vergangenen sowie zukünftigen Mandatierungen und damit auch einen Gemeinwohlverstoß auslösen.

Durch den Wechsel der Protagonisten von der üblicherweise beauftragten Ministerialbürokratie zu den Rechtsanwälten stellt sich schließlich die Frage, ob anknüpfend an den Status dieser Beauftragten als Private ein Verstoß gegen den Funktionsvorbehalt des Art. 33 Abs. 4 GG angenommen werden muss.

I. Verstoß gegen das Demokratieprinzip

Zunächst ist zu untersuchen, ob die Erstellung von Gesetzentwürfen durch Rechtsanwälte eine Verletzung des Demokratieprinzips darstellen kann.

Das demokratische Prinzip gibt einerseits Antwort auf die Frage nach der *Legitimation* politischer Herrschaft. Die staatlichen Herrschaftsorgane werden mittelbar legitimiert: Die Staatsform der Bundesrepublik Deutschland hat den Charakter einer *repräsentativen Demokratie*. Der Staatsaufbau beginnt somit beim Volk „von unten nach oben“.[127]

Dies geht aus Art. 20 Abs. 2 S. 1 GG hervor, der postuliert: „Alle Staatsgewalt geht vom Volke aus“. Diese Phrase beschreibt nicht nur die Staatsform der Bundesrepublik Deutschland. Die Demokratie ist vielmehr nach ihrer wechselvollen Geschichte zu einem Staatsideal geworden, sie ist gleichbedeutend mit der besten möglichen Staatsform.[128] Allerdings existieren derart vielfältige Vor-

127 BVerfGE 5, 85, 120; Stern, Staatsrecht I, § 18, S. 593 f. Zur Entscheidung der Verfassung für eine repräsentative Demokratie Dreier, in: ders., GG II, Art. 20, Rn. 19, 21; Grzeszick, in: Maunz/Dürig, GG III, Art. 20, Rn. 110.

128 Zur Demokratie als Staatsideal Berber, Das Staatsideal im Wandel der Weltgeschichte, passim; Schmitt, Verfassungslehre, S. 225.

stellungen über die Inhalte des Demokratieprinzips, dass *Werner von Simson* sie als den „gesamten Bereich des geltenden deutschen Staatsrechts“ beschrieb.[129]

Um den für die vorliegende Bearbeitung zu betrachtenden Bereich einzugrenzen, soll zunächst kurz das zugrunde gelegte Demokratieverständnis erläutert werden, um dann im Folgenden auf die Schwierigkeiten einzugehen, die das Phänomen des Gesetzgebungsoutsourcings verursacht.

1. Repräsentative Demokratie als Prüfungsmaßstab

In der vorliegenden Untersuchung kann nicht auf alle Nuancen des Demokratiebegriffs eingegangen werden, da diese hier nur ausschnittweise Bedeutung erlangen. Näher zu erläutern ist aber die verfassungsrechtliche Einordnung des Demokratieprinzips sowie sein Charakter als *repräsentative* Staatsform.

a) Demokratie als Verfassungsprinzip

Das Demokratieprinzip wird zum Teil als Staatsstrukturprinzip, teilweise aber auch als Staatszielbestimmung eingeordnet.[130] Auch ist die Annahme einer Mischform denkbar.

Während Staatsstrukturbestimmungen den Aufbau des Staates selbst betreffen, geben Staatszielbestimmungen eine inhaltliche Richtung staatlichen Handelns vor, welcher die Staatsorgane verpflichtend zu folgen haben. Den Bürgern verleihen diese Ziele aber keine subjektiven Rechte.[131]

Die Zuordnung des Demokratieprinzips zu einem dieser Begriffe gelingt nicht immer trennscharf. Festzuhalten ist zunächst, dass die Charakterisierung als reine Staatszielbestimmung abzulehnen ist. Zwar ist die fortschreitende Demokratisierung Ziel staatlichen Handelns und in materieller Weise von Freiheit und Gleichheit geprägt. Allerdings kann der Demokratie nicht der Auftrag an die Staatsgewalten zugeschrieben werden, die Gesellschaft in optimaler Weise im Hinblick auf diese Rechte zu verändern. Vielmehr ist sie in funktionaler Hinsicht mit den Freiheits- und Gleichheitsrechten verknüpft. Deren Existenz wird

---

129 v. Simson, VVDStRL 29 (1971), 3, 4.

130 Für die Einordnung als Staatsstrukturprinzip Jarass, in: Jarass/Pieroth, GG, Art. 20, Rn. 1; Stern, Staatsrecht I, Vorbemerkung vor § 16, S. 551; Contiades, Verfassungsgesetzliche Staatsstrukturbestimmungen, S. 95, 97; Ipsen, Staatsrecht I, Rn. 40; Sommermann, Staatsziele, S. 198 f. Für die Einordnung als Staatszielbestimmung Thieme, DÖV 1998, 751; Leuerer, in: Weinacht, Verfassungsprinzipien, S. 36, bezeichnet das Demokratieprinzip ohne besondere Differenzierung als Verfassungsprinzip.

131 Zur Unterscheidung zwischen Staatsstrukturprinzipien und Staatszielbestimmungen Sommermann, in: v. Mangoldt/Klein/Starck, GG II, Art. 20, Rn. 88; ders., in: Heun/Honecker/Morlok/Wieland, Evangelisches Staatslexikon, S. 2348 f.

einerseits bereits durch die Grundrechte festgelegt. Andererseits garantiert das Demokratieprinzip in staatsorganisatorischer Hinsicht ihre Verwirklichung.[132]

In Anlehnung an die Rechtsprechung des Bundesverfassungsgerichts[133] scheint es auch möglich, das Demokratieprinzip als Mischform aus Staatsstrukturprinzip und Staatszielbestimmung zu betrachten. Gerade aufgrund des engen Zusammenhangs mit den Grundrechten sowie aufgrund seines materiellen Eigenwertes[134] stellt das Demokratieprinzip die „Aufgabe an Staat und Gesellschaft", diese Werte zu schützen und zu fördern,[135] keinesfalls aber, ihnen entgegenzuwirken.

Vorzugswürdig ist die übergeordnete Einordnung des Demokratieprinzips als Verfassungsprinzip.[136] Hierdurch können die organisatorischen sowie materiellen Bestandteile der Demokratie beschrieben werden, ohne in Widerspruch miteinander zu geraten. Des Weiteren wird die Entwicklungsoffenheit der Demokratie zum Ausdruck gebracht, die gerade prägend für den Prinzipiencharakter ist[137] und somit eine weitere Schnittstelle zwischen den beschriebenen Staatsstrukturprinzipien und Staatszielbestimmungen darstellt.

Diese Betrachtung ermöglicht es weiterhin, einerseits die organisatorischen Seiten des Demokratieprinzips, aber auch seine materiellen Inhalte auf mögliche Verletzungen durch die Praxis des Gesetzgebungsoutsourcings zu untersuchen.

b) Repräsentative Demokratie

Essentielle Grundsätze der Demokratie sind die Freiheit und Gleichheit aller Bürger.[138] Nach der weiten Formulierung des ersten Satzes des Art. 20 Abs. 2 GG („alle Staatsgewalt geht vom Volke aus") präzisiert Art. 20 Abs. 2 S. 2 GG diese Grundsätze, so dass zumindest über den unveränderlichen Kernbereich des Demokratieprinzips weitgehende Einigkeit besteht: „Sie [die Staatsgewalt, Anmerkung der Verfasserin] wird vom Volke in Wahlen und Abstimmungen und durch besondere Organe der Gesetzgebung, der vollziehenden Gewalt und der Rechtsprechung ausgeübt." Damit beschränkt Art. 20 Abs. 2 GG die Souveränität des Volkes gleichzeitig auf die Mitwirkung an der Staatsgewalt durch Reprä-

---

132 Sommermann, in: v. Mangoldt/Klein/Starck, GG II, Art. 20, Rn. 91 ff.

133 Vgl. BVerfGE 107, 59, 91.

134 Dazu sogleich.

135 Fisahn, Demokratie und Öffentlichkeitsbeteiligung, S. 321. So auch Volkmann, in: Friauf, Berliner Kommentar, Art. 20, Rn. 37.

136 Scheuner, in: ders., Staatstheorie, S. 233. Dem folgend auch Dreier, in: ders., GG II, Art. 20, Rn. 12.

137 BVerfGE 107, 59, 91.

138 Grzeszick, in: Maunz/Dürig, GG III, Art. 20, Rn. 16, 35; Unger, Das Verfassungsprinzip der Demokratie, S. 250 ff.

sentation.[139] Auf der anderen Seite folgt die Hoheitsgewalt des Staates erst aus der Gewährung der politischen Selbstbestimmung des Volkes.[140] Gemeint ist dabei das Staatsvolk der Bundesrepublik Deutschland.[141] Der Mensch wird als selbständiges Wesen verstanden, welches einerseits in einer Gesellschaft mit anderen Menschen lebt, andererseits sich selbst verantwortlich ist. Diese beiden Komponenten des menschlichen Miteinanders sollen durch die repräsentative Demokratie verwirklicht werden.[142]

Aus der Kombination der Eigenverantwortlichkeit und der Notwendigkeit von Herrschaft wird die Identitätstheorie abgeleitet, wonach sich Herrscher und Beherrschte entsprechen.[143] Die direkte Anwendung dieser Theorie aber ist nur in einer Demokratie möglich, in der tatsächlich das ganze Volk an der Regierung partizipiert.[144] Ist die Zahl der Bürger für die Durchführung einer solchen *unmittelbaren* Form der Demokratie jedoch zu hoch, kommt eine wortgetreue Anwendung der Identitätstheorie nicht in Betracht.[145]

Die Betrachtung wird hier auf die repräsentative Form der Demokratie beschränkt, da diese die Staatsform darstellt, in deren Zusammenhang das Phänomen des Gesetzgebungsoutsourcings untersucht wird. Auch in dieser Staatsform ist die Hinzuziehung Privater zu staatlichen Aufgaben grundsätzlich gestattet,[146] so dass sich die Grenzziehung zum verfassungswidrigen Handeln umso interessanter gestaltet.

---

139 Sommermann, in: v. Mangoldt/Klein/Starck, GG II, Art. 20 Abs. 2, Rn. 143; Böckenförde, in: Isensee/Kirchhof, HStR III3, § 34, Rn. 12 ff.

140 BVerfGE 44, 125, 142; Dreier, in: ders., GG II, Art. 20. Rn. 67; Sommermann, in: v. Mangoldt/Klein/Starck, GG II, Art. 20, Rn. 82; Stern, Staatsrecht I, § 18, S. 604; Emde, Die demokratische Legitimation, S. 384.

141 Zum Volksbegriff Grzeszick, in: Maunz/Dürig, GG III, Art. 20, Rn. 79 ff.; Sommermann, in: v. Mangoldt/Klein/Starck, GG II, Art. 20 Abs. 2, Rn. 148 ff.; Böckenförde, in: Isensee/Kirchhof, HStR II3, § 24, Rn. 26 ff.; Unger, Das Verfassungsprinzip der Demokratie, S. 57 ff.

142 Emde, Die demokratische Legitimation, S. 384 f.

143 Schmitt, Verfassungslehre, S. 234; Kriele, VVDStRL 29 (1971), 46, 47 f.

144 Beispielsweise nach dem Demokratiemodell Rousseaus, der alle Bürger zu Mitgliedern der Volksversammlung machen wollte, vgl. Der Gesellschaftsvertrag, Buch II.

145 Doehring, Staatsrecht, S. 125. Zippelius, in: Gedächtnisschrift für René Marcic, Bd. 2, S. 921, 924, lehnt das Ideal der Selbstbestimmung aller als nicht durchführbar ab, da sich selbst in einer unmittelbaren Demokratie die Minderheit den Beschlüssen der Mehrheit anschließen müsse.

146 Hier ist insbesondere die Einholung von Sachverständigengutachten zu nennen, vgl. oben A. III.

2. Legitimation staatlicher Entscheidungen

Die Legitimation staatlicher Entscheidung erfolgt über verschiedene Ansätze: Zunächst setzt die Verfassung selbst eine *institutionelle Legitimation*[147] voraus, indem sie die Gewalten in Legislative, Exekutive und Judikative trennt. Stellt man weiterhin auf eine *personelle Legitimation* ab, ist eine ununterbrochene Legitimationskette der Beteiligten erforderlich, die ihren Ursprung beim Volk findet.[148] Die *inhaltliche Legitimation* schließlich fordert, dass sich alle staatlichen Entscheidungen letztlich auf das Volk zurückführen lassen.[149]

a) Legitimation durch Verfahren

Die Legitimation staatlicher Entscheidung wird regelmäßig durch die Einhaltung bestimmter Verfahren erreicht.[150] So bildet das Gesetzgebungsverfahren die demokratische Grundlage für Parlamentsgesetze. Das Verfahren wird in zwei Abschnitte gegliedert: In einem ersten Schritt, dem „inneren Gesetzgebungsverfahren“ entsteht der Gesetzwurf. Das „äußere Gesetzgebungsverfahren“ umfasst die Behandlung der Gesetzesvorlage ab seiner Einbringung in den Bundestag.

Zweck des Gesetzgebungsverfahrens ist die Verabschiedung demokratisch legitimierter Gesetze. Für die Legitimation outgesourcter Gesetzentwürfe ist der Verfahrensaspekt demnach von grundlegender Bedeutung.

aa) Initiativrecht der Bundesregierung nach Art. 76 Abs. 1 GG

Gemäß Art. 76 Abs. 1 GG werden Gesetzesvorlagen „beim Bundestage durch die Bundesregierung, aus der Mitte des Bundestages oder durch den Bundesrat eingebracht.“ Das Recht, Gesetzesinitiativen ins Parlament einzubringen, wird damit ausdrücklich diesen staatlichen Organen bzw. Organteilen zugewiesen. Die enumerative Nennung von Bundesregierung, Mitte des Bundestages und Bundesrat lässt dabei erkennen, dass *ausschließlich* ihnen das Initiativrecht zustehen soll.[151]

---

147 Hierzu BVerfGE 49, 89, 125; E 68, 1, 89; Böckenförde, in: Isensee/Kirchhof, HStR II3, § 24, Rn. 15.

148 BVerfGE 38, 258, 271; E 47, 253, 275 f.; E 68, 1, 88; E 77, 1, 40; E 83, 60, 73; Böckenförde, in: Isensee/Kirchhof, HStR II3, § 24, Rn. 16.

149 Böckenförde, in: Isensee/Kirchhof, HStR II3, § 24, Rn. 21; Jestaedt, Demokratieprinzip und Kondominialverwaltung, S. 270 ff.; Schmidt-Aßmann, AöR 116 (1991), 329, 357.

150 Vgl. zur Bedeutung des Verfahrens für die Demokratie Luhmann, Legitimation durch Verfahren, passim.

151 Schmidt-Jortzig/Schürmann, in: BK X, Art. 76, Rn. 120; Stettner, in: Dreier, GG II, Art. 76, Rn. 11; Masing, in: v. Mangoldt/Klein/Starck, GG II, Art. 76, Rn. 7.

(1) Regelungslücke bezüglich der Erstellung von Gesetzentwürfen

Art. 76 Abs. 1 GG beinhaltet aber keine Vorgaben, wie ein Gesetzentwurf zustande zu kommen hat. Aus der bloßen Zuweisung des Initiativrechts lässt sich ableiten, dass von der Existenz eines Gesetzentwurfs bereits ausgegangen wird,[152] denn ohne jenen ist eine Ausübung des Initiativrechts nicht möglich.

Dies suggeriert, dass die Entstehung einer Gesetzesvorlage nicht zwingend im staatlichen Raum stattfinden muss, sondern die Erstellung auch Privaten übertragen werden kann, solange das jeweilige Initiativorgan bereit ist, hierfür letztlich die Verantwortung zu übernehmen.[153] Selbst wenn letzteres aber nicht der Fall sein sollte, erscheint die Erstellung von Gesetzentwürfen durch Private vor der Regelung des Art. 76 Abs. 1 GG unproblematisch, da ohne einen verfassungsrechtlich bestimmten Initiativberechtigten keine Einbringung in den Bundestag und somit keine Abstimmung über die Gesetzesvorlage möglich ist. Die Gefahr einer Gesetzgebung durch Private scheint somit zunächst gebannt.

Allerdings ist auch ein anderes Verständnis der Regelung des Art. 76 Abs. 1 GG denkbar: Es wird zwar ein bereits existierender Gesetzentwurf vorausgesetzt. Indem aber gleichzeitig die Befugnisse zur Einbringung dieses Entwurfs unter anderem der „Bundesregierung" zugewiesen werden, könnte sich mit dieser Zuweisung auch gleichzeitig eine Pflicht zur internen Ausarbeitung durch die Ministerien ergeben.[154]

Für die Bundesregierung als Hauptinitiator des Gesetzgebungsverfahrens bedeutet dies, dass zwar einem Ministerium die Aufgabe der Erstellung des Gesetzentwurfs übertragen werden darf, der endgültige Entwurf aber zumindest noch einmal dem Justizministerium zugeleitet werden muss oder sich die Ministerien darüber austauschen, bevor die Vorlage als Regierungsentwurf dem Bundestag zugeleitet wird.[155]

Bei einer ersten Betrachtung des Art. 76 Abs. 1 GG lässt sich im Ergebnis keine eindeutige Vorgehensweise bezüglich der Erstellung von Gesetzentwürfen ermitteln. Es liegt somit eine Regelungslücke vor. Diese ist durch Auslegung der Reichweite und des Inhalts des Initiativrechts zu schließen.

---

152 So zutreffend Stettner, in: Dreier, GG II, Art. 76, Rn. 14; Masing, in: v. Mangoldt/Klein/Starck, GG II, Art. 76, Rn. 2.

153 So Masing, in: v. Mangoldt/Klein/Starck, GG II, Art. 76, Rn. 2.

154 Hierzu sogleich B. I. 2. a) aa) (2) (c).

155 Das Justizministerium ist zuständig für die Prüfung der Vereinbarkeit von Gesetzentwürfen mit Verfassungsrecht, vgl. http://www.bmj.de/DE/Recht/Row1/Aufgaben/_doc/Aufgaben_doc.html?nn=1470264 (Abruf am 25.02.2012).

(2) Reichweite des Initiativrechts

Die Reichweite des Initiativrechts kann nur im Zusammenhang mit seinen Funktionen bestimmt werden: Zu klären ist, ob sich neben dem Recht zur Gesetzesinitiative auch eine Pflicht zur Gesetzesinitiative begründen lässt.

(a) Funktionen des Initiativrechts

Der Prozess der Gesetzgebung ist gleichzeitig auch eine politische Entscheidung.[156] Bereits im Vorstadium ist deshalb zu beachten, dass die verfassungsrechtlichen Vorgaben für ein arbeitsteiliges Zusammenwirken von Exekutive und Legislative eingehalten werden:

Das Initiativrecht überträgt keine legislativen Entscheidungsbefugnisse an Exekutivorgane des Bundes. Die Inhaber und Ausübenden dieses Rechts haben jedoch die Möglichkeit, durch die Einbringung ihrer Gesetzentwürfe den Verlauf der Verhandlungen im Parlament zu bestimmen. Denn auch wenn dem Bundestag die Letztentscheidungskompetenz zusteht, legt die eingebrachte Vorlage den Ausgangspunkt aller Beratungen fest mit der Folge, dass das einbringende Organ durch die Formulierung des Entwurfs politische Verantwortung übernimmt.[157] Im Falle von Regierungsentwürfen spricht Art. 76 Abs. 1 GG nur von der „Bundesregierung“, nicht aber von einzelnen Ministerien, was zur Folge hat, dass ein Gesetzentwurf der Bundesregierung im Ganzen zuzurechnen sein muss.[158] Es stellt sich die Frage nach der Verantwortung des eigentlichen Erstellers der Vorlage.

Da die einzelnen Ministerien im Wortlaut der Verfassung nicht genannt werden und der Verfassunggeber nur von dem Organ „Bundesregierung“ spricht, müssen sich alle Ministerien den Regierungsentwurf zurechnen lassen, auch wenn nach internen Absprachen nur ein Ministerium für die Erstellung des Entwurfs zuständig war. So mag die inhaltliche Verantwortlichkeit also gegeben sein. Auswirkungen auf die Verantwortlichkeit nach außen hat dies aber nicht. Diese trägt ausschließlich die Bundesregierung als Staatsorgan.

Diese Regelung hat einerseits zur Folge, dass die Bundesregierung als Hauptinitiatorin eines Gesetzgebungsverfahrens großen Einfluss auf die parlamentarische Willensbildung ausübt. Dies stellt sicher, dass die Regierungsparteien die eingebrachten Vorlagen regelmäßig unterstützen und im Ergebnis eine

156 Karpen, Gesetzgebungs-, Verwaltungs- und Rechtsprechungslehre, S. 41.

157 Masing, in: v. Mangoldt/Klein/Starck, GG II, Art. 76, Rn. 10. Dagegen spricht auch nicht, dass der Bundestag frei ist, die eingebrachte Gesetzesvorlage der Bundesregierung (theoretisch) beliebig zu verändern.

158 Stettner, in: Dreier, GG II, Art. 76, Rn. 21; Masing, in: v. Mangoldt/Klein/Starck, GG II, Art. 76, Rn. 24.

Mehrheit für die Verabschiedung der eingebrachten Vorlage als Gesetz erreicht wird.[159]

Andererseits gehört zu einer lebendigen Demokratie nicht nur die Durchsetzung des politischen Willens der Mehrheit, sondern auch die Beteiligung von Minderheiten. Der Wahrung ihrer Interessen dient Art. 76 GG, indem alle Vorlagen der anderen Initiativberechtigten (Bundesrat, Mitte des Bundestages) ebenfalls obligatorisch im Parlament zu behandeln sind. Durch die Pflicht der Beratung aller Gesetzesvorlagen im Bundestag werden den Abgeordneten auch Themen vorgestellt, die nicht den Parteiprogrammen der Regierungsparteien entsprechen, mit denen sie sich aber zwingend befassen müssen. Hierdurch besteht auch für Vorlagen der Opposition die Möglichkeit, in einem späteren Verfahrensschritt als Gesetz beschlossen zu werden.[160]

Sowohl der praktisch hohe Anteil der Regierungsvorlagen als auch die obligatorische Befassung mit Minderheitsvorlagen dienen dabei der umfassenden Verwirklichung des Demokratieprinzips, denn nur eine Kombination beider Vorgänge spiegelt den Willen des gesamten Volkes wider.[161]

(b) Inhalt des Rechts zur Gesetzesinitiative

Inhalt der Gesetzesinitiative ist das Recht, Gesetzesvorlagen in das Parlament einzubringen mit der Folge, dass über diese Beschluss gefasst werden muss.[162]

Eine Beschlussfassung ohne Gesetzesvorlage kann nicht erfolgen, da dem Bundestag als solchem nicht das Recht zusteht, von allein gesetzgeberisch aktiv zu werden.[163] Er ist insoweit auf die Einbringung durch die Initiativberechtigten angewiesen.

Zu klären ist, welche Anforderungen an eine Gesetzesvorlage zu stellen sind.

Hierzu enthält das Grundgesetz keine Angaben, da bereits von der Existenz einer Gesetzesvorlage ausgegangen wird. Als Mindestvoraussetzung ist aber jedenfalls zu fordern, dass der Entwurf schriftlich vorliegt und ausformuliert wur-

---

159 Masing, in: v. Mangoldt/Klein/Starck, GG II, Art. 76, Rn. 14.

160 Vgl. zu den Möglichkeiten der Einbringung „aus der Mitte des Bundestages“ Kersten, in: Maunz/Dürig, GG V, Art. 76, Rn. 46 ff.; Masing, in: v. Mangoldt/Klein/Starck, GG II, Art. 76, Rn. 34 ff.; Ossenbühl, in: Isensee/Kirchhof, HStR V3, § 102, Rn. 25 f.

161 Zur Vertrauensbildung in das System durch die Durchführung des Gesetzgebungsverfahrens vgl. Luhmann, Legitimation durch Verfahren, S. 193.

162 BVerfGE 1, 144, 153; E 84, 304, 329; E 112, 363, 366; Stettner, in: Dreier, GG II, Art. 76, Rn. 9 ff.; Masing, in: v. Mangoldt/Klein/Starck, GG II, Art. 76, Rn. 56 ff.; Stern, Staatsrecht II, § 37, S. 618.

163 Troßmann, JöR 28 (1979), 1, 30; Maunz, in: Maunz/Dürig, GG V, Art. 76, Rn. 1; Bryde, JZ 1998, 115, 117.

de, somit also gleichzeitig beschlussreif ist.[164] Die Ausformulierung muss dabei so gestaltet sein, dass sie aus sich heraus verständlich ist oder sich die genaue Bedeutung zumindest im Zusammenhang mit bereits beschlossenen Gesetzen erschließt.[165]

Bloße Vorentwürfe oder gar die Aufforderung des Bundestags an die Bundesregierung, einen Gesetzentwurf auszuarbeiten, reichen somit in keinem Falle aus, ebenso wenig wie die Vorlage bloßer Thesen, die noch keine präzise Ausarbeitung erfahren haben.[166]

Grund für diese Anforderungen ist, dass die Erstellung von Gesetzentwürfen nicht zu den Aufgaben des Parlaments gehört. Abgesehen von der Möglichkeit der Einbringung einer Vorlage durch angehörige Abgeordnete ist der Bundestag vielmehr nur für den eigentlichen Vorgang der Gesetzgebung zuständig,[167] nicht für Vorbereitungshandlungen, selbst wenn diese bereits den Rahmen für die späteren Beratungen vorgeben.[168]

Abzulehnen ist auch die bloße Einbringung von „Nicht-Gesetzen“[169]. Dies sind solche, deren Beschluss an sich unmöglich wäre, da sie inhaltlich sinnlos sind. Eine rechtsmissbräuchliche Verwendung des Initiativrechts soll somit ausgeschlossen sein.

In formeller Hinsicht muss die Vorlage den Initiator erkennen lassen.[170] Hierbei stellt der Wortlaut der Verfassung nur auf den Träger des Gesetzentwurfs ab ohne Rücksicht darauf, ob dieser auch tatsächlich verantwortlich für den Inhalt ist.[171]

Diese formelle Betrachtung ist zweckmäßig, korrespondiert sie doch dem formellen Prüfungsrecht des Bundespräsidenten bezüglich der später eingereichten Vorlage. Dieser kann zwar in formeller Hinsicht überprüfen, ob die notwen-

---

164 Schmidt-Jortzig/Schürmann, in: BK X, Art. 76, Rn. 176; Stettner, in: Dreier, GG II, Art. 76, Rn. 14; Pieroth, in: Jarass/Pieroth, GG, Art. 76, Rn. 3; Bryde, in: v. Münch/Kunig, GG III, Art. 76, Rn. 4; Mann, in: Sachs, GG, Art. 76, Rn. 4; Bryde, in: Schneider/Zeh, Parlamentsrecht, § 30, Rn. 14; Stern, Staatsrecht II, § 37, S. 618; Achterberg, Parlamentsrecht, S. 349.

165 Masing, in: v. Mangoldt/Klein/Starck, GG II, Art. 76, Rn. 60; Mann, in: Sachs, GG, Art. 76, Rn. 4.

166 Stettner, in: Dreier, GG II, Art. 76, Rn. 15; Stern, Staatsrecht II, § 37, S. 618.

167 Zu den Aufgaben des Parlaments eingehend Stern, Staatsrecht II, § 26, S. 44 ff.

168 Zur Beratungspflicht des Bundestages über die Gesetzesvorlage Bryde, in: v. Münch/Kunig, GG III, Art. 76, Rn. 4; Schmidt-Jortzig, ZParl 1992, 582, 585 f.

169 Schmidt-Jortzig/Schürmann, in: BK X, Art. 76, Rn. 180; Stern, Staatsrecht II, § 37, S. 618.

170 Schmidt-Jortzig/Schürmann, in: BK X, Art. 76, Rn. 178; Masing, in: v. Mangoldt/Klein/Starck, GG II, Art. 76, Rn. 61; Schmidt-Jortzig, ZParl 1992, 582, 585 f.

171 Schmidt-Jortzig/Schürmann, in: BK X, Art. 76, Rn. 178; Masing, in: v. Mangoldt/Klein/Starck, GG II, Art. 76, Rn. 61.

digen gültigen Unterschriften vorhanden sind und das Verfahren eingehalten wurde, seine Kompetenz erstreckt sich aber regelmäßig nicht auf materielle Punkte.[172] Zu einer solchen inhaltlichen Prüfung ist ausschließlich der Bundestag als Gesetzgebungsorgan befugt. Dem entsprechend können aus der Verfassung – außer der bereits erwähnten Verständlichkeit – auch keine inhaltlichen Anforderungen an den Gesetzentwurf abgeleitet werden. Insbesondere kann es nicht auf die inhaltliche Vollständigkeit der Normierung ankommen.[173]

Vereinzelt wird vertreten, die einzubringende Gesetzesvorlage habe dem Grundgesetz zu entsprechen und dürfe mithin nicht verfassungswidrig sein. Die Begründung hierfür liege im Rechtsstaatsprinzip gemäß Art. 20 Abs. 3 GG, aus dem sich materielle Grundpflichten auch bereits im Verfahren der bloßen Erstellung von Gesetzentwürfen ergeben.[174] Hiergegen ist jedoch einzuwenden, dass verfassungsändernde Gesetze dann stets unzulässig wären, was nicht der Fall sein kann, wie sich schon aus Art. 79 GG ergibt.[175] Da dort das Verfahren einer Verfassungsänderung geregelt ist, muss auch die Erstellung eines Gesetzentwurfs, der auf eine solche gerichtet ist, möglich sein.[176] Man könnte lediglich darüber diskutieren, ob Gesetzesvorlagen, die gegen die Vorgaben des Art. 79 Abs. 3 GG verstoßen, als verfassungswidrig abgelehnt werden müssten. Hiergegen ist jedoch vorzubringen, dass für die Feststellung der Verfassungswidrigkeit eines Gesetzes bereits ausreichende Regelungen vorliegen,[177] so dass es keiner zusätzlichen Kontrolle bereits vor der Einleitung des Gesetzgebungsverfahrens bedarf.[178]

Weiterhin könnte eine Begründungspflicht des Initiators zu fordern sein. Tatsächlich ist eine intensive Beratung einer Gesetzesvorlage häufig nur bei Kenntnis der Beweggründe des Initiators möglich. Allerdings ist zu beachten, dass eine solche Begründungspflicht nicht durch das Grundgesetz angeordnet

---

172 Hierzu sogleich B. I. 2. a) cc) (4).

173 Schmidt-Jortzig/Schürmann, in: BK X, Art. 76, Rn. 180.

174 Mann, in: Sachs, GG, Art. 76, Rn. 6.

175 Stettner, in: Dreier, GG II, Art. 76, Rn. 16; Masing, in: v. Mangoldt/Klein/Starck, GG II, Art. 76, Rn. 63; Kersten, in: Maunz/Dürig, GG V, Art. 76, Rn. 20.

176 Stettner, in: Dreier, GG II, Art. 76, Rn. 16; Kersten, in: Maunz/Dürig, GG V, Art. 76, Rn. 20.

177 In diesem Zusammenhang ist zum einen die Behandlung im Rechtsausschuss des Bundestages während des Gesetzgebungsverfahrens zu nennen, zum anderen aber auch die spätere Überprüfung durch das Bundesverfassungsgericht im Wege der abstrakten oder konkreten Normenkontrolle.

178 Schmidt-Jortzig/Schürmann, in: BK X, Art. 76, Rn. 180; Kersten, in: Maunz/Dürig, GG V, Art. 76, Rn. 20. Im Grundsatz erkennt dies auch Mann, in: Sachs, GG, Art. 76, Rn. 6, der aber zumindest daran festhalten will, dass eine Gesetzesvorlage nicht den in Art. 79 Abs. 3 GG niedergelegten Werten zuwiderlaufen darf.

wurde und sich auch nicht, wie teilweise vertreten,[179] aus dem Rechtsstaatsprinzip des Art. 20 Abs. 3 GG ableiten lässt. Von der Tatsache, dass eine Begründungspflicht für in Kraft tretende Gesetze besteht, kann ebenfalls nicht auf die Existenz einer solchen Pflicht bezüglich eines einzubringenden Gesetzentwurfs geschlossen werden, da diesem Entwurf im Gegensatz zum fertigen Gesetz noch keine Rechtsverbindlichkeit zukommt und in dieser Form auch nicht zukommen soll.

Zwar ist davon auszugehen, dass eine Kenntnis des Bundestags von den Beweggründen des Initiators sowohl für das Parlament als auch für den Initiator des Gesetzgebungsverfahrens von Interesse ist, da so eine höhere Akzeptanz des Gesetzentwurfs im Bundestag hergestellt werden kann und sich somit die Wahrscheinlichkeit des Beschlusses über den Gesetzerlass erhöht.[180] Hierdurch allein kann jedoch eine Begründungspflicht für Gesetzentwürfe nicht festgestellt werden. Eine Begründung des Gesetzentwurfs ist also politisch tunlich, stellt aber keine rechtliche Verpflichtung gegenüber dem Bundestag dar.

(c) Pflicht zur Gesetzesinitiative?

Dem *Recht* zur Gesetzesinitiative könnte eine *Pflicht* zu eben jener korrespondieren. Denkbar ist es, in verschiedenen Fallgruppen eine Pflicht zur Einbringung von Gesetzesvorlagen anzunehmen. Eine generelle Pflicht zur Gesetzesinitiative lässt sich aus der Verfassung dagegen nicht ableiten, da Art. 76 GG ausdrücklich als *Recht* zur Gesetzesinitiative konzipiert ist. Möglich ist aber auch ein Verständnis des Initiativrechts als für jeden Initiativberechtigten höchstpersönliche Pflicht der Einbringung eigener Vorlagen, statt diese an andere Initiativberechtigte weiterzuleiten. Ein solches Verständnis hätte zur Folge, dass eine von einem Berechtigten erstellte Vorlage auch nur von diesem wirksam in den Bundestag eingebracht werden kann.

(aa) Initiativpflicht

Eine Gesetzesinitiativpflicht für die Bundesregierung lässt sich aus Art. 76 GG selbst nicht herleiten. Sie könnte sich aber aus folgenden Rechtsgründen ergeben:

---

179 Mann, in: Sachs, GG, Art. 76, Rn. 6.

180 Eine Begründungspflicht von Gesetzentwürfen verneinen wohl auch BVerfGE 75, 246, 268; Schmidt-Jortzig/Schürmann, in: BK X, Art. 76, Rn. 181; Stettner, in: Dreier, GG II, Art. 76, Rn. 16; Schulze-Fielitz, Theorie und Praxis, S. 178 f., 516 ff.; Schmidt-Jortzig, ZParl 1992, 582, 586 m.w.N. Hebeler, DÖV 2010, 754 ff. geht sogar noch einen Schritt weiter und lehnt bereits eine Begründungspflicht für Gesetze ab.

α) Initiativpflicht aus Gesetzgebungspflicht

Gemäß der Aufgabenverteilung zwischen dem Bundestag und den Initiativberechtigten ist ersterer auf die Einbringung einer Gesetzesvorlage angewiesen, um seine Hauptaufgabe der Gesetzgebung wahrnehmen zu können.[181] Zwar ist der Bundestag selbst auch Initiativberechtigter. Aber aus strukturellen Gründen könnte er die Aufgabe der Ausarbeitung von Gesetzentwürfen nicht allein wahrnehmen. Nicht zufällig wird das Initiativrecht der Bundesregierung in Art. 76 Abs. 1 GG an erster Stelle genannt.

Allerdings kann das Parlament im Einzelfall zur Gesetzgebung verpflichtet sein, so dass sich hieraus spiegelbildlich eine Pflicht der Bundesregierung ergibt, die hierzu notwendige Gesetzesvorlage in den Bundestag zur Beratung einzubringen.

αα) Gesetzgebungspflichten aus Unionsrecht

Zunächst könnte sich eine Gesetzgebungspflicht und dem korrespondierend eine Initiativpflicht aus dem Unionsrecht ergeben.

Insbesondere kommen die nach Art 288 Abs. 3 AEUV erlassenen Richtlinien als verpflichtende europarechtliche Rechtsakte in Betracht, welche sich an die Mitgliedstaaten richten und von diesen innerhalb einer bestimmten Frist in nationales Recht umgesetzt werden müssen.[182]

Dabei geben die Richtlinien in der Regel nur das von ihnen angestrebte Ziel vor und überlassen die Art der Umsetzung der jeweiligen staatlichen Führung der Mitgliedstaaten, so dass fraglich erscheint, ob sich hieraus überhaupt eine Pflicht zur Gesetzgebung ergeben kann. Schließlich erscheint es auch denkbar, in anderer Weise das in der Richtlinie angestrebte Ziel zu erreichen, beispielsweise durch die Änderung der Auslegungspraxis nationalen Rechts. Zu bedenken ist andererseits, dass die Mitgliedstaaten gemäß Art 4 Abs. 3 UAbs. 2 EUV „...alle geeigneten Maßnahmen allgemeiner oder besonderer Art zur Erfüllung der Verpflichtungen, die sich aus den Verträgen oder den Handlungen der Organe der Union ergeben“ zu treffen haben. Durch diese Verpflichtung der Mitgliedstaaten zur effektiven Durchführung des Unionsrechts soll die Einheitlichkeit des Unionsrechts im gesamten Geltungsraum gefördert werden.[183] Die Vorgaben des Art. 4 Abs. 3 UAbs. 2 EUV sind auf die Richtlinienumsetzung anwendbar, erfassen sie doch gerade die Art und Weise der Umsetzung. Lediglich

181 Zu den Aufgaben des Bundestages umfassend Stern, Staatsrecht II, § 26.

182 Ruffert, in: Calliess/Ruffert, AEUV, Art. 288, Rn. 26 ff.; Streinz, Europarecht, Rn. 437.

183 Kahl, in: Calliess/Ruffert, EUV/AEUV, Art. 4 EUV, Rn. 54; v. Bogdandy/Schill, in: Grabitz/Hilf/Nettesheim, Das Recht der Europäischen Union, EUV/AEUV, Art. 4 EUV, Rn. 68.

auf das „Ob" der Umsetzung können sie nicht angewendet werden, insofern ist Art. 288 Abs. 3 AEUV *lex specialis*.[184]

Eine effektive Umsetzung von Richtlinien lässt sich nicht durch jede beliebige Handlungsform gewährleisten: Vielmehr ist der Erlass eines Gesetzes die einzige Methode, im gesamten Staatsgebiet die Ziele der Richtlinie verbindlich zur Geltung zu bringen.[185] Selbst der Existenz höchstrichterlicher Rechtsprechung wird vom EuGH abgesprochen, rechtsnormgleiche Bedeutung einnehmen zu können.[186] Lediglich zur Konkretisierung bereits bestehender Rechtsnormen dürfte die Rechtsprechung in diesem Zusammenhang befugt sein.[187]

Für die Umsetzung von europäischen Richtlinien besteht also ein Rechtsnormvorbehalt.[188] Diesem kann nur genüge getan werden durch den Erlass einer zwingenden Norm, auf die sich eventuell betroffene Personen vor Gericht berufen können. Es muss sich also um eine Regelung mit Außenwirkung und allgemeiner Geltung handeln.[189] Solche Regelungen sind zum einen gegeben bei der Verabschiedung eines Gesetzes, zum anderen kommt eine Umsetzung durch Rechtsverordnung in Betracht.[190]

Der Erlass von Gesetzen ist dabei Aufgabe des Parlaments, welches aber wiederum auf Gesetzesvorlagen der Initiativberechtigten angewiesen ist, über die es zu beschließen hat. Korrespondierend der Pflicht zum Normerlass besteht also auch eine Pflicht der Berechtigten aus Art. 76 Abs. 1 GG zur Gesetzesinitiative. Auch für die Ermächtigung zum Erlass einer Rechtsverordnung nach Art. 80 Abs. 1 GG ist zunächst ein Gesetz erforderlich.

Da die Richtlinie ihre Ziele genau bestimmt und die Mitgliedstaaten hieran gebunden sind, wird gleichzeitig der Inhalt des Initiativrechts auf diese Festlegungen begrenzt. Spielraum in ihrer Vorlage genießen die Initiatoren eines Gesetzes nur, soweit die Richtlinie einen solchen einräumt, im Übrigen sind sie gezwungen, dem Wortlaut der Richtlinie zu folgen.

---

184 Kahl, in: Calliesss/Ruffert, EUV/AEUV, Art. 4 EUV, Rn. 24; Streinz, Europarecht, Rn. 437. A.A. v. Bogdandy/Schill, in: Grabitz/Hilf/Nettesheim, Das Recht der Europäischen Union, EUV/AEUV, Art. 4 EUV, Rn. 73.

185 Vgl. EuGH, Rs. C-168/85 (Kommission/Italien), Rn. 13; Rs. C-361/88 (Kommission/Deutschland), Rn. 12 ff.

186 Ausführlich zum Mittel der Richtlinienumsetzung Ruffert, in: Calliess/Ruffert, AEUV, Art. 288, Rn. 32 ff.; Herrmann, Richtlinienumsetzung, S. 212 ff.

187 So Streinz, Europarecht, Rn. 440.

188 Schmidt-Jortzig/Schürmann, in: BK X, Art. 76, Rn. 147a; Streinz, Europarecht, Rn. 440.

189 Ruffert, in: Calliess/Ruffert, AEUV, Art. 288, Rn. 32; Streinz, Europarecht, Rn. 442. Der EuGH hat in diesem Zusammenhang die Begriffe „der Publizität, der Klarheit und der Bestimmtheit" als Kriterien vorgegeben, EuGH, Rs. C-96/95 (Kommission/Deutschland), Rn. 39.

190 Ruffert, in: Calliess/Ruffert, AEUV, Art. 288, Rn. 32.

Im Ergebnis lässt sich aus dem Unionsrecht eine Pflicht zur Gesetzesinitiative herleiten, die sich jedoch nicht explizit an die Bundesregierung richtet, sondern alle Initiativberechtigten gleichermaßen betrifft.

ββ) Gesetzgebungspflichten aus Verfassungsrecht

Auch verfassungsrechtlich kann sich eine Initiativpflicht nur ergeben, wenn gleichzeitig eine Gesetzgebungspflicht besteht. Die Kompetenznormen des Grundgesetzes in Art. 70 ff. GG scheinen zunächst einmal gegen eine solche Pflicht zu sprechen: Art. 70 Abs. 1 GG normiert das „Recht der Gesetzgebung", Art. 71 GG spricht von der „Befugnis zur Gesetzgebung". Diese Begrifflichkeiten finden sich ebenso in Art. 72 Abs. 1 und 2 GG. Die Verwendung ausschließlich befugnisnormierender Termini entspricht der Natur solcher Kompetenznormen, welche lediglich der Aufgabenabgrenzung zwischen den möglichen Entscheidungsträgern dienen. *Pflichten* zum Tätigwerden können hieraus aber nicht abgeleitet werden.[191]

Eine solche Ableitung von Gesetzgebungspflichten aus den verfassungsrechtlichen Kompetenznormen kann aber hier bereits deshalb unterbleiben, da das Grundgesetz an anderer Stelle ausdrückliche *Gesetzgebungsaufträge* vorsieht: Hierunter versteht man alle verfassungsrechtlichen Weisungen an den Gesetzgeber, im Sinne der Verfassung gesetzgeberisch tätig zu werden.[192]

Dabei bedient sich die Verfassung unterschiedlicher Anregungen, um den Gesetzgeber zum Erlass von Gesetzen zu bewegen:

Zum einen kann sie direkt und ausdrücklich zum Tätigwerden auffordern.[193]

Teilweise wird auch eine Frist für die Umsetzung in ein Gesetz vorgeben, wie beispielsweise in Art. 117 Abs. 1 i.V.m. 3 Abs. 2 GG.

In den meisten Fällen verweist das Grundgesetz jedoch nur auf die Geltung eines Bundesgesetzes in einem bestimmten Bereich und setzt so die Umsetzung

---

191 Schürmann, Grundlagen und Prinzipien, S. 93.

192 Scheuner, in: Festschrift für Hans Ulrich Scupin, S. 323 ff.; Wienholtz, Normative Verfassung, S. 21, Denninger, JZ 1966, 767 ff.; Kalkbrenner, DÖV 1963, 41, 42f.; Lerche, AöR 90 (1965), 341, 354 ff.; Lücke, AöR 107 (1982), 15, 22.

193 Art. 6 Abs. 5 GG: „sind durch die Gesetzgebung die gleichen Bedingungen [...] zu schaffen"; Art. 87f Abs. 1: "gewährleistet der Bund im Bereich des Postwesens und der Telekommunikation flächendeckend angemessene und ausreichende Dienstleistungen"; Art. 98 Abs. 1 GG: „[d]ie Rechtsstellung der Bundesrichter [...] durch besonderes Bundesgesetz zu regeln"; Art. 104 Abs. 2 S. 4 GG: „Das Nähere ist gesetzlich zu regeln"; Art. 107 Abs. 1 S. 2 GG: „Durch Bundesgesetz, das der Zustimmung des Bundesrates bedarf, sind für die Körperschaftsteuer und die Lohnsteuer nähere Bestimmungen über die Abgrenzung sowie über Art und Umfang der Zerlegung des örtlichen Aufkommens zu treffen"; Art. 131 Abs. 1 S. 1 GG: „sind durch Bundesgesetz zu regeln".

der betroffenen Regelung in ein Gesetz bereits voraus.[194] Teilweise wird nicht nur die legislative Verpflichtung geregelt, sondern werden an die zu erlassenden Gesetze noch zusätzliche Anforderungen gestellt.[195] Dabei kann die Pflicht zum

194 Vgl. Art. 4 Abs. 3 GG: „Das Nähere regelt ein Bundesgesetz"; Art. 12a Abs. 2 S. 3 GG: „Das Nähere regelt ein Gesetz [...]"; Art. 21 Abs. 3 GG: „Das Nähere regeln Bundesgesetze"; Art. 22 Abs. 1 S. 3 GG: „Das Nähere wird durch Bundesgesetz geregelt"; Art. 23 Abs. 3 S. 3 GG: „Das Nähere regelt ein Gesetz"; Art. 23 Abs. 7 GG: „Das Nähere [...] regelt ein Gesetz, das der Zustimmung des Bundesrates bedarf"; Art. 26 Abs. 2 S. 2 GG: „Das Nähere regelt ein Bundesgesetz"; Art. 29 Abs. 6 S. 2 GG: „Im Übrigen wird das Nähere [...] durch ein Bundesgesetz geregelt; [...]"; Art. 29 Abs. 7 S. 2 GG: „Das Nähere regelt ein Bundesgesetz"; Art. 29 Abs. 8 S. 5 GG: „[...] das Nähere regelt ein Bundesgesetz"; Art. 38 Abs. 3 GG: „Das Nähere bestimmt ein Bundesgesetz"; Art. 41 Abs. 3 GG: „Das Nähere regelt ein Bundesgesetz"; Art. 45b GG: „Das Nähere regelt ein Bundesgesetz"; Art. 45c GG: „[...] regelt ein Bundesgesetz"; Art. 45d GG: „Das Nähere regelt ein Bundesgesetz"; Art. 48 Abs. 3 S. 3 GG: „Das Nähere regelt ein Bundesgesetz"; Art. 54 Abs. 7 GG: „Das Nähere regelt ein Bundesgesetz"; Art. 91a Abs. 2 GG: „Durch Bundesgesetz mit Zustimmung des Bundesrates werden die Gemeinschaftsaufgaben sowie Einzelheiten der Koordinierung näher bestimmt"; Art. 91c Abs. 4 S. 2 GG: „Das Nähere [...] regelt ein Bundesgesetz [...]."; Art. 91e Abs. 3 GG: „Das Nähere regelt ein Bundesgesetz [...]."; Art. 94 Abs. 2 S. 1 GG: „Ein Bundesgesetz regelt [...]"; Art. 95 Abs. 3 GG: „Das Nähere regelt ein Bundesgesetz"; Art. 104a Abs. 6 S. 4 GG: „Das Nähere regelt ein Bundesgesetz [...]"; Art. 104b Abs. 2 S. 1 GG: „Das Nähere [...] wird durch Bundesgesetz [...] geregelt"; Art. 106 Abs. 5a S. 3 GG: „Das Nähere wird durch Bundesgesetz [...] bestimmt"; Art. 106b S. 2 GG: „Das Nähere regelt ein Bundesgesetz [...]"; Art. 108 Abs. 5 S. 1 GG: „[...] wird durch Bundesgesetz geregelt."; Art. 108 Abs. 6 GG: „[...] wird durch Bundesgesetz einheitlich geregelt"; Art. 109 Abs. 5 S. 3 GG: „Das Nähere regelt ein Bundesgesetz [...]"; Art. 114 Abs. 2 S. 3 GG: „[...] durch Bundesgesetz geregelt"; Art. 115 Abs. 2 S. 5 GG: „Näheres [...] regelt ein Bundesgesetz"; Art. 134 Abs. 4 GG: „Das Nähere regelt ein Bundesgesetz [...]"; Art. 143a Abs. 3 S. 3 GG: „Das Nähere wird durch Bundesgesetz geregelt [...]";Art. 143c Abs. 4 GG: „Das Nähere regelt ein Bundesgesetz [...]"; Art. 143d Abs. 2 S. 5 GG: „Das Nähere [...] wird durch Bundesgesetz [...] geregelt"; Art. 143d Abs. 3 S. 2 GG: „Das Nähere wird durch Bundesgesetz [...] geregelt".

195 Vgl. Art. 12a Abs. 2 S. 3 GG: „Das Nähere regelt ein Gesetz, das die Freiheit der Gewissensentscheidung nicht beeinträchtigen darf und auch eine Möglichkeit des Ersatzdienstes vorsehen muß, die in keinem Zusammenhang mit den Verbänden der Streitkräfte und des Bundesgrenzschutzes steht"; Art. 23 Abs. 7 GG: „Das Nähere zu den Absätzen 4 bis 6 regelt ein Gesetz, das der Zustimmung des Bundesrates bedarf"; Art. 29 Abs. 6 S. 2 GG: „Im übrigen wird das Nähere über Volksentscheid, Volksbegehren und Volksbefragung durch ein Bundesgesetz geregelt; dieses kann auch vorsehen, daß Volksbegehren innerhalb eines Zeitraumes von fünf Jahren nicht wiederholt werden können"; Art. 29 Abs. 7 S. 2 GG: „Das Nähere regelt ein Bundesgesetz, das der Zustimmung des Bundesrates und der Mehrheit der Mitglieder des Bundestages bedarf. Es muß die Anhörung der betroffenen Gemeinden und Kreise vorsehen"; Art. 45c GG:

Erlass eines Gesetzes auch mittelbar aus der Verfassung folgen: So bestimmt Art. 110 Abs. 2 GG die Festlegung des Haushaltsplans im Haushaltsgesetz. Dies setzt die Verabschiedung eines Haushaltsgesetzes voraus, anderenfalls ist die Festlegung des Haushaltsplans nicht möglich. Das Bestehen einer Gesetzgebungspflicht bedeutet aber nicht gleichzeitig, dass die Pflicht zur Einbringung eines Gesetzentwurfs nur einem bestimmten Initiativberechtigten zukäme. Wiederum sind alle Berechtigten gleichermaßen berufen.

Eine Verpflichtung der Bundesregierung zum Tätigwerden kann sich aber dann ergeben, wenn das Grundgesetz sie ausdrücklich als Initiativberechtigten benennt und gleichzeitig ein Gesetzgebungsauftrag vorliegt. Dies ist der Fall bei der gerade erwähnten Erstellung des Haushaltsgesetzes nach Art. 110 Abs. 2 GG. Zwar wird die Bundesregierung nicht ausdrücklich als einzige Initiativbe-

---

„Die Befugnisse des Ausschusses zur Überprüfung von Beschwerden regelt ein Bundesgesetz"; Art. 91c Abs. 4 S. 2 GG: „Das Nähere zur Errichtung und zum Betrieb des Verbindungsnetzes regelt ein Bundesgesetz mit Zustimmung des Bundesrates"; Art. 91e Abs. 3 GG: „Das Nähere regelt ein Bundesgesetz, das der Zustimmung des Bundesrates bedarf"; Art. 94 Abs. 2 S. 1 GG: „Ein Bundesgesetz regelt seine Verfassung und das Verfahren und bestimmt, in welchen Fällen seine Entscheidungen Gesetzeskraft haben"; Art. 104a Abs. 6 S. 4 GG: „Das Nähere regelt ein Bundesgesetz, das der Zustimmung des Bundesrates bedarf"; Art. 104b Abs. 2 S. 1 GG: „Das Nähere, insbesondere die Arten der zu fördernden Investitionen, wird durch Bundesgesetz, das der Zustimmung des Bundesrates bedarf [...] geregelt"; Art. 106 Abs. 5a S. 3 GG: „Das Nähere wird durch Bundesgesetz, das der Zustimmung des Bundesrates bedarf, bestimmt"; Art. 106b S. 2 GG: „Das Nähere regelt ein Bundesgesetz, das der Zustimmung des Bundesrates bedarf"; Art. 108 Abs. 5 S. 1 GG: „Das von den Bundesfinanzbehörden anzuwendende Verfahren wird durch Bundesgesetz geregelt"; Art. 109 Abs. 5 S. 3 GG: „Das Nähere regelt ein Bundesgesetz, das der Zustimmung des Bundesrates bedarf"; Art. 114 Abs. 2 S. 3 GG: „Im übrigen werden die Befugnisse des Bundesrechnungshofes durch Bundesgesetz geregelt"; Art. 115 Abs. 2 S. 5 GG: „Näheres, insbesondere die Bereinigung der Einnahmen und Ausgaben um finanzielle Transaktionen und das Verfahren zur Berechnung der Obergrenze der jährlichen Nettokreditaufnahme unter Berücksichtigung der konjunkturellen Entwicklung auf der Grundlage eines Konjunkturbereinigungsverfahrens sowie die Kontrolle und den Ausgleich von Abweichungen der tatsächlichen Kreditaufnahme von der Regelgrenze, regelt ein Bundesgesetz"; Art. 134 Abs. 4 GG: „Das Nähere regelt ein Bundesgesetz, das der Zustimmung des Bundesrates bedarf"; Art. 143a Abs. 3 S. 3 GG: „Das Nähere wird durch Bundesgesetz geregelt, das der Zustimmung des Bundesrates bedarf"; Art. 143c Abs. 4 GG: „Das Nähere regelt ein Bundesgesetz, das der Zustimmung des Bundesrates bedarf"; Art. 143d Abs. 2 S. 5 GG: „Das Nähere, insbesondere die jährlichen Abbauschritte der Finanzierungsdefizite, die Überwachung des Abbaus der Finanzierungsdefizite durch den Stabilitätsrat sowie die Konsequenzen im Falle der Nichteinhaltung der Abbauschritte, wird durch Bundesgesetz mit Zustimmung des Bundesrates [...] geregelt"; Art. 143d Abs. 3 S. 2 GG: „Das Nähere wird durch Bundesgesetz mit Zustimmung des Bundesrates geregelt".

rechtigte genannt, ihre Zuständigkeit lässt sich aber durch systematische Auslegung in einer Betrachtung der Vorschrift im Zusammenhang mit Art. 110 Abs. 3, 111, 113 Abs. 1, 114 Abs. 1 GG feststellen. Art. 110 Abs. 3 GG schreibt vor, dass Vorlagen für das Haushaltsgesetz gleichzeitig mit der Zuleitung an den Bundesrat in den Bundestag eingebracht werden. Gemäß Art. 76 Abs. 2 GG sind dem Bundesrat indes nur Vorlagen der Bundesregierung zuzuleiten, so dass dieses Erfordernis schon für die Zuständigkeit der Regierung spricht. Auch ist sie im verfassungsrechtlichen Kontext der Art. 111, 113 Abs. 1, 114 Abs. 1 GG das jeweils ermächtigte Verfassungsorgan. Für den Fall der Erstellung des Haushaltsgesetzes ist somit nicht nur eine Gesetzgebungspflicht, sondern auch eine Gesetzesinitiativpflicht der Bundesregierung anzunehmen.

Keine Gesetzgebungspflichten und demzufolge auch keine Initiativpflichten liegen dagegen vor, wenn das Grundgesetz die Normierung einer bestimmten Materie in das Ermessen des Gesetzgebers stellt. Dies geschieht durch die Verwendung von „Kann-Vorschriften“.[196]

196 Vgl. Art. 15 S. 1 GG: „Grund und Boden, Naturschätze und Produktionsmittel können zum Zwecke der Vergesellschaftung durch ein Gesetz, das Art und Ausmaß der Entschädigung regelt, in Gemeineigentum oder in andere Formen der Gemeinwirtschaft überführt werden“; Art. 24 Abs. 1 GG: „Der Bund kann durch Gesetz Hoheitsrechte auf zwischenstaatliche Einrichtungen übertragen“; Art. 29 Abs. 7 S. 1 GG: „Sonstige Änderungen des Gebietsbestandes der Länder können durch Staatsverträge der beteiligten Länder oder durch Bundesgesetz mit Zustimmung des Bundesrates erfolgen, wenn das Gebiet, dessen Landeszugehörigkeit geändert werden soll, nicht mehr als 50 000 Einwohner hat“; Art. 87b Abs. 2 S. 1 GG: „Im übrigen können Bundesgesetze, die der Verteidigung einschließlich des Wehrersatzwesens und des Schutzes der Zivilbevölkerung dienen, mit Zustimmung des Bundesrates bestimmen, daß sie ganz oder teilweise in bundeseigener Verwaltung mit eigenem Verwaltungsunterbau oder von den Ländern im Auftrage des Bundes ausgeführt werden“; Art. 87b Abs. 2 S. 2 GG: „Werden solche Gesetze von den Ländern im Auftrage des Bundes ausgeführt, so können sie mit Zustimmung des Bundesrates bestimmen, daß die der Bundesregierung und den zuständigen obersten Bundesbehörden auf Grund des Artikels 85 zustehenden Befugnisse ganz oder teilweise Bundesoberbehörden übertragen werden […]“; Art. 107 Abs. 1 S. 4 HS 2 GG: „[…] für einen Teil, höchstens jedoch für ein Viertel dieses Länderanteils, können durch Bundesgesetz, das der Zustimmung des Bundesrates bedarf, Ergänzungsanteile für die Länder vorgesehen werden […]“; Art. 108 Abs. 2 S. 2 GG: „Der Aufbau dieser Behörden und die einheitliche Ausbildung der Beamten können durch Bundesgesetz mit Zustimmung des Bundesrates geregelt werden“; Art. 108 Abs. 4 S. 1 GG: „Durch Bundesgesetz, das der Zustimmung des Bundesrates bedarf, kann bei der Verwaltung von Steuern ein Zusammenwirken von Bundes- und Landesfinanzbehörden […] die Verwaltung durch Landesfinanzbehörden und für andere Steuern die Verwaltung durch Bundesfinanzbehörden vorgesehen werden“; Art. 108 Abs. 5 S. 2 GG: „Das von den Landesfinanzbehörden und in den Fällen des Absatzes 4 Satz 2 von den Gemeinde anzuwendende Verfahren kann durch Bundesgesetz mit Zustimmung des Bundesrates gere-

Auch aus der Wesentlichkeitstheorie, die aus dem Rechtsstaatsprinzip des Art. 20 Abs. 3 GG abgeleitet wird[197] und nach der dem Parlament nur alle „wesentlichen" staatlichen Entscheidungen in „grundlegenden normativen Bereichen"[198] obliegen, folgt kein Gesetzgebungsauftrag. Schon aufgrund der Unschärfe des Begriffs der „wesentlichen Entscheidungen" lässt sich hieraus keine legislative Verpflichtung zur Gesetzgebung ableiten. Zwar obliegt dem Parlament die Abgrenzung zwischen wesentlichen und unwesentlichen Entscheidungen, doch ist diese Unterscheidung nicht immer eindeutig und muss in jedem Einzelfall neu vorgenommen werden. Auch hieraus lässt sich aber lediglich schließen, dass der Gesetzgeber zur Schaffung einer gesetzlichen Grundlage verpflichtet ist, *sofern* er sich überhaupt zur Regelung der betreffenden Materie entschließt.

β) Initiativpflicht aus Aufforderung eines anderen Initiativberechtigten

Seit der Zeit der Weimarer Republik ist es üblich, dass die Bundesregierung von den anderen Initiativberechtigten zum Einbringen einer Gesetzesvorlage aufgefordert wird.[199]

Ein Beispiel aus neuerer Zeit stellt die durch den Freistaat Sachsen initiierte Entschließung des Bundesrates im Jahre 2004 zur „Verbesserung der rentenrechtlichen Situation der im Beitragsgebiet vor dem 01.01.1992 Geschiedenen" dar.[200] Hierin sollte der Bundesrat die Bundesregierung auffordern, eine Gesetzänderung herbeizuführen.[201] Ein Beschluss über diesen Antrag fand jedoch nicht statt, so dass das Thema auf Antrag der Länder Mecklenburg-Vorpommern und Berlin im Jahre 2010 noch einmal im Bundesrat aufgegriffen wurde, um die Bundesregierung erneut mit Nachdruck aufzufordern, „eine außerhalb des Fami-

gelt werden"; Art. 109 Abs. 4 GG: „Durch Bundesgesetz, das der Zustimmung des Bundesrates bedarf, können für Bund und Länder gemeinsam geltende Grundsätze für das Haushaltsrecht [...] aufgestellt werden"; Art. 112 S. 3 GG: „Näheres kann durch Bundesgesetz bestimmt werden"; Art. 137 Abs. 1 GG: „Die Wählbarkeit von Beamten, Angestellten des öffentlichen Dienstes, Berufssoldaten, freiwilligen Soldaten auf Zeit und Richtern im Bund, in den Ländern und den Gemeinden kann gesetzlich beschränkt werden".

197 BVerfGE 34, 165, 192 f.; E 45, 400, 417 f.; 48, 210, 221; E 49, 89, 126 f.; E 101, 1, 34; E 108, 282, 312.

198 BVerfGE 49, 89, 126. So auch E 34, 165, 192 f; E 41, 251, 260; E 47, 46, 78 ff.; E 116, 24, 58 f. So auch Schmidt-Jortzig/Schürmann, in: BK X, Art. 76, Rn. 155; Sommermann, in: v. Mangoldt/Klein/Starck, GG II, Art. 20, Rn. 275 ff.; Degenhart, Staatsrecht I, Rn. 313 ff.; Hesse, Grundzüge, Rn. 509.

199 Goppel, Die Rechtsstellung des Bundesrates, S. 101; Kühn, Die Entwicklung der Kompetenzen des Bundesrates, S. 50 (Fn. 1).

200 BR-Drucks. 677/04.

201 BR-Drucks. 677/04, S. 3.

lienrechts liegende Lösung für einen Ausgleich für die in der ehemaligen DDR ohne Versorgungsausgleich geschiedenen Ehegatten zu finden und eine entsprechende Gesetzesinitiative zu ergreifen."[202] Über diesen Entwurf wurde in der 874. Plenarsitzung des Bundesrates Beschluss gefasst, er wurde schließlich angenommen.[203]

Indes stellt sich die Frage, welche Rechtsqualität solchen Aufforderungen zukommt und ob sie für die Bundesregierung tatsächlich eine Initiativpflicht begründen können.

Der Bundestag kann die Bundesregierung durch Parlamentsbeschluss auffordern, einen Gesetzentwurf vorzulegen. Solche *Bundestagsbeschlüsse*, die eine Aufforderung zum Tätigwerden enthalten, sind schlichte Parlamentsbeschlüsse, die wegen der Allzuständigkeit des Parlaments verfassungsrechtlich zulässig sind, solange sie sich nicht gegen die verfassungsrechtlich vorgegebene Kompetenzverteilung richten.[204] Für eine Verpflichtungsmöglichkeit eines Initiativberechtigten durch den Bundestag spricht zwar das Verantwortlichkeitsprinzip, das durch Art. 65 GG Eingang in die Verfassung gefunden hat. Hiernach bestehen auf Seiten des Parlaments Kontrollbefugnisse über die Amtsführung der Bundesregierung, da diese dem Parlament für ihr Handeln verantwortlich ist.[205] Zu trennen ist allerdings zwischen einer allgemeinen Verantwortlichkeit der Bundesregierung und der Verantwortlichkeit einzelner Minister. Ausgehend vom Wortlaut des Art. 65 GG, der auf den Bundeskanzler und die einzelnen Minister abstellt, ist grundsätzlich eine Einzelverantwortlichkeit der Regierungsmitglieder anzunehmen.[206] Die Annahme einer Gesamtverantwortlichkeit der Regierung als solcher findet keine Grundlage im Grundgesetz.[207] Selbst wenn man eine solche jedoch bejahen will, so greifen die Kontrollinstrumente des Bundes-

---

202 BR-Drucks. 392/10, S. 3.

203 Plenarprotokoll zur 874. Sitzung des Bundesrates, S. 296 B, abrufbar unter http://www.bundesrat.de/cln_110/nn_1868934/SharedDocs/Downloads/DE/Plenarprotokolle/2010/Plenarprotokoll-874,templateId=raw,property=publicationFile.pdf/Plenarprotokoll-874.pdf (Abruf am 28.09.2011).

204 Stern, Staatsrecht II, § 26, S. 48; Sellmann, Der schlichte Parlamentsbeschluß, S. 24 ff.; Butzer, AöR 119 (1994), 61, 75 ff.; Klein, JuS 1964, 181, 185 ff. So auch BayVerfGH, DVBl. 1965, 880, 881, der dies für das Verhältnis von Regierung und Parlament auf Landesebene feststellt.

205 Herzog, in: Maunz Dürig, GG V, Art. 62, Rn. 85 f.; Schröder, in: Isensee/Kirchhof, HStR III3, § 65, Rn. 51; Stern, Staatsrecht II, § 31, S. 300, 312 f.; Kröger, Ministerverantwortlichkeit, S. 17 ff..

206 Schröder, in: Isensee/Kirchhof, HStR III3, § 65, Rn. 53; Stern, Staatsrecht II, § 31, S. 315.

207 Für eine Kabinettsverantwortlichkeit außerhalb der Verfassung spricht sich jedoch Schröder, in: Isensee/Kirchhof, HStR III3, § 65, Rn. 55 aus.

tages gegenüber der Bundesregierung doch nur bei Vorliegen einer Pflichtverletzung.[208]

Die Ausübung parlamentarischer Kontrolle der Bundesregierung geschieht weiterhin durch die dem Bundestag dafür eingeräumten Mittel. Dies sind zunächst Zitierrechte sowie Untersuchungsrechte nach Art. 43 Abs. 1, 44 GG.[209] Die Erteilung einer Anweisung durch Bundestagsbeschluss dürfte dem Parlament jedoch verwehrt sein.

Solange die Bundesregierung ihr Initiativrecht außerdem rechtmäßig und eigenverantwortlich ausübt, stehen dem Parlament keinerlei Kontrollrechte zu.

Bundesratsbeschlüssen kann in diesem Zusammenhang keine größere Bedeutung zukommen als einem Parlamentsbeschluss. Im Gegensatz zum Bundestag spricht für seine Kompetenz noch nicht einmal die Vermutung der Allzuständigkeit. Bei den Bundesratsbeschlüssen kann es sich somit nur um unverbindliche Äußerungen handeln, denen keinerlei rechtliches Gewicht zukommt. Dies zeigt auch eine Parallele zur Stellungnahme des Bundesrates nach Art. 76 Abs. 2 GG. Zwar ist die Bundesregierung, wie noch zu zeigen sein wird,[210] verpflichtet, das Recht des Bundesrates auf Stellungnahme zu einem Gesetzentwurf zu achten, der Inhalt der Stellungnahme jedoch beeinflusst die Gesetzesvorlage in keiner Hinsicht.[211]

Ein weiterer Grund für die fehlende Verpflichtungswirkung von Bundestags- und Bundesratsbeschlüssen gegenüber der Bundesregierung ist, dass eine solche Wirkung ihr Initiativrecht beschränken würde. Dies kann aber nur durch eine Schranke von Verfassungsrang geschehen, den weder Bundestags- noch Bundesratsbeschlüsse genießen.[212] Auch aus dem Grundsatz der Organtreue ergibt sich nichts anderes. Zwar sind die Verfassungsorgane zur gegenseitigen Rücksichtnahme verpflichtet,[213] Handlungspflichten oder Beschränkungen der verfassungsrechtlich garantierten Rechte können aber nicht daraus abgeleitet werden.

Nun wird die Bundesregierung der Aufforderung zum Tätigwerden durch Bundestag und Bundesrat zumeist nachkommen, da ihr sonst die Ausübung politischen Drucks seitens der Parlamentsmehrheit droht,[214] eine bindende Pflicht zur Gesetzesinitiative lässt sich jedoch auch hieraus nicht ableiten.

---

208 Stern, Staatsrecht II, § 31, S. 320.

209 Kröger, Ministerverantwortlichkeit, S. 142 ff.

210 Siehe unten B. I. 2. a) cc) (3).

211 Goppel, Die Rechtsstellung des Bundesrates, S. 129.

212 In diesem Sinne auch Sellmann, Der schlichte Parlamentsbeschluß, S. 39. Zur Verbindlichkeit von Parlamentsbeschlüssen Achterberg, Parlamentsrecht, S.743 ff.

213 Hierzu auch BVerfGE 35, 193, 199; E 45, 1, 39; Lorz, Interorganrespekt im Verfassungsrecht, S. 498 ff.; Schenke, Verfassungsorgantreue, passim.

214 Als Möglichkeiten des Parlaments seien hier beispielhaft ein Misstrauensantrag gegen den Bundeskanzler gemäß Art. 67 GG oder die Einleitung eines Organstreitverfahrens

γ) Initiativpflicht aus Aufforderung zur (Neu-)Regelung durch Entscheidungen des Bundesverfassungsgerichts

Eine Gesetzgebungspflicht des Bundestages und damit korrespondierend eine Initiativpflicht insbesondere der Bundesregierung ergibt sich aber aus etwaigen Regelungsaufträgen durch das Bundesverfassungsgericht. Dies folgt aus der Bindung aller Verfassungsorgane an die Entscheidungen des Bundesverfassungsgerichts nach § 31 Abs. 1 BVerfGG.[215]

δ) Initiativpflicht aus Selbstverpflichtung

Praktisch relevanter ist jedoch die Initiativpflicht, die aus der Selbstverpflichtung der Bundesregierung folgt. Voraussetzung hierfür ist allerdings, dass durch die Selbstverpflichtung keine anderen Staatsorgane verpflichtet werden. Durch die Wahrnehmung eigener Rechte dürfen nicht die Rechte anderer Organe beeinträchtigt werden.[216]

Ein Beispiel hierfür ist die Unterzeichnung eines völkerrechtlichen Vertrags durch die Bundesregierung. Durch die Unterzeichnung verpflichtet sie sich, darauf hinzuwirken, dem Vertrag auch innerstaatliche Geltung zu verleihen.[217] Allerdings kann sie bei Abschluss des Vertrages dessen zukünftige Verbindlichkeit nicht zusichern, da es in der Entscheidungskompetenz des Parlaments liegt, über eine entsprechende Gesetzesvorlage der Bundesregierung in positiver oder negativer Hinsicht zu beschließen. Auf dieses Ergebnis hat die Bundesregierung keinen Einfluss.[218] Eine Pflicht der Bundesregierung zur Erarbeitung einer Gesetzesvorlage könnte sich in diesem Zusammenhang aber aus Art. 59 Abs. 2 S. 1 GG ergeben, da dieser die Mitwirkung der für die Bundesgesetzgebung zuständigen Körperschaften in der Form eines Bundesgesetzes fordert. Allerdings regelt Art. 59 Abs. 2 S. 1 GG nur die *Geltungsverschaffung* eines Vertrages, nicht aber das Vorgehen bei dessen Abschluss. Folglich handelt es sich bei der Verpflichtung zur Geltungsverschaffung bei Vertragsunterzeichnung um eine reine Selbstverpflichtung der Bundesregierung.

---

vor dem Bundesverfassungsgericht gemäß Art. 93 Abs. 1 Nr. 1 GG, §§ 13 Nr. 5, 63 ff. BVerfGG genannt.

215 Vgl. hierzu umfassend Bethge, in: Maunz/Schmidt-Bleibtreu/Klein/Bethge, BVerfGG I, § 31; Korioth, in: Schlaich/Korioth, Das Bundesverfassungsgericht, Rn. 482 ff.

216 BVerfGE 1, 351, LS 7.

217 Schmidt-Jortzig/Schürmann, in: BK X, Art. 76, Rn. 163; Masing, in: v. Mangoldt/Klein/Starck, GG II, Art. 76, Rn. 70; Maunz, in: Maunz/Dürig, GG V, Art. 76, Rn. 6; Mosler, in: Festschrift für Carl Bilfinger, S. 243 ff.; H. Schneider, Gesetzgebung, Rn. 94.

218 Schmidt-Jortzig/Schürmann, in: BK X, Art. 76, Rn. 163; Maunz, in: Maunz/Dürig, GG V, Art. 76, Rn. 6.

Auch in anderen Fällen ist eine Selbstverpflichtung anzunehmen: Ein Gesetz, das die Übertragung von Hoheitsgewalt auf die Europäische Union regelt (vgl. Art. 23 Abs. 1 S. 2 GG), kann ebenfalls nur durch die Bundesregierung in den Bundestag eingebracht werden. Grund dafür ist, dass wiederum die Umsetzung eines völkerrechtlichen Vertrages vorliegt und hierfür die Bundesregierung zuständig ist.[219] Insoweit wird Art. 59 Abs. 2 S. 1 GG von Art. 23 Abs. 1 S. 2 GG als der spezielleren Vorschrift verdrängt.[220] Beispielhaft zu nennen ist hier die Umsetzung des Vertrages von Lissabon,[221] sowie die Schaffung der nationalen Grundlage für die Einsetzung der Europäischen Finanzstabilisierungsfazilität (EFSF).[222]

ε) Initiativpflicht aus Koalitionsvereinbarungen

Eine Pflicht zur Gesetzesinitiative der Bundesregierung lässt sich auch in Koalitionsvereinbarungen festlegen, um so bereits die Richtung der gemeinsamen Regierungsperiode vorzugeben. Nun entfalten Koalitionsvereinbarungen aber keine verbindliche Rechtswirkung für die Beteiligten, so dass die hierin vereinbarte Initiativpflicht nicht durchsetzbar wäre.[223] Tatsächlich handelt es sich daher auch hier um eine Selbstverpflichtung der Bundesregierung.

---

219 BVerfGE 68, 1, 85 f.; E 90, 286, 358. Aus der Literatur Pernice, in: Dreier, GG II, Art. 59, Rn. 24; Kempen, in: v. Mangoldt/Klein/Starck, GG II, Art. 59, Rn. 32. ff

220 Ipsen, Europäisches Gemeinschaftsrecht, S. 60; Pernice, in: Dreier, GG II, Art. 23, Rn. 81; Vgl. zu den zusätzlichen Anforderungen an ein solches Gesetz BVerfGE 89, 155, 183 f.; E 123, 267, 347 ff. Eine übersichtliche Darstellung des Streitstandes findet sich bei Stern, Staatsrecht I, S. 533 ff.

221 Begleitgesetzgebung zum Vertrag von Lissabon: Integrationsverantwortungsgesetz vom 22. 9. 2009, BGBl. I, S. 3022, zuletzt geändert durch Art. 1 Gesetz zur Umsetzung der Grundgesetzänderungen für die Ratifizierung des Vertrags von Lissabon vom 1. 12. 2009, BGBl. I, S. 3822; Gesetz über die Zusammenarbeit von Bundesregierung und Deutschem Bundestag in Angelegenheiten der Europäischen Union (EUZBBG) vom 12.3.1993, BGBl. I, S. 311, zuletzt geändert durch Art. 1 Änderungsgesetz vom 22. 9. 2009, BGBl. I, S. 3026; Gesetz über die Zusammenarbeit von Bund und Ländern in Angelegenheiten der Europäischen Union (EUZUBLG) vom 12.3.1993, BGBl. I, S. 313, zuletzt geändert durch Art. 1 Änderungsgesetz vom 22. 9. 2009, BGBl. I S. 3031.

222 Gesetz zur Übernahme von Gewährleistungen zum Erhalt der für die Finanzstabilität in der Währungsunion erforderlichen Zahlungsfähigkeit der Hellenischen Republik vom 7. 5. 2010, BGBl. I S. 537.

223 Schmidt-Jortzig/Schürmann, in: BK X, Art. 76, Rn. 171; Stern, Staatrecht I, § 13, S. 460.

(bb) Pflicht zur eigenen Einbringung des Gesetzentwurfs

Neben der Pflicht zur Gesetzesinitiative könnte man gleichzeitig auch die Pflicht zur eigenen Einbringung eines Gesetzentwurfs aus Art. 76 Abs. 1 GG ableiten.

α) Regelfall: Eigene Einbringung beim Bundestag

Die Einbringung von Gesetzesvorlagen der Bundesregierung und des Bundesrates geschieht nach Art. 76 Abs. 2 und Abs. 3 GG durch die Bundesregierung, so dass das Einbringungsverfahren ihrer eigenen Gesetzentwürfe zunächst keine Probleme aufzuwerfen scheint: Entweder der Bundeskanzler oder aber sein Vertreter leitet den Entwurf dem Bundestagspräsidenten zu. Über diesen gelangt er dann in den Bundestag.[224]

Bezüglich der Regierungsvorlagen regelt Art. 76 Abs. 2 GG eine Besonderheit: Hier soll vor der Weiterleitung der Vorlage an den Bundestagspräsidenten zunächst eine Zuleitung an den Bundesrat zu einer ersten Stellungnahme stattfinden. Dafür ist kein besonderer Bundestagsbeschluss erforderlich, es genügt die einfache Übersendung durch den Bundeskanzler.[225] Für seine Stellungnahme räumt Art. 76 Abs. 2 S. 2 GG dem Bundesrat eine Frist von sechs Wochen ein, bei als besonders eilbedürftig gekennzeichneten Vorlagen kann sich diese Frist auf drei Wochen verkürzen (vgl. Art. 76 Abs. 2 S. 4 GG), bei einem dementsprechenden Verlangen auf Fristverlängerung kann sie sich auf neun Wochen verlängern (vgl. Art. 76 Abs. 2 S. 3 GG). Äußert sich der Bundesrat nicht innerhalb dieser Frist, so kann die Bundesregierung die Gesetzesvorlage ohne weitere Voraussetzungen dem Bundestag zuleiten.[226]

Nimmt der Bundesrat innerhalb der Frist Stellung, so ist die Bundesregierung im Folgenden verpflichtet, die Vorlage ohne weitere Verzögerung dem Bundestag zuzuleiten.[227]

β) Sonderfall: Einbringung einer Regierungsvorlage „aus der Mitte des Bundestages“ zur Verfahrensbeschleunigung

Abweichungen von dem Regelfall der eigenen Einbringung kommen vor: So lässt die Bundesregierung einen von ihr erstellten Gesetzentwurf gelegentlich von nahestehenden Abgeordneten oder Fraktionen *aus der Mitte des Bundesta-*

224 Schmidt-Jortzig/Schürmann, in: BK X, Art. 76, Rn. 184; Masing, in: v. Mangold/Klein/Starck, GG II, Art. 76, Rn. 148.

225 Stern, Staatsrecht II, § 37, S. 619; Goppel, Die Rechtsstellung des Bundesrates, S. 107.

226 Goppel, Die Rechtsstellung des Bundesrates, S. 107.

227 Masing, in: v. Mangoldt/Klein/Starck, GG II, Art. 76, Rn. 148; Kersten, in: Maunz/Dürig, GG V, Art. 76, Rn. 87.

ges einbringen, um das verfassungsrechtlich vorgeschriebene Verfahren aus Art. 76 Abs. 2 S. 1 GG zu beschleunigen.[228]

Gründe für ein solches Vorgehen sind häufig praktischer oder auch politischer Natur: Zum einen ist die Zeitersparnis ein wichtiger Faktor, denn auch wenn die dem Bundesrat zur Stellungnahme zustehende Frist in der Regel nur drei Wochen beträgt, so kann in bestimmten Fällen eine schnelle Entscheidung des Parlaments wünschenswert sein. Dies ist insbesondere der Fall bei einer baldigen Auflösung des Bundestags aufgrund von Neuwahlen. Aufgrund der Geltung des Diskontinuitätsprinzips könnten bereits begonnene Gesetzgebungsverfahren nach der Bildung eines neuen Bundestags nicht mehr zum Abschluss gebracht werden.[229]

Zum anderen erscheint eine Gesetzesinitiative ohne Beteiligung des Bundesrates aus politischen Erwägungen wünschenswert: Wird eine rasche Umsetzung von Gesetzentwürfen verzögert, droht ein Ansehensverlust der Politiker in der öffentlichen Meinung, den diese zu vermeiden suchen. Insbesondere bei Vorlagen, die die Interessen des Volkes in hohem Maße betreffen, kommt es ihnen deshalb auf eine zeitnahe Umsetzung an.[230]

Umgekehrt ist es auch denkbar, dass die Regierung aufgrund der Unpopularität einer Vorlage nicht mit dieser in Verbindung gebracht werden möchte und aus diesem Grund den Weg über die Einbringung „aus der Mitte des Bundestages" wählt.[231]

αα) Ansicht in der Literatur: Nur Verfassungswidrigkeit des Verfahrens, nicht aber des Gesetzes

Die Einbringung einer Regierungsvorlage durch Abgeordnete „aus der Mitte des Bundestages" zur Beschleunigung des Verfahrens verstößt gegen zwingende verfassungsrechtliche Verfahrensvorschriften, so dass man sie für verfassungswidrig halten könnte.[232] Eine Verfassungswidrigkeit hätte zur Folge, dass das im Ergebnis verabschiedete Gesetz ebenfalls verfassungswidrig und somit nichtig wäre. Diese Konsequenz wird selbst von den Vertretern der Verfassungswidrig-

---

228 Schmidt-Jortzig/Schürmann, in: BK X, Art. 76, Rn. 264; Masing, in: v. Mangoldt/Klein/Starck, GG II, Art. 76, Rn. 97 ff.; Schürmann, AöR 115 (1990), S. 45, 47 ff.

229 Zum Grundsatz der Diskontinuität Masing, in: v. Mangoldt/Klein/Starck, GG II, Art. 76, Rn. 82, 153 ff.; Stern, Staatsrecht II, § 26, S. 74 ff.; Jekewitz, Der Grundsatz der Diskontinuität, S. 15;

230 Schürmann, AöR 115 (1990), S. 45, 48.

231 Schürmann, AöR 115 (1990), S. 45, 48.

232 Achterberg, Grundzüge des Parlamentsrechts, S. 51 (Fn. 152); Masing, in: v. Mangoldt/Klein/Starck, GG II, Art. 76, Rn. 100 ff.; Stern, Staatsrecht II, § 37, S. 620 f.; H. Schäfer, Der Bundesrat, S. 70; Fiedler, ZRP 1977, 9, 11 (Fn. 19); Wyduckel, DÖV 1989, 181, 185.

keit des Vorgehens zumeist nicht gezogen.[233] Teilweise wird dagegen vorgebracht, die Umgehung der Beteiligung des Bundesrates betreffe nur Rechte des Bundesrates, welcher sich gegen eine solche Rechtsverletzung wehren könne.[234] Die Geltung des Gesetzes könne schon deshalb nicht betroffen sein, weil die Verfahrensregelung nur für die Einbringung der Vorlage gelte und nicht für die weitere Entscheidung über das Zustandekommen des Gesetzes durch den Bundestag. Nach der Einbringung habe dieser in jedem Fall als zuständiges Legislativorgan die Verantwortung übernommen, weshalb Fehlern vor diesem Zeitpunkt keine Bedeutung mehr zukommen könne.[235]

ββ) Kritik an dieser Ansicht und Lösungsmöglichkeiten

Diese Argumentation überzeugt aufgrund ihrer fehlenden Konsequenz nicht. Wird ein Verstoß gegen zwingende verfassungsrechtliche Verfahrensverstöße angenommen, so ist die Verfassungswidrigkeit des Gesetzes die zwingende Folge dieses Verstoßes. Ein anderes Ergebnis ist nur denkbar, wenn man die einschlägigen Verfassungsvorschriften nicht als zwingend, sondern als rein fakultativ begreift.

Im Folgenden ist die Vorschrift des Art. 76 Abs. 2 S. 1 GG deshalb in Bezug auf die Frage auszulegen, ob die Beteiligung des Bundesrates im sogenannten „ersten Durchgang" zwingend oder fakultativ durchzuführen ist.

ααα) Historische Betrachtungsweise

Hinweise auf ein mögliches fakultatives Verständnis des Art. 76 Abs. 2 GG könnten sich in *historischer Sicht* aus der Regelung der Weimarer Reichsverfassung ergeben:

Bezüglich des Vorbereitungsstadiums von Regierungsvorlagen kann Art. 67 S. 1 WRV herangezogen werden. Hier war die Pflicht der Ministerien festgelegt, den Reichsrat über die Führung der Reichsgeschäfte auf dem Laufenden zu halten. Art. 67 S. 2 WRV normierte weiter die Hinzuziehung des Reichsrats bei „wichtigen Gegenständen" als Soll-Vorschrift. Hiernach lag es also im Ermessen der Reichsregierung, festzulegen, ob ein Gegenstand als „wichtig" einzustufen war und demgemäß der Reichsrat hieran beteiligt werden sollte.

Im Grundgesetz entspricht Art. 53 S. 3 GG der Vorschrift des Art. 67 S. 1 WRV. Die Entsprechung des Art. 67 S. 2 WRV entfiel jedoch in der 4. Lesung

233 Masing, in: v. Mangoldt/Klein/Starck, GG II, Art. 76, Rn. 102; Stern, Staatsrecht II, § 37, S. 620 f.

234 So Goppel, Die Rechtsstellung des Bundesrates, S. 108.

235 Masing, in: v. Mangoldt/Klein/Starck, GG II, Art. 76, Rn. 102.

des Hauptausschusses des Parlamentarischen Rates.[236] Während der Erarbeitung einer Regierungsvorlage steht dem Bundesrat damit nach heutiger Regelung kein Anspruch auf Beteiligung durch die Bundesregierung zu.

Bezüglich der Beteiligung nach der Einbringung galten die Vorschriften der Art. 68 ff. WRV. Ein einheitliches Initiativ- und Einbringungsrecht existierte hiernach nicht, vielmehr wurde zwischen diesen Beteiligungsrechten unterschieden:

Nach Art. 68 Abs. 1 WRV stand dem Reichsrat kein Einbringungsrecht, nach Art. 69 Abs. 2 WRV wohl aber ein Initiativrecht zu. Für die Entstehung von Gesetzesvorlagen bedeutete dies, dass ein diesbezüglicher Entwurf nur von der Reichsregierung oder vom Reichstag selbst zu einem Gesetzentwurf gemacht werden konnte.[237]

Gesetzesvorlagen der Reichsregierung bedurften nach Art. 69 Abs. 1 WRV zusätzlich noch der Zustimmung des Reichsrats. Allerdings war das Zustimmungserfordernis, anders als der Wortlaut dies nahelegt, nicht im formellen Sinne zu verstehen, was die obligatorische Übereinstimmung von Reichsregierung und Reichsrat zur Folge gehabt hätte. Vielmehr konnte die Regierung einen Gesetzentwurf auch ohne die Zustimmung einbringen und musste dabei lediglich die abweichende Auffassung des Rates darlegen.[238]

Im Ergebnis hing die Befugnis der Reichsregierung zur Einbringung ihrer Vorlage schließlich nicht von dieser Zustimmung ab, so dass das eigentlich recht scharfe Schwert des Zustimmungserfordernisses im Ergebnis wirkungslos blieb.

Im Gegensatz zu diesen Regelungen der Weimarer Reichsverfassung ist Art. 76 Abs. 2 GG in seiner Formulierung eindeutig: „Vorlagen der Bundesregierung *sind* zunächst dem Bundesrate zuzuleiten." Diese Normierung lässt keine fakultative Beteiligung erkennen, sondern erscheint in ihrem Wortlaut zwingend und steht somit im Gegensatz zur Regelung der Weimarer Reichsverfassung.

Die historische Betrachtungsweise legt somit den Schluss nahe, dass die Stellung des Bundesrates im Grundgesetz im Gegensatz zu derjenigen in der Weimarer Reichsverfassung gestärkt werden sollte und sich eine fakultative Anwendung der Verfahrensvorschriften verbietet.

---

236 Vgl. Kurzprotokoll der 57. Sitzung des Hauptausschusses d. Parlamentarischen Rates v. 05.05.1949, in: Der Parlamentarische Rat, Bd. 14/2, S. 1780 ff.

237 Anschütz, Die Verfassung des dt. Reichs, Art. 68/69, S. 364; Schmidt-Jortzig/Schürmann, in: BK X, Art. 76, Rn. 4 f.; Schürmann, Grundlagen und Prinzipien, S. 164.

238 Schmidt-Jortzig/Schürmann, in: BK X, Art. 76, Rn. 11.

βββ) Sinn und Zweck der Verfahrensvorschriften

Betrachtet man Art. 76 Abs. 2 GG nach seinem *Telos,* so lassen sich zwei Hauptfunktionen ausmachen:

Erstens wurde die Schaffung eines Ausgleichs zwischen den Interessen des Bundes und der Länder intendiert und damit eine Konfliktvermeidung bezüglich ihrer Interessenvertreter, vor allem also des Parlamentes und des Bundesrates, angestrebt.[239] Insbesondere bei der Beteiligung des Bundesrates an Regierungsvorlagen ermöglicht die Weiterleitung des Entwurfs dem Parlament einen ersten Einblick, wie sich die Auffassung der Länderkammer bezüglich der in Frage stehenden Materie verhält. Dies erleichtert die Einschätzung der Wahrscheinlichkeit, mit der der Bundesrat in einem späteren Verfahrensschritt gemäß Art. 77 Abs. 2a GG seine Zustimmung verweigern oder Einspruch nach Art. 77 Abs. 3 GG einlegen wird. Sollte sich eine Missbilligung der Länderkammer abzeichnen, so kann dieser im recht frühen Stadium der Einbringung einer Gesetzesvorlage in den Bundestag noch effektiv entgegengewirkt werden.[240]

Zweitens bringt die Beteiligung des jeweils anderen Organs auch dessen zusätzlichen Sachverstand in die eigene Entscheidung mit ein, was die Erfolgsaussichten der Gesetzesvorlage auch in sachlicher Hinsicht vergrößert.[241]

Zusammenfassend lässt sich aus dem Sinn und Zweck der Verfahrensvorschriften ein Recht des Bundesrates auf Beteiligung an der Einbringung von Regierungsvorlagen herleiten, denn eine ohne Konflikte zwischen Bundesregierung und Bundesrat eingebrachte Gesetzesvorlage hat größere Erfolgsaussichten, später als Gesetz beschlossen zu werden. Im Ergebnis werden also nicht nur die Rechte des Bundesrates, sondern auch die Interessen des Bundestages als gesetzgebendes Organ geschützt.[242]

γγγ) Vorzugswürdige Betrachtung: Abstellen auf die Verantwortlichkeit nach außen

Die soeben dargestellten Auslegungsmethoden lassen außer Acht, dass die Abgeordneten, die die ursprünglich von der Bundesregierung erarbeitete Vorlage einbringen, hierfür die Verantwortung nach außen übernehmen. In verfahrensrechtlicher Hinsicht befinden sie sich in der Rolle des Initiators.[243] Insofern liegt ein dem Phänomen des Gesetzgebungsoutsourcings vergleichbarer Fall vor mit

---

239 Bryde, in: v. Münch/Kunig, GG III, Art. 76, Rn. 17; Stern, Staatsrecht II, § 37, S. 619 f.; Hesse, Grundzüge, Rn. 513; Katzenstein, DÖV 1958, 593, 598.

240 In diesem Sinne auch Masing, in: v. Mangoldt/Klein/Starck, GG II, Art. 76, Rn. 86.

241 Masing, in: v. Mangoldt/Klein/Starck, GG II, Art. 76, Rn. 85; Bryde, in: v. Münch/Kunig, GG III, Art. 76, Rn. 17.

242 Masing, in: v. Mangoldt/Klein/Starck, GG II, Art. 76, Rn. 87.

243 Masing, in: v. Mangoldt/Klein/Starck, GG II, Art. 76, Rn. 101 f.; Schmidt-Jortzig/Schürmann, in: BK X, Art. 76, Rn. 265.

dem Unterschied, dass in letzterer Fallgruppe der Gesetzentwurf nicht innerhalb des Staatsapparates, sondern von Privaten erarbeitet worden ist.

Weiterhin ist zu beachten, dass die Abgeordneten und Fraktionen des Bundestags als Initiativberechtigte der Bundesregierung gleich stehen. Als Gleichberechtigte arbeiten sie unabhängig voneinander und können so zum gleichen Gegenstand einen eigenen Gesetzentwurf in den Bundestag einbringen.[244] Eine Zusammenarbeit oder die Aneignung des Gesetzentwurfs eines anderen Initiativorgans ist dabei nicht ausgeschlossen.

Zu klären ist lediglich, ob diese Übernahme der Verantwortung ausreichend ist[245] oder die Verfahrensvorschrift des Art. 76 Abs. 2 GG analog angewendet werden muss.[246]

Machen sich Abgeordnete des Bundestages als „Mitte des Bundestages" einen Regierungsentwurf zu eigen, nehmen sie eigene verfassungsrechtlich garantierte Rechte war, für die Art. 76 Abs. 2 GG nicht gilt. Die Verfahrensvorschriften nun idealistisch aufzuladen mit dem Zweck, auch für diesen Fall einen „ersten Durchgang" für zwingend zu halten, steht nicht mit dem Willen des Verfassunggebers in Einklang, der dies nicht explizit geregelt hat.

Verfassungspolitisch mag es sinnvoll erscheinen, eine analoge Anwendung der Verfahrensvorschriften anzunehmen. Eine saubere Lösung des Problems stellt dies jedoch nicht dar. Vielmehr müsste hierzu das Grundgesetz dahingehend geändert werden, dass eine Beteiligung des Bundesrates nicht nur für Regierungsvorlagen vorgeschrieben wird, sondern auch für Parlamentsinitiativen.[247] Sollte sich infolgedessen eine überlange Dauer des Verfahrens abzeichnen, so bliebe immer noch Raum für eine verfassungsrechtliche Ausnahmeklausel vom Verfahrensbedürfnis der Bundesratsbeteiligung.

De lege lata muss die formelle Übernahme der Initiativverantwortung also ausreichen, um die Verfassungswidrigkeit des Vorgehens abzuwenden, *de lege ferenda* wäre eine verfassungsrechtliche Klarstellung allerdings wünschenswert.

(cc) Pflicht zur eigenen Erstellung des Gesetzentwurfs

In verfahrensrechtlicher Hinsicht kann somit eine Pflicht zur eigenen Einbringung eines Gesetzentwurfs insoweit nicht gesehen werden, als die Vorlage originär von einem anderen Initiativberechtigten stammt. Denn da auch diese zur Einbringung einer eigenen Vorlage berechtigt sind, kann es keinen Unterschied machen, ob sie eine eigene Vorlage einbringen oder den Entwurf eines ihnen gleichgestellten Berechtigten übernehmen.

---

244 Goppel, Die Rechtsstellung des Bundesrates, S. 102.

245 Dafür: Schmidt-Jortzig/Schürmann, in: BK X, Art. 76, Rn. 265.

246 Für eine solche Lösung: Masing, in: v. Mangoldt/Klein/Starck, GG II, Art. 76, Rn. 101 f.

247 In diesem Sinne auch Schmidt-Jortzig/Schürmann, in: BK X, Art. 76, Rn. 265a.

Hieraus lässt sich schließen, dass eine eigene Erstellung des Entwurfs nicht gefordert werden kann, wenn schon eine eigene Einbringung in den Bundestag nicht notwendig ist. Dies gilt allerdings nur für den Regelfall, dass zwei Initiativberechtigte zusammenarbeiten.

Die Situation stellt sich jedoch anders dar, wenn der Gesetzentwurf nicht von einem anderen Initiativberechtigten stammt, sondern aus der Feder von Rechtsanwälten. Zwar ist auch eine Einbringung durch die initiativberechtigte Bundesregierung unproblematisch, da sie sich den Entwurf aneignet und somit die Verantwortung hierfür übernimmt, weitergehende Schlüsse lassen sich hieraus aber nicht ziehen. Denn im Unterschied zu der Zusammenarbeit von zwei Initiativberechtigten findet die Erstellung des Gesetzentwurfs bei der Fallgruppe des Gesetzgebungsoutsourcings außerhalb des Staatsapparates statt, so dass insofern andere Maßstäbe anzulegen sind.

Eine Klärung über die Regelung des Art. 76 GG bietet sich daher nicht an.

(dd) Ergebnis

Eine Gesetzesinitiativpflicht der Bundesregierung kann *eo ipso* nicht angenommen werden, sondern sie ist abhängig von einer Vielzahl von Faktoren. Sie kann durch eine Gesetzgebungspflicht des Bundestages begründet werden, der weitaus häufigere Fall wird jedoch die Initiativpflicht durch Selbstverpflichtung sein. Eine Verpflichtungsmöglichkeit durch Koalitionsvereinbarungen oder aufgrund der Aufforderung anderer Staatsorgane ist dagegen nicht möglich, auch wenn davon auszugehen ist, dass die Bundesregierung der Aufforderung meist nachkommen wird. Auch insofern handelt es sich nicht um eine oktroyierte Pflicht, sondern um eine reine Selbstverpflichtung.

Aus der Möglichkeit des Bestehens einer Initiativpflicht kann in der Folge nicht gleichzeitig auf das Bestehen einer Pflicht zur eigenen Einbringung, oder, noch weitergehend, auf die Pflicht zur eigenen Erstellung der Gesetzesvorlage geschlossen werden. In Bezug auf die Einbringung ergibt sich dies aus der Möglichkeit der Bundesregierung, einen von ihr erstellten Gesetzentwurf durch Abgeordnete „aus der Mitte des Bundestages“ einbringen zu lassen. Dieses Verfahren ist nicht als verfassungswidrig einzustufen, sondern *de lege lata* möglich. In der Folge kann aus Art. 76 GG also auch keine Pflicht zur eigenen Einbringung einer Gesetzesvorlage in den Bundestag abgeleitet werden.

Dies kann jedoch zunächst nur für den Fall der Zusammenarbeit zweier Initiativberechtigter festgestellt werden. Denn hierbei befindet sich die Gesetzesvorlage zu jedem Zeitpunkt innerhalb des Einflussbereichs des Staatsapparates während in der Fallgruppe des Gesetzgebungsoutsourcings der Entwurf außerhalb der staatlichen Sphäre von Privaten erarbeitet wird.

Da die Regelung des Art. 76 GG eindeutig nur auf diesen Bereich staatlichen Handelns zugeschnitten ist, bietet sich eine Übertragung auf die Erstellung von Gesetzentwürfen durch private Rechtsanwälte nicht an. Es ist also nach anderen Regelungen zu suchen, die eine mögliche Lösung der Problematik beinhalten.

bb) Vorgaben an die Entstehung eines Gesetzentwurfs durch die Gemeinsame Geschäftsordnung der Bundesministerien

Zwar wird die Entstehung einer Gesetzesvorlage durch die Verfassung bereits vorausgesetzt, jedoch ist sie nicht völlig ungeregelt. Die §§ 40 ff. der Gemeinsamen Geschäftsordnung der Bundesministerien (GGO) beschäftigen sich mit der Erstellung von Regierungsvorlagen und geben Anforderungen vor, die in der Sache auch bei der Erstellung von Gesetzentwürfen durch Private anzuwenden sind.

So muss gemäß § 40 Abs. 1 GGO das Bundeskanzleramt vor der Ausarbeitung einer Gesetzesvorlage informiert werden. Bei dem Abfassen des Entwurfs müssen außerdem die beteiligten Interessen berücksichtigt werden. Dies geschieht zum einen gemäß § 41 GGO durch die frühzeitige Beteiligung der Länder und der auf Bundesebene bestehenden kommunalen Spitzenverbände. Andererseits werden die Meinungen der Betroffenen auch gemäß § 47 Abs. 1 GGO durch die Zuleitung des Entwurfs an die betroffenen Länder, kommunalen Spitzenverbände sowie die Vertretungen der Länder beim Bund eingeholt, die durch diesen Schritt die Gelegenheit zur Äußerung in der Sache erhalten. Da die Verantwortlichkeit für den Gesetzentwurf auch beim Outsourcing ihrer Erarbeitung an Rechtsanwälte nach wie vor bei den Ministerien liegt, können Stellungnahmen der betroffenen Länder und Verbände auch nur bei diesen Ministerien eingereicht werden. Ein Verweis der potentiell Beteiligten an die ausführenden Rechtsanwälte und die Aufforderung zur Integration in den Gesetzentwurf kommen insofern nicht in Betracht.

Problematisch erscheint allerdings die Berücksichtigung aller betroffenen Interessen. Da die Aufgabe zur Erstellung des Gesetzentwurfs in der Hauptsache der Rechtsanwaltskanzlei übertragen wurde, müssten die Ministerialbeamten eventuelle Stellungnahmen entweder nach Erhalt an die Rechtsanwaltskanzlei überstellen oder diese nach dem Eingang des Gesetzentwurfs nachträglich einarbeiten werden. Eine effektive Interessenberücksichtigung kann bei einer nachträglichen Einarbeitung jedoch nicht angenommen werden, so dass die Übersendung der Stellungnahmen an die ausarbeitende Kanzlei als die wahrscheinlichste Lösung dieses Problems erscheint.

Gemäß § 45 GGO sind des Weiteren auch andere möglicherweise betroffene Ministerien in die Erarbeitung der Gesetzesvorlage mit einzubeziehen.

So wird ermöglicht, dass nur ein Ministerium den Gesetzentwurf erstellt, andere Ministerien aber ebenfalls an der Erstellung beteiligt sind. In den Fällen der oben dargestellten Finanzmarktgesetzgebung konnten deshalb sowohl das

Bundesfinanzministerium als auch das Bundesinnenministerium Aufträge vergeben.[248]

Besteht über die Vorgehensweise bei der Erstellung eines Gesetzentwurfs keine Einigkeit zwischen den zuständigen Ministerien, besteht auch erst einmal keine Befugnis der Beteiligten zur Erteilung von Aufträgen. Denn nach § 45 Abs. 5 GGO sollen „[u]mfangreiche oder kostspielige Vorarbeiten [...] bei Meinungsverschiedenheiten zwischen den hauptsächlich beteiligten Bundesministerien nicht begonnen oder veranlasst werden, bevor das Kabinett entschieden hat.“ Die Entscheidung über die Streitpunkte soll also nicht den jeweiligen Ministerien überlassen bleiben, sondern wird durch die Geschäftsordnung der Bundesregierung als solcher zugewiesen. Hieran hielt sich das BMWi bei der Erstellung des Restrukturierungsverwaltungsmodells im Jahre 2009 nicht. Trotz Differenzen mit dem Bundesjustizministerium zog der Bundeswirtschaftsminister die Kanzlei Linklaters hinzu, bevor das Kabinett über die Unstimmigkeiten entscheiden konnte. Die Begründung der Beauftragung damit, dass die Erarbeitung von Änderungen zum Kreditwesengesetz bisher nur Aufgabe anderer Ministerien gewesen war, nicht jedoch eine solche des Bundesministeriums für Wirtschaft,[249] zeigt selbst den Verstoß gegen die Verfahrensvorschrift des § 45 Abs. 5 GGO auf.

Inhaltlich sollen Gesetzesvorlagen gemäß § 42 Abs. 1 GGO aus dem Entwurf selbst, einer Begründung nach § 43 GGO und einer vorangestellten Übersicht gemäß Anlage 3 der GGO bestehen. Im Einzelnen bestehen weiter bestimmte Anforderungen an den Aufbau des Entwurfs sowie an seine sprachliche Verständlichkeit.

Diese Regelungen geben jedoch noch keinen Aufschluss über die tatsächliche Erstellung einer Gesetzesvorlage. Bestimmungen über die verpflichtende Erstellung innerhalb des zuständigen Ministeriums enthält auch die GGO nicht.

Praktisch entspricht es aber der Regel, dass die Erstellung eines Gesetzentwurfs dem thematisch nahestehenden Fachreferenten des Ministeriums übertragen wird.[250] Eine Übertragung der Referententätigkeit auf qualifizierte Externe ist jedoch durch die GGO auch nicht ausgeschlossen.

Wird, wie im Falle der Beauftragung der Kanzlei Linklaters durch das BMWi, ein Verstoß gegen die GGO festgestellt, so ist nach dessen Rechtsfolge zu fragen. Die GGO enthält Dienstanweisungen und Verfahrensnormen für die Ministerien, (innenrechtliche) Wirkung entfaltet sie daher nur im ministerialen Bereich.[251] Dies bedeutet, dass eine Abweichung der Minister von der Geschäftsordnung sogar ohne das Einverständnis der anderen Kabinettsmitglieder

---

248 Siehe zur Problemdarstellung oben A. I.

249 Vgl. BT-Drs. 16/14022 v. 08.09.2009, S. 2.

250 Vgl. bereits oben A. III. 2. a).

251 Böckenförde, Organisationsgewalt, S. 127.

auf den ersten Blick möglich erscheint.[252] Die Besonderheit dieser Gemeinsamen Geschäftsordnung besteht aber darin, dass sie viele Vorschriften der einzelnen Ministerien zur einfacheren Handhabung zusammenführt und somit ein Sammelwerk von Normen darstellt. Jedes Ministerium hat sich die für es verbindlichen Dienstanweisungen selbst gegeben, so dass zumindest eine Bindung hieran und indirekt auch eine solche an die GGO bestehen muss. Sich bei Zuwiderhandlung gegen die Ministerien richtende Rechtsfolgen sind hieran jedoch nicht geknüpft, so dass auch die direkte Beauftragung von Linklaters durch das BMWi im oben beschriebenen Fall, ohne die Intervention des Kabinetts abzuwarten, ohne sanktionierende Folgen möglich war.

cc) Einhaltung des „äußeren Gesetzgebungsverfahrens“

Im Gegensatz zu der weder durch die Verfassung noch durch die GGO lückenlos geregelten Erstellung von Gesetzentwürfen ist das Verfahren *nach* deren Einbringung in den Bundestag verfassungsrechtlich normiert. Dies lässt den Schluss zu, dass die Erstellung von Gesetzentwürfen durch Private möglich ist, solange das vom Grundgesetz geforderte Verfahren eingehalten wird. Zu klären ist, inwieweit dieses Verfahren gewährleisten kann, dass Gesetzesvorlagen in demokratisch legitimierter Weise vom Parlament verabschiedet werden.

Nach Art. 78 GG kommt ein vom Bundestag beschlossenes Gesetz zustande, „wenn der Bundesrat zustimmt, den Antrag gemäß Art. 77 Abs. 2 nicht stellt, innerhalb der Frist des Art. 77 Abs. 3 keinen Einspruch einlegt oder ihn zurücknimmt oder wenn der Einspruch vom Bundestage überstimmt wird.“

Art. 77 GG ist demnach die zentrale Norm des Gesetzgebungsverfahrens. Sie regelt nicht nur die Voraussetzungen eines Bundestagsbeschlusses und der Beteiligung des Bundesrates, sondern legt gleichzeitig auch das Verhältnis zwischen Parlament und Länderkammer fest.

Dabei gestaltet sich das Verfahren im Bundestag für alle Gesetze gleich. Es existieren aber Unterschiede bezüglich der Beteiligung des Bundesrates. Inwieweit eine Beteiligung der Länderkammer notwendig ist, hängt zunächst von der Qualifikation eines Gesetzes als zustimmungsbedürftig oder nicht zustimmungsbedürftig ab. In diesem Zusammenhang muss geklärt werden, ob aus dieser Unterscheidung eventuelle Konsequenzen für die Behandlung von privat erstellten Gesetzentwürfen gezogen werden können.

(1) Verhältnis von Bundestag und Bundesrat

Das Grundgesetz sieht den Bundestag als alleinigen Gesetzgeber an. Dies ergibt sich bereits aus Art. 76 Abs. 1 GG, wonach Gesetzesvorlagen „beim Bundestage“ einzubringen sind und aus Art. 77 Abs. 1 S. 1 GG, nach dem „die Bundes-

252 Böckenförde, Organisationsgewalt, S. 128.

gesetze vom Bundestage beschlossen [werden]“. Demgegenüber ist der Bundesrat keine „zweite Kammer“, die „gleichwertig mit der "ersten Kammer" entscheidend am Gesetzgebungsverfahren beteiligt wäre“.[253] Bestätigt wird dies in Art. 50 GG wiederum durch den Wortlaut der Verfassung selbst, wonach die Länder durch den Bundesrat bei der Gesetzgebung lediglich „mitwirken“.

Dieses Verhältnis zwischen Bundestag und Bundesrat ist das Ergebnis eines Kompromisses des Parlamentarischen Rates. Auf der einen Seite sprach sich vor allem die CDU/CSU-Fraktion für einen starken Bundesrat aus, dessen Stellung der des Bundestags weitgehend entsprechen sollte. In der SPD-Fraktion dagegen überwog der Wunsch nach einer Senatslösung, in welcher ein starker Bundestag eigenständig Gesetze erlassen konnte.[254]

Man einigte sich schließlich auf die Einbeziehung föderaler Interessen in den Gesetzgebungsprozess, allerdings wünschte man keine so starke Stellung der Länderkammer mehr wie noch in den vergangenen Verfassungen Deutschlands. In der Reichsverfassung von 1871 waren nach Art. 5 übereinstimmende Mehrheitsbeschlüsse von Reichstag und Reichsrat im Gesetzgebungsprozess erforderlich, in der Weimarer Reichsverfassung regelte Art. 74 Abs. 1 immerhin noch ein Einspruchsrecht des Reichsrats gegenüber allen vom Reichstag beschlossenen Gesetzen.[255]

(2) Beschluss über die Gesetzesvorlage im Bundestag

Nach Art. 77 Abs. 1 GG werden Bundesgesetze vom *Bundestage* beschlossen, im Folgenden ist der *Bundesrat* zu beteiligen (vgl. Art. 77 Abs. 2 ff. GG).

(a) Grundsatz der drei Lesungen nach der GOBT

Mit einem Gesetzesbeschluss stellt der Bundestag fest, dass der Inhalt des Gesetzentwurfs als formelles Gesetz rechtsverbindlich werden soll.[256] Gesetzesbe-

---

253 BVerfGE 37, 363, 380. So auch Bryde, in: v. Münch/Kunig, GG III, Art. 77, Rn. 3; Bryde, in: Schneider/Zeh, Parlamentsrecht, § 30, Rn. 5 ff. A.A. H. Schäfer, Der Bundesrat, S. 30.

254 Masing, in: v. Mangoldt/Klein/Starck, GG II, Art. 77, Rn. 7 ff.; Bryde, in: Schneider/Zeh, Parlamentsrecht, § 30, Rn. 3 ff. Zur Entstehung des Bundesrates vgl. Posser, in: HbVerfR, § 24, Rn. 1 ff.; Laufer/Münch, Das föderative System, S. 61 ff.; Otto, Staatsverständnis, S. 109 ff.; Dolzer, VVDStRL 58 (1999), 7, 9 ff.; Sachs, VVDStRL 58 (1999), 39, 49 ff.

255 Zur Bedeutung des Einspruchsrechts Triepel, AöR 39 (1920), 456, 461 f.

256 Bryde, in: v. Münch/Kunig, GG III, Art. 77, Rn. 5; Masing, in: v. Mangoldt/Klein/Starck, GG II, Art. 77, Rn. 14.

schluss bedeutet dabei die abschließende Entscheidung über den Gesetzentwurf, die im Anschluss an die Beratung im Bundestag stattzufinden hat.[257]

Weitere Ausgestaltungen des Verfahrens enthält Art. 77 Abs. 1 GG zunächst nicht. Aus dem Begriff des „Beschließens" kann man jedoch entnehmen, dass für einen Gesetzesbeschluss verfassungsrechtlich zumindest *eine* Beratung innerhalb des Bundestages notwendig ist. Problematisch ist jedoch, ob durch lediglich eine Beratung die erforderliche demokratische Legitimation einer Gesetzesvorlage herbeigeführt werden kann.

Weitergehende Verfahrensanordnungen trifft die GOBT als autonome Satzung des Bundestages: § 78 GOBT normiert den Grundsatz, dass zur Verabschiedung eines Gesetzes drei Lesungen erforderlich sind. Eine Ausnahme gilt nach § 78 Abs. 1 S. 1 GOBT für Völkervertragsgesetze, zu deren Beschluss lediglich zwei Lesungen vorgeschrieben sind.

Das Beratungsverfahren wird näher geregelt in §§ 79 – 86 GOBT.

Die erste Beratung findet gemäß § 79 Abs. 1 GOBT ohne Aussprache statt, in der Praxis wird jedoch in der Regel trotzdem eine Plenardiskussion durchgeführt.[258] In dieser Lesung wird zudem nach § 80 Abs. 1 GOBT der Gesetzentwurf an einen, in Ausnahmefällen an mehrere Ausschüsse überstellt, in denen die Experten der beteiligten Fraktionen die weitere Arbeit an der Vorlage übernehmen.[259] Insbesondere ist es Aufgabe der Ausschüsse, die Vorlage zu kontrollieren, und zu klären, ob die Annäherung verschiedener Standpunkte innerhalb der Fraktionen möglich ist. Im Ergebnis stellen die Ausschüsse ein „Arbeitsparlament"[260] dar, in welchem die letzte „Feinjustierung" des Gesetzentwurfs vorgenommen wird.[261]

Die Ausschüsse haben das Recht, die für die Erstellung des Gesetzentwurfs zuständigen Ministerialbeamten zu konsultieren.[262] So können sie Kenntnis über die Art und Weise des Zustandekommens des Gesetzentwurfs erlangen, was zur Folge hat, dass der Bundestag bereits jetzt durch die Informationen der Ausschüsse entscheiden kann, ob er den Gesetzentwurf später als Gesetz verabschieden will.

Entscheidend ist die Konsultation der zuständigen Ministerialbeamten bei der Erstellung des Gesetzentwurfs durch Rechtsanwälte, da die Abgeordneten

---

257 Mann, in: Sachs, GG, Art. 77, Rn. 5; Ossenbühl, in: Isensee/Kirchhof, HStR V3, § 102, Rn. 37.

258 Bülow, in: HbVerfR, § 30, Rn. 46; Stern, Staatsrecht II, § 37, S. 624; Ellwein/Hesse, Das Regierungssystem der Bundesrepublik Deutschland, S. 255.

259 Ellwein/Hesse, Das Regierungssystem der Bundesrepublik Deutschland, S. 255 f.

260 So Bryde, in: Schneider/Zeh, Parlamentsrecht, § 30, Rn. 36.

261 Bryde, in: v. Münch/Kunig, GG III, Art. 77, Rn. 4; Bülow, in: HbVerfR, § 30, Rn. 47. Vgl. zur Gremienstruktur im Bundestag Zeh, in: Schneider/Zeh, Parlamentsrecht, § 39, Rn. 2 ff.

262 H. Schneider, Gesetzgebung, Rn. 120.

nur durch die Mitarbeit der Verantwortlichen zwischen dem Ergebnis privater Arbeit und demjenigen staatlicher Arbeit zu unterscheiden vermögen.

Häufig werden die Ministerialbeamten jedoch nicht nur als für die Erstellung eines Gesetzentwurfs Verantwortliche, sondern als mit der Materie vertraute Sachverständige befragt.[263]

Zusätzlich steht es den Ausschüssen nach § 70 GOBT frei, öffentliche Anhörungssitzungen durchzuführen. Diese dienen der Befragung weiterer „Sachverständige[r], Interessenvertreter und andere[r] Auskunftspersonen".

Wenn die Beratung durch Sachverständige bezüglich eines Gesetzentwurfs durch die GOBT im Gesetzgebungsverfahren zugelassen ist, so stellt sich die grundsätzliche Frage nach der Zulässigkeit der Konsultation von externem Sachverstand. Es ließe sich vertreten, die Zulässigkeit externer Beratung auf die Ausschüsse zu beschränken. Tatsächlich nehmen diese aber regelmäßig nur die Beratung durch Beiräte[264] sowie durch Enquete-Kommissionen nach § 56 GOBT in Anspruch; die Hinzuziehung Externer durch die Exekutive hat hingegen größere Relevanz.[265]

Zum einen ergibt sich hieraus also (wiederum) die grundsätzliche Zulässigkeit der Konsultation Privater durch ein Ministerium auch bei der Erstellung eines Gesetzentwurfs. Zum anderen hat der Bundestag durch seine Ausschüsse die Möglichkeit, die Berater der Bundesregierung oder eigene Berater in den Ausschusssitzungen zu hören und sie zu der Vorlage zu befragen. Dem Plenum wird außerdem nach § 66 Abs. 1 GOBT ein schriftlicher Bericht übersandt.

Die zweite Lesung folgt nach § 81 Abs. 1 S. 2 GOBT am zweiten Tag nach der Verteilung der Beschlussempfehlung und des Berichts durch den Ausschuss. Hier kann eine Aussprache im Plenum stattfinden, sie ist aber nicht zwingend durchzuführen. Zwingend ist lediglich die Abstimmung über jede selbständige Bestimmung des Gesetzentwurfs (vgl. § 81 Abs. 2 GOBT).

Werden keine Änderungen in der zweiten Beratung beschlossen, wird sie regelmäßig bereits mit der dritten Lesung verbunden, welche dann unmittelbar im Anschluss an die Abstimmung erfolgt.[266]

In der dritten Lesung ist nach § 84 GOBT wiederum eine Aussprache möglich, wenn diese nicht bereits in der zweiten Lesung stattgefunden hat und wenn

---

263 Masing, in: v. Mangoldt/Klein/Starck, GG II, Art. 77, Rn. 31.

264 Hierzu Voßkuhle, in: Isensee/Kirchhof, HStR III3, § 43, Rn. 38 ff. Zu den Beiräten im deutschen Bundestag vgl. die Antwort der Bundesregierung auf eine Kleine Anfrage zum Umfang und den Kosten der Beirats- und Gutachtertätigkeit, BT-Drs. 8/484 v. 26.05.1955.

265 Zur Zulässigkeit externer Beratung in der Verwaltung bereits Dagtoglou, Der Private in der Verwaltung, passim.

266 Kokott, in: BK X, Art. 77, Rn. 15; Ossenbühl, in: Isensee/Kirchhof, HStR V3, § 102, Rn. 36; H. Schneider, Gesetzgebung, Rn. 124.

sie vom Ältestenrat oder von fünf Prozent der anwesenden Abgeordneten verlangt wird.

Die dritte Lesung endet mit der Schlussabstimmung, die gleichzeitig auch das Ende des Verfahrens im Bundestag darstellt. Das Abstimmungsergebnis kann nur in der Ablehnung des Gesetzentwurfs oder in seiner Annahme als Gesetz bestehen.[267]

(b) Auswirkungen eines Verstoßes gegen die GOBT

Zu beachten ist, dass sich die GOBT aufgrund ihres Charakters als autonome Satzung und damit als bloßes Innenrecht des Bundestages nicht über die Prinzipien der Verfassung hinwegsetzen darf. Insbesondere sind die Verfahrensanforderungen an dem Demokratieprinzip aus Art. 20 Abs. 2 GG sowie dem Grundsatz der Öffentlichkeit der parlamentarischen Debatte zu messen.[268] Diese erfordern jedoch lediglich eine intensive Beschäftigung mit dem Gesetzentwurf und die Möglichkeit aller Parlamentarier, über die Vorlage zu debattieren.[269]

Theoretisch kann dieses Erfordernis aber auch bereits in einer Beratung erfüllt werden; zumindest aber ist das in der Praxis häufige Zusammenlegen der zweiten und dritten Lesung ohne Verfassungsverstoß möglich.[270]

In der Praxis findet die Abstimmung häufig ohne Aussprache statt, so dass sich diesbezüglich die Frage nach einem Verstoß gegen den Grundsatz der Öffentlichkeit stellt. Allerdings erfordert dieser nicht die Abstimmung nach vorhergehender Verhandlung, sondern umfasst lediglich die *Sitzungsöffentlichkeit*[271] sowie die *Berichterstattungsöffentlichkeit*[272].

---

267 Masing, in: v. Mangoldt/Klein/Starck, GG II, Art. 77, Rn. 44.

268 Kokott, in: BK X, Art. 77, Rn. 18; zu den verfassungsrechtlichen Anforderungen an das Gesetzgebungsverfahren vgl. Reicherzer, Authentische Gesetzgebung, S. 422 ff.; Schenke, Verfassungsorgantreue, S. 112 ff.; Bryde, JZ 1998, 115, 119.

269 BVerfGE 112, 363, 366; Bryde, in: Schneider/Zeh, Parlamentsrecht, § 30, Rn. 34.

270 Gegen einen Verfassungsverstoß auch Stettner, in: Dreier, GG II, Art. 77, Rn. 8; Masing, in: v. Mangoldt/Klein/Starck, GG II, Art. 77, Rn. 23; Bryde, in: Schneider/Zeh, Parlamentsrecht, § 30, Rn. 34.

271 Gemeint ist die Offenheit der Plenarsitzung für Zuschauer, Morlok, in: Dreier, GG II, Art. 42, Rn. 26 f.; Magiera, in: Sachs, GG, Art. 42, Rn. 3; Versteyl, in: v. Münch/Kunig, GG II, Art. 42, Rn. 8; Kißler, Die Öffentlichkeitsfunktion, S. 314; Linck, DÖV 1973, 513, 514.

272 Gemeint ist die Berichterstattung über die Inhalte der Plenarsitzung durch staatliche und private Rundfunksender, Morlok, in: Dreier, GG II, Art. 42, Rn. 27; Magiera, in: Sachs, GG, Art. 42, Rn. 3; Versteyl, in: v. Münch/Kunig, GG II, Art. 42, Rn. 8; Kißler, Die Öffentlichkeitsfunktion, S. 317 ff.; Binder, DVBl. 1985, 1112 f.; Linck, DÖV 1973, 513, 514.

Auch durch die Übertragung der weiteren Prüfung des Gesetzentwurfs auf Ausschüsse[273] wird der Öffentlichkeitsgrundsatz nicht verletzt, da er nach Art. 42 Abs. 1 GG nur für Plenarsitzungen gilt. Ausschusssitzungen sind dagegen grundsätzlich nicht öffentlich, allerdings kann die Öffentlichkeit der Sitzung durch den Ausschuss beschlossen werden (vgl. § 69 Abs. 1 S. 1 GOBT).

Gerade die Kontrolle des Gesetzentwurfs durch die Ausschüsse bietet für den Bundestag außerdem die Möglichkeit, Informationen über das Zustandekommen des Gesetzentwurfs zu erlangen. Durch die Hinzuziehung der Ministerialbürokratie und die eventuelle Anhörung anderer Sachverständiger und Interessenvertreter wird der Bundestag später in die Lage versetzt, objektiv die Qualität des Gesetzentwurfs zu bewerten und über eine mögliche Aneignung der Inhalte durch den Beschluss als Gesetz ohne Wissensdefizit gegenüber der einbringenden Bundesregierung zu entscheiden. Die Ausschussarbeit leistet somit einen wichtigen Beitrag zur demokratischen Legitimation eines Gesetzentwurfs.

(3) Notwendige Beteiligung des Bundesrates

Nach der Vorgabe der Verfassung wirken die Länder durch den Bundesrat an der Gesetzgebung zwar nur mit (vgl. Art. 50 GG), jedoch bestehen hinsichtlich der Notwendigkeit der Mitwirkung keine Einschränkungen, so dass der Bundesrat an allen Bundesgesetzen beteiligt werden muss.[274] In welcher Weise dies zu geschehen hat, ist abhängig von der Qualifizierung des Gesetzes als zustimmungsbedürftig oder nicht zustimmungsbedürftig. In jedem Fall aber korrespondiert das Mitwirkungsrecht der Länderkammer einer Pflicht zur Wahrnehmung desselben, wie sich auch aus Art. 77 GG[275] ergibt.

Die nicht zustimmungsbedürftigen Gesetze sollen nach dem Willen des Verfassunggebers den Regelfall aller Bundesgesetze darstellen,[276] was eine logische Folge der Ablehnung des Verständnisses vom Bundesrat als „Zweite Kammer" ist. Die Einflussmöglichkeiten des Bundesrates auf den Gesetzgebungsprozess sollen auf diese Weise gewahrt, andererseits aber auch begrenzt werden.

Die Zustimmungsbedürftigkeit eines Bundesgesetzes muss sich dagegen unmittelbar aus der Verfassung ergeben; andere Erwägungen können hierfür nicht ausschlaggebend sein.[277]

---

273 Vgl. hierzu Zeh, in: Maihofer, Theorie und Methoden der Gesetzgebung, S. 60 ff.

274 BVerfGE 28, 66, 79; Laufer/Münch, Das föderative System, S. 161.

275 Art. 77 Abs. 2 S. 5 GG: „[…] hat der Bundestag erneut Beschluß zu fassen."; Art. 77 Abs. 2a GG: „hat der Bundestag […] Beschluß zu fassen.".

276 Füsslein, in: Leibholz/v. Mangoldt, JöR n.F. 1 (1951), 456 f.

277 BVerfGE 28, 66, 79; Kokott, in: BK X, Art. 77, Rn. 30 ff.; Stettner, in: Dreier, GG II, Art. 77, Rn. 11; Mann, in: Sachs, GG, Art. 77 Rn. 14; Schenke, in: Schneider/Zeh, Parlamentsrecht, § 55, Rn. 21.

(a) Einspruchsgesetze

Die nicht zustimmungsbedürftigen Gesetze werden aufgrund des Verfahrensablaufs als „Einspruchsgesetze“ bezeichnet.[278]

Der Einspruch stellt ein Veto des Bundesrates gegen das Gesetz als Ganzes dar, es können nicht nur einzelne Normen angegriffen werden.[279] Nach Art. 77 Abs. 3 S. 1 GG ist er fristgebunden und kann nur binnen zwei Wochen erfolgen. Das fristauslösende Ereignis ist hierbei nach Art. 77 Abs. 3 S. 2 GG im Falle eines Vorschlags durch den Vermittlungsausschuss der erneute Bundestagsbeschluss, sonst mit der Mitteilung des Vorsitzenden des Vermittlungsausschusses über den Abschluss des Verfahrens.

Eine das Gesetz vernichtende Wirkung hat der Einspruch dabei nicht, vielmehr kann der Bundestag ihn, abhängig vom Abstimmungsergebnis im Bundesrat, überstimmen. Bei einem Beschluss des Einspruchs mit der Mehrheit der Mitglieder im Bundesrat reicht hierzu ebenfalls die Mehrheit der Mitglieder des Bundestages aus, bei einem Beschluss mit Zweidrittelmehrheit durch den Bundesrat muss auch der Bundestag mit dem gleichen Stimmenverhältnis den Einspruch ablehnen, mindestens aber mit der Mehrheit seiner gesetzlichen Mitgliederzahl (vgl. Art. 77 Abs. 4 GG).

(b) Zustimmungsgesetze

Zustimmungsbedürftige Gesetze können nur dann in Kraft treten, wenn ihnen der Bundesrat ausdrücklich zugestimmt hat.[280] Ohne diese Zustimmung kann ein zustimmungsbedürftiges Gesetz nicht verabschiedet werden, so dass der Bundesrat auch die Möglichkeit hätte, das Inkrafttreten eines solchen Gesetzes durch bloße Untätigkeit zu verzögern.[281] Um dieser Missbrauchsmöglichkeit entgegenzuwirken, wurde in Art. 77 Abs. 2a GG eine Verpflichtung des Bundesrates zur Mitteilung seines Beschlusses über die Zustimmung binnen einer „angemessenen Frist“ normiert. Nach dem Verstreichen dieser Frist wird das Schweigen als Ablehnung des Gesetzes aufgefasst.[282]

---

278 Masing, in: v. Mangoldt/Klein/Starck, GG II, Art. 77, Rn. 100; Maunz, in: Maunz/Dürig, GG V, Art. 77, Rn. 17.

279 Stettner, in: Dreier, GG II, Art. 77, Rn. 30; Maunz, in: Maunz/Dürig, GG V, Art. 77, Rn. 17; Bryde, in: v. Münch/Kunig, GG III, Art. 77, Rn. 24.

280 BVerfGE 8, 274, 296; E 28, 66, 79; Masing, in: v. Mangoldt/Klein/Starck, GG II, Art. 77, Rn. 96; Bryde, in: v. Münch/Kunig, GG III, Art. 77, Rn. 19; Bryde, in: Schneider/Zeh, Parlamentsrecht, § 30, Rn. 45.

281 Masing, in: v. Mangoldt/Klein/Starck, GG II, Art. 77, Rn. 97; Bryde, in: v. Münch/Kunig, GG III, Art. 77, Rn. 19.

282 Kokott, in: BK X, Art. 77, Rn. 75; Masing, in: v. Mangoldt/Klein/Starck, GG II, Art. 77, Rn. 98; Maunz, in: Maunz/Dürig, GG V, Art. 77, Rn. 15; Mann, in: Sachs, GG, Art. 77, Rn. 34.

Die Zeitspanne einer „angemessenen Frist“ kann allerdings aufgrund ihrer offensichtlichen Vagheit nicht eindeutig bestimmt werden, sondern ist von den Besonderheiten des Einzelfalls abhängig. Insbesondere muss als Kriterium herangezogen werden, welche Arbeitsbelastung der Bundesrat zu dem Zeitpunkt zu bewältigen hat. Auch ist die Angemessenheit der Entscheidungsfrist abhängig von der Eilbedürftigkeit des Gesetzes.[283]

Die Entscheidung über die Zustimmung oder Ablehnung selbst erfolgt mit der Mehrheit der Stimmen im Bundesrat.[284] Im Gegensatz zu der Entscheidung über den Einspruch bei den nicht zustimmungsbedürftigen Gesetzen kann sie nicht vom Bundestag aufgehoben werden; hierfür wäre eine ausdrückliche Regelung erforderlich, welche durch den Verfassunggeber allerdings nicht erfolgt ist. Dies folgt aus dem Willen des Verfassunggebers zur starken Stellung des Bundesrates bei Zustimmungsgesetzen.

(4) Inkrafttreten des Gesetzes

Nach der Durchführung des eigentlichen Gesetzgebungsverfahrens ist als abschließender Verfahrensschritt noch die Ausfertigung und Verkündung der Gesetze nach Art. 82 Abs. 1 GG erforderlich.

Ausgefertigt werden die Gesetze gemäß Art. 82 Abs. 1 S. 1 GG durch den Bundespräsidenten, der als letztes Staatsorgan am Zustandekommen eines Gesetzes beteiligt ist. Nach einhelliger Meinung in der Literatur wird ihm bei der Ausfertigung ein formelles Prüfungsrecht zugestanden.[285] Dieses beinhaltet die Prüfung des ordnungsgemäßen Zustandekommens des Gesetzes,[286] also die Überprüfung der Einhaltung der Art. 77, 78 GG.

Ein materielles Prüfungsrecht, also die Befugnis zur inhaltlichen Gesetzeskontrolle, ist dagegen aus verschiedenen Gründen abzulehnen:

Der Wortlaut des Art. 82 Abs. 1 S. 1 GG, aus dem einige Vertreter der Literatur eine materielle Prüfungskompetenz ableiten wollen, ist denkbar offen: „Die nach den Vorschriften dieses Grundgesetzes zustande gekommenen Gesetze“

---

283 Kokott, in: BK X, Art. 77, Rn. 75; Masing, in: v. Mangoldt/Klein/Starck, GG II, Art. 77, Rn. 97; Mann, in: Sachs, GG, Art. 77, Rn. 34.

284 Kokott, in: BK X, Art. 77, Rn.. 79; Masing, in: v. Mangoldt/Klein/Starck, GG II, Art. 77, Rn. 99.

285 Bauer, in: Dreier, GG II, Art. 82, Rn. 12; Bryde, in: Schneider/Zeh, Parlamentsrecht, § 30, Rn. 60; Brenner, in: v. Mangoldt/Klein/Starck, GG II, Art. 82, Rn. 23; Nierhaus, in: Sachs, GG, Art. 82, Rn. 6; Degenhart, Staatsrecht I, Rn. 730; Triepel, AöR 39 (1920), 456, 536. Auch für ein materielles Prüfungsrecht sprechen sich dagegen Nierhaus, in: Sachs, GG, Art. 82, Rn. 8; Herzog, in: Festschrift für Karl Carstens, Bd. 2, S. 601, 605, aus.

286 Bauer, in: Dreier, GG II, Art. 82, Rn. 12; Brenner, in: v. Mangoldt/Klein/Starck, GG II, Art. 82, Rn. 23.

können lediglich auf das *formelle* Zustandekommen hindeuten. Hierfür spricht die Verortung der Vorschrift im Abschnitt über die Gesetzgebung. Andererseits könnte die Formulierung auch das *materielle* Zustandekommen einschließen. Abschließend lassen sich hieraus jedoch keine materiellen Prüfungsrechte begründen.[287]

In historischer Hinsicht knüpft Art. 82 Abs. 1 S. 1 GG an die Vorschrift des Art. 70 WRV an. Nach dieser Vorschrift war die Ausfertigung ein formeller Vorgang, der sich auf die Beurkundung „[...] der Echtheit des Gesetzestextes, also die Übereinstimmung der Gesetzesurkunde mit dem vom Reichstag bestimmten Gesetzesinhalt, sowie die Formrichtigkeit des Gesetzgebungsverfahrens [...]"[288] bezog. Es wurde auch schon hier eine Pflicht zur Prüfung der Gesetze angenommen und auch damals bestand schon Streit um ein formelles oder materielles Prüfungsrecht.[289]

Betrachtet man die Ausgestaltung der Rechte und Pflichten des Bundespräsidenten nach dem Grundgesetz in Relation zu derjenigen der Weimarer Reichsverfassung, so ist unstreitig, dass die Stellung des Bundespräsidenten nach heutigem Recht schwächer ausgeprägt ist als nach damaligem Recht.[290] Allerdings bringt auch diese Feststellung keinen Ausweg aus dem Diskurs um das Prüfungsrecht, da man hieraus nicht ersehen kann, welche Rechte entfallen sein sollen.

Einen Zirkelschluss stellt das systematische Argument dar, das den Amtseid des Bundespräsidenten nach Art. 56 GG[291] zur Begründung der materiellen Prüfungskompetenz heranziehen will: Eine Verletzung des Amtseides durch den Bundespräsidenten setzt voraus, dass er die ihm zugewiesenen Pflichten nicht wahrnimmt. Die erstmalige Entstehung von Pflichten durch den Eid kann deshalb gerade nicht angenommen werden.[292]

Allenfalls könnte die Verfassungsbindung aller Staatsorgane nach Art. 20 Abs. 3 GG ein Prüfungsrecht begründen. Diese bindet umfassend auch den Bundespräsidenten, was zur Folge hat, dass er bei der Ausübung seines Amtes

---

287 Maurer, in: BK XI, Art. 82, Rn. 35; Degenhart, Staatsrecht I, Rn. 730.

288 Anschütz, Die Verfassung des dt. Reichs, Art. 70, S. 367.

289 Für ein materielles Prüfungsrecht Anschütz, Die Verfassung des dt. Reichs, Art. 70, S. 367, der mit der Untrennbarkeit der formellen und materiellen Prüfung argumentiert. So auch Thoma, AöR 43 (1922), 267, 278. Dagegen: Grau, AöR 50 (1926), 287, 310 f.; Triepel, AöR 39 (1920), 456, 536; Wertenbruch, DÖV 1952, 201 , 202 f.

290 Friauf, in: Festschrift für Karl Carstens Bd. 2, S. 545, 564.

291 So Arndt, DÖV 1958, 604, 605.

292 Zutreffend Bryde, in: Schneider/Zeh, Parlamentsrecht, § 30, Rn. 61; Degenhart, Staatsrecht I, Rn. 732; Friesenhahn, in: Festschrift für Gerhard Leibholz, Bd. 2, S. 679, 686; Rau, DVBl. 2004, 1, 2.

nicht gegen Verfassungsrecht verstoßen darf. Daraus folgt, dass er auch keinen Beitrag zur Entstehung verfassungswidriger Rechtsakte leisten darf.[293]

Allerdings setzt Art. 20 Abs. 3 GG ähnlich dem Amtseid das Bestehen einer verfassungsrechtlichen Aufgabe bereits voraus und hat keine kompetenzbegründende Wirkung.[294] Zwar ist die umfassende Geltung der Verfassungsbindung unstreitig, zu betonen ist aber, dass diese nicht für Bereiche gelten kann, in denen eine Zuständigkeit eines Staatsorgans nicht originär besteht. Vielmehr muss die Geltung auf solche Materien beschränkt sein, die tatsächlich der (grundgesetzlich) geregelten Kompetenz unterfallen, da ansonsten die Verfassung in gleichem Maße verletzt würde wie durch die Ausfertigung eines verfassungswidrigen Gesetzes.[295] In Betracht käme hier zunächst eine Verletzung der verfassungsrechtlich vorgegebenen Kompetenzordnung, weiterhin sogar eine Beeinträchtigung des Grundsatzes der Gewaltenteilung. Denn bei der Wahrnehmung eigener Aufgaben ist es jedem Staatsorgan untersagt, in den Kernbereich eines anderen Staatsorgans vorzustoßen.[296] Die inhaltliche Gestaltung der Gesetze ist jedoch dem Kernbereich der Zuständigkeit des Bundestages unter Beteiligung des Bundesrates zuzurechnen,[297] die Kontrolle der Gesetze grundsätzlich dem Bundesverfassungsgericht.[298]

Dabei kann die Kompetenzordnung der Verfassung, die eine Verwerfungskompetenz von Gesetzen allein dem Bundesverfassungsgericht zuspricht,[299] die Ablehnung eines Prüfungsrechts aber nicht im Ganzen begründen. Die Annahme einer Prüfungskompetenz des Bundespräsidenten beschränkt nicht diejenige des Bundesverfassungsgerichts. Vielmehr kontrolliert das Bundesverfassungsgericht die Gesetze erst *nach* ihrem Inkrafttreten, der Bundespräsident jedoch *davor*.[300] Eine weitere Kontrollinstanz in diesem Stadium ist hilfreich, um das Wirksam-

---

293 Pieroth, in: Jarass/Pieroth, GG, Art. 82, Rn. 3; Nierhaus, Entscheidung, S. 106; Herzog, in: Festschrift für Gebhard Müller, S. 117, 129 f.

294 Bryde, in: v. Münch/Kunig, GG III, Art. 82, Rn. 7; Friauf, in: Festschrift für Karl Carstens, Bd. 2, S. 545, 559 f. A.A. Maurer, in: BK XI, Art. 82, Rn. 39; Bauer, in: Dreier, GG II, Art. 82, Rn. 13; Brenner, in: v. Mangoldt/Klein/Starck, GG II, Art. 82, Rn. 25; Rau, DVBl. 2004, 1, 2.

295 Bryde, in: v. Münch/Kunig, GG III, Art. 82, Rn. 7.

296 BVerfGE 9, 268, 280, E 34, 52, 59 f.; Schulze-Fielitz, in: Dreier, GG II, Art. 20, Rn. 71; Sachs, in: Sachs, GG, Art. 20, Rn. 93.

297 Bryde, in: v. Münch/Kunig, GG III, Art. 82, Rn. 7; Friauf, in: Festschrift für Karl Carstens, Bd. 2, S. 545, 560.

298 Bryde, in: v. Münch/Kunig, GG III, Art. 82, Rn. 7; Pieroth, in: Jarass/Pieroth, GG, Art. 82, Rn. 3; Friesenhahn, in: Festschrift für Gerhard Leibholz, Bd. 2, S. 679, 689; Weber-Fas, in: Festschrift für Konrad Duden, S. 685 ,703.

299 Vgl. Zippelius/Würtenberger, Staatsrecht, § 48, Rn. 38 f.

300 Wie hier Maurer, in: BK XI, Art. 82, Rn. 43; Degenhart, Staatsrecht I, Rn. 733.

werden verfassungswidriger Gesetze zu unterbinden mit der Folge, dass eine spätere Befassung des Bundesverfassungsgerichts entfällt.

Eine mögliche Lösung des Problems liegt in der Unterscheidung zwischen dem Recht des Bundespräsidenten, Gesetze auf ihre materielle Verfassungskonformität zu *prüfen* und der Folge, ihre Ausfertigung zu *verweigern*. Nach dem bereits Festgestellten kann der Sinn einer weiteren Kontrollinstanz neben Bundestag und Bundesrat nicht bestritten werden. Tatsächlich muss aber auch die Kompetenzordnung des Grundgesetzes herangezogen werden: Durch die Verabschiedung des Gesetzes im Bundestag und die positive Beteiligung des Bundesrates geben beide Organe zu erkennen, dass sie das Gesetz für verfassungsmäßig halten. Da diese Einschätzung auch in ihrem primären Zuständigkeitsbereich liegt, steht es nicht in der Macht des Bundespräsidenten, durch seine Ablehnung des Gesetzes die Beschlüsse der beiden anderen Staatsorgane zu überstimmen. Insofern besteht ein weiter Einschätzungsspielraum des Gesetzgebers.[301]

Allerdings muss es dem Bundespräsidenten möglich sein, in berechtigten Ausnahmefällen das Inkrafttreten des betroffenen Gesetzes zu verhindern. Aus diesem Grund kann er dann auch die Ausfertigung verweigern. Erforderlich dafür ist das Vorliegen eines evidenten Verfassungsbruchs durch die gesetzgebenden Organe,[302] wobei die Evidenz des Verfassungsverstoßes engen Grenzen unterliegt. Insbesondere sind die Folgen der Nichtausfertigung in die Abwägung mit einzubeziehen.[303]

Die Frage nach der Befugnis zur Feststellung eines evidenten Verfassungsverstoßes durch die Beauftragung Privater mit der Erstellung eines Gesetzentwurfs, kann erst an späterer Stelle erörtert werden.[304] Im Ergebnis sollte das Verweigerungsrecht des Bundespräsidenten zur Gesetzesunterzeichnung aber nur im Ausnahmefall zu bejahen sein.

(5) Ergebnis

Die Zweiteilung des Gesetzgebungsverfahrens in einen „inneren" und einen „äußeren" Teil dient der Sicherstellung der Beteiligung mehrerer Staatsorgane an dem Erlass eines Gesetzes. Während das „innere Verfahren" innerhalb der zuständigen Ministerien stattfindet, ist der Bundestag nach der Einbringung in

---

301 Degenhart, Staatsrecht I, Rn. 734; Rau, DVBl. 2004, 1, 2.

302 Bryde, in: v. Münch/Kunig, GG III, Art. 82, Rn. 6; Pieroth, in: Jarass/Pieroth, GG, Art. 82, Rn. 3; Degenhart, Staatsrecht I, Rn. 735; Friauf, in: Festschrift für Karl Carstens, Bd. 2, S. 545, 567. Zum gleichen Ergebnis kommen auch Brenner, in: v. Mangoldt/Klein/Starck, GG II, Art. 82, Rn. 27, und Maurer, in: BK XI, Art. 82, Rn. 46, die das Prüfungsrecht des Bundespräsidenten für verfassungsrechtlich verankert halten.

303 In diese Richtung geht auch die Argumentation von Nettesheim, in: Isensee/Kirchhof, HStR III3, § 62; Rn. 38.

304 Siehe unten D. IV. 3. c).

einem „äußeren Verfahren“ für die Beratung und Verabschiedung des Gesetzes zuständig. Dies ist aufgrund der Natur des Parlaments als Legislativorgan zwingend. Durch die Beteiligung der Bundesregierung werden aber gleichzeitig eine hohe Akzeptanz der eingebrachten Entwürfe sowie in der Regel die Mehrheitsfähigkeit im Parlament sichergestellt. Weitergehende betroffene Interessen sowie Sachverständige und Interessenvertreter können im Rahmen der Ausschussarbeit gehört werden. Außerdem bestehen Kontrollmöglichkeiten durch die Zuleitung an den Bundesrat und die Ausfertigung durch den Bundespräsidenten.

Durch diese weitgehende Berücksichtigung aller betroffenen Interessen bei gleichzeitiger Kontrolle dient das Gesetzgebungsverfahren regelmäßig der Herstellung einer ausreichenden Legitimation des verabschiedeten Gesetzes. Die Erfüllung dieser Legitimitätskriterien ist einem in Kraft getretenen Gesetz nur abzusprechen, wenn das vorgegebene Verfahren nicht eingehalten wurde.

Bezüglich der Auslagerung der Erstellung eines Gesetzes in der Phase des „inneren Gesetzgebungsverfahrens“ besteht jedoch eine Regelungslücke, die auch durch Auslegung des Art. 76 GG nicht vollständig zu schließen ist. Eine Verpflichtung zur ministeriumseigenen Erstellung eines Gesetzentwurfs kann hieraus nicht abgeleitet werden. Auch die Durchführung des weiteren Verfahrens bietet sich zur Lösung dieses Problems nicht an. Insbesondere wird ein Verstoß gegen die übrigen Verfahrensvorschriften durch das Phänomen des Gesetzgebungsoutsourcings regelmäßig nicht stattfinden.

Sehr wohl eignet sich das Gesetzgebungsverfahren dagegen zur *Regulierung* des Einflusses Privater, wenn eine ausreichende Information des Bundestages über diesen Einfluss sichergestellt ist.[305]

b) Legitimationsdefizit durch mangelnde Unabhängigkeit

Die Regelungslücke innerhalb des „inneren Gesetzgebungsverfahrens“ führt dazu, dass die Übertragung der Gesetzentwurferarbeitung auf Private zunächst möglich erscheint. Dieses Phänomen hat jedoch zur Folge, dass Bedenken hinsichtlich der personellen Legitimation des zu verabschiedenden Gesetzes bestehen, da eine unmittelbar auf das Volk zurückgehende Legitimationskette nicht mehr erkennbar ist.

Auch wenn die personelle Legitimation in den Gewalten der Exekutive und Judikative nur gering ausgeprägt ist und sich vor allem auf das Parlament bezieht,[306] muss eine auf den Willen des Volkes zurückgehende Legitimationskette

305 Darauf wird später noch einzugehen sein, vgl. unten D. IV. 3. b).

306 Nur das Parlament ist durch Wahlen unmittelbar demokratisch legitimiert, vgl. hierzu Badura, in: BK VII, Art. 38, Rn. 31 ff.; Morlok, in: Dreier, GG II, Art. 38, Rn. 28; Klein, in: Maunz/Dürig, GG IV, Art. 38, Rn. 30; Achterberg/Schulte, in: v. Mangoldt/Klein/Starck, GG II, Art. 38, Rn. 7; Böckenförde, in: Isensee/Kirchhof, HStR III3, § 34, Rn. 27.

erkennbar sein. Dies ist zumindest dann der Fall, wenn die Aufgabenübertragung „im Auftrag und nach Weisung der Regierung – ohne Bindung an die Willensentschließung einer außerhalb parlamentarischer Verantwortung stehenden Stelle – " erfolgt.[307]

Nun könnte man argumentieren, diese Voraussetzungen seien auch bei der Beauftragung Privater mit der Erstellung eines Gesetzentwurfs eingehalten, da das federführende Ministerium die Inhalte nicht völlig dem beauftragten Rechtsanwalt überlassen wird. Vielmehr enthält der Auftrag Vorgaben des Ministeriums, die bei der Ausarbeitung einzuhalten sind.

Allerdings entzieht sich die Ausführung der Tätigkeit bereits bei der Auslagerung in eine regierungsexterne Stelle der notwendigen Kontrolle. Eine grobe Weisung mag zwar bei der Auftragserteilung bestanden haben. Jedoch bestätigt die Argumentation der Bundesregierung, die Beauftragung geschehe mangels der Beschäftigung eigener ausreichend spezialisierter Mitarbeiter sowie aus Zeitgründen,[308] die Übertragung der Hauptverantwortlichkeit für den Entwurf auf die Anwälte. Ist die zur Ausarbeitung eines Entwurfs zur Verfügung stehende Zeit derart knapp bemessen, dass sich das für die Materie verantwortliche Ministerium nicht in der Lage sieht, die Gesetzesvorlage selbst zu erstellen, so scheint es vermessen, anzunehmen, die Zeit reiche zur vollständigen Überprüfung der Arbeit aus. Jedenfalls in den Fällen, in denen das Outsourcing von Gesetzentwürfen mit der knappen zur Verfügung stehenden Zeit begründet wurde,[309] kann eine ausreichende personelle Legitimation nicht angenommen werden. In diesem Fall wird nämlich eine Arbeit zwar mit dem Willen der Bundesregierung durchgeführt, jedoch nicht ohne Bindung an die Willensentschließung einer außerhalb parlamentarischer Verantwortung stehenden Stelle. Auf die Willensentschließung der beauftragten Rechtsanwälte wird es in diesem Fall gerade entscheidend ankommen.

Zwar repräsentieren die Staatsorgane den Volkswillen, jedoch sind sie an Weisungen Dritter nicht gebunden.[310] Mit der Übertragung der originären Staatsgewalt des Legitimationssubjektes „Volk" auf repräsentierende Staatsorgane ist vielmehr gleichzeitig die Eigenverantwortlichkeit übertragen worden, weshalb die Organe nur noch sich selbst verantwortlich sind. Dies ist Voraussetzung für die Funktionsfähigkeit einer Staatsverwaltung.[311]

Für die Abgeordneten des Bundestages wird dies durch das freie Mandat bestätigt, welches in Art. 38 Abs. 1 S. 2 GG festgelegt ist. Diese Verfassungsnorm

307 BVerfGE 93, 37, 67. In diesem Sinne auch E 107, 59, 87 f.; E 119, 331, 366.

308 Vgl. zur genauen Darstellung oben A. I.

309 Vgl. hierzu BT-Drs. 16/13983 v. 04.09.2009, S. 2; BT-Drs. 16/14022 v. 08.09.2009, S. 2.

310 Böckenförde, in: Isensee/Kirchhof, HStR III3, § 34, Rn. 18; Klein, in: Isensee/Kirchhof, HStR III3, § 51, Rn. 2.

311 So für das Organ des Bundestages Kriele, Einführung in die Staatslehre, S. 240 f.

gilt jedoch nur für Angehörige des Bundestages, so dass sich die Frage stellt, wie die Arbeitsweise der Bundesregierung zu bewerten ist. Aufgrund der gegenüber dem Parlament geringer ausgeprägten personellen Legitimation ist zwar auch für das Handeln der Bundesregierung die Unabhängigkeit gegenüber Weisungen Dritter gewährleistet, denn diese Freiheit muss sich notwendig auf alle Staatsorgane beziehen.[312] Allerdings ist die Unabhängigkeit der Bundesregierung dahingehend einzuschränken, dass eine Verantwortlichkeit gegenüber dem demokratisch legitimierten Parlament besteht.

aa) Eigenverantwortlichkeit der Bundesregierung

Zu den Pflichten der Bundesregierung gehört die Ausübung ihrer Aufgaben frei von den Willenseinflüssen dritter Kräfte. Diese Pflicht könnte durch die Beauftragung Dritter mit der Erstellung eines Gesetzentwurfs verletzt werden.[313]

Zwar ist die Bundesregierung gemäß Art. 76 Abs. 1 GG grundsätzlich nur als Ganzes berechtigt, einen Gesetzentwurf in den Bundestag einzubringen, dies bedeutet jedoch im Rückschluss nicht, dass sie auch nur als Ganzes zur Anfertigung des Entwurfs berechtigt wäre. Wie bereits dargestellt, ist die Beauftragung des auf die regelungsbedürftige Materie spezialisierten Ministeriums die Regel.[314] Gegen die verfassungsrechtliche Zulässigkeit dieses Vorgehens bestehen auch keine Bedenken.

Bereits die Unterstützung des zuständigen durch einen eigentlich unzuständigen Amtsträger ist nur begrenzt möglich. Von dem Grundsatz der Eigenverantwortlichkeit darf nur bei Vorliegen eines besonderen sachlichen Grundes abgewichen werden.[315] Für die Beauftragung Privater mit staatlichen Aufgaben kann nichts anderes gelten.

Die weitergehende Beauftragung von Rechtsanwälten durch das federführende Ministerium stellt einen weitgehenden Verlust der Eigenständigkeit dar.

Zu differenzieren ist zwischen der bloßen Beratung durch Private bei der Erstellung eines Gesetzentwurfs und der tatsächlichen Erstellung dieser Vorlage durch die Rechtsanwälte. Während bei ersterem Vorgang die hauptsächliche Tätigkeit innerhalb des Ministeriums verbleibt und dieses damit eigenverantwortlich tätig wird, gibt es diese Eigenständigkeit bei der Beauftragung anderer mit

312 Auch Böckenförde, in: Isensee/Kirchhof, HStR III3, § 34, Rn. 18, spricht in allgemeiner Form von den „Leitungsorganen“.

313 Auch das BVerfG nennt ausdrücklich den „Grundsatz eigenverantwortlicher Aufgabenwahrnehmung“ und verlangt für Abweichungen hiervon das Vorliegen eines besonderen sachlichen Grundes, E 63, 1, 41.

314 Vgl. oben B. I. 2. a) aa) (1).

315 BVerfGE 63, 1, 41; E 119, 331, 366. Zum Grundsatz eigenverantwortlicher Aufgabenwahrnehmung siehe Grawert, Verwaltungsabkommen zwischen Bund und Ländern, S. 195.

der Erstellung eines Gesetzentwurfs in vollem Umfang ab. Zwar eignet sich die Bundesregierung als Organ in einem späteren Schritt den Entwurf als eigenen zu und übernimmt damit im Außenverhältnis die Verantwortung, die fehlende Eigenständigkeit bei der Durchführung der staatlichen Aufgabe kann dadurch allerdings nicht geheilt werden. Die Gesetzesvorlage stellt sich als Werk der Anwälte dar, nicht als ein solches des Ministeriums. Damit dominieren die Willenseinflüsse dritter Kräfte; eine Bindung der Rechtsanwälte an private Interessen kann weiterhin nicht ausgeschlossen werden, so dass den Anforderungen an eine Eigenverantwortlichkeit der Staatsorgane nicht Genüge getan wird.[316]

bb) Verantwortungszusammenhang

Der Gegenpunkt zur Eigenständigkeit ist die Verantwortlichkeit der Bundesregierung gegenüber anderen Stellen. Auch diesbezüglich könnte die Praxis des Gesetzgebungsoutsourcings ein verfassungsrechtliches Problem darstellen.

(1) Verantwortung gegenüber dem Parlament

Zunächst besteht ein Verantwortungszusammenhang zwischen der Bundesregierung und dem Parlament.[317] Dies bedeutet, dass einerseits die Regierung als Staatsorgan dem Bundestag verantwortlich ist. Diese Verantwortlichkeit bezieht sich darüber hinaus aber auch auf die einzelnen Minister als Angehörige der Regierung.[318] Inhaltlich umfasst sind alle Amtshandlungen der Minister,[319] so dass auch in Bezug auf die Erstellung eines Gesetzentwurfs keine Ausnahme zu machen ist. Auch diesbezüglich muss der die Ausarbeitung auslagernde Minister grundsätzlich in der Lage sein, alle eventuellen Fragen des Bundestags zu beantworten. Die Verantwortlichkeit setzt also das Wissen des Bundesministers um den Inhalt der in seinem Ministerium erstellten Arbeiten voraus.

Findet die Fertigung einer Gesetzesvorlage nicht innerhalb des Ministeriums statt, ist auf Seiten des Ministers ein Informationsdefizit zu befürchten, welches sich auf die Qualität der Beantwortung parlamentarischer Fragen auswirken wird.

---

316 Krüper, JZ 2010, 655, 660, verortet die Forderung nach einem Ausgleich möglicher Einflüsse in der „Allgemeinheit des Gesetzgebers“.

317 Herzog, in: Maunz/Dürig, GG V, Art. 62, Rn. 85; Böckenförde, in: Isensee/Kirchhof, HStR III3, § 34, Rn. 19; Schröder, in: Isensee/Kirchhof, HStR III3, § 65, Rn. 51; Stern, Staatsrecht II, § 31, S. 300. Grundlegend zu den Einzelfragen der Verantwortlichkeit Kröger, Ministerverantwortlichkeit, passim.

318 Stern, Staatsrecht II, § 31, S. 315; Kröger, Ministerverantwortlichkeit, S. 7.

319 Schröder, in: Isensee/Kirchhof, HStR III3, § 65, Rn. 56; Stern, Staatsrecht II, § 31, S. 317; Kröger, Ministerverantwortlichkeit, S. 17 ff.

In diesem Falle könnte jedoch von einer Freistellung von der parlamentarischen Verantwortlichkeit auszugehen sein. Dies setzt die Interpretation voraus, dass der Minister nur für solche Arbeiten einzustehen hat, die ihm auch persönlich zurechenbar sind.[320] Dies sind einerseits natürlich diejenigen Amtshandlungen, die er selbst vorgenommen hat, aber auch diejenigen seiner Mitarbeiter, die gebilligt oder trotz der vorhandenen Möglichkeit nicht unterbunden wurden.[321] Nach diesem Verständnis bestünde somit keine parlamentarische Verantwortlichkeit für die Tätigkeit Privater, da diese außerhalb des Ministeriums stattfindet.

Eine solche Einschränkung der parlamentarischen Ministerverantwortlichkeit ist jedoch abzulehnen, da sie dem Zweck widerspräche, die Arbeit der Regierungsmitglieder möglichst umfassend einer parlamentarischen Kontrolle zuzuführen.[322] Außerdem bestünde bei nur beschränkter parlamentarischer Kontrolle die Gefahr einer bewussten Ausnutzung der Regelungslücke, da die Auslagerung von Regierungsaufgaben den Minister von seiner Verantwortung befreien könnte. Dies ist aber gerade nicht gewollt.

Im Einzelnen stehen dem Bundestag verschiedene Kontrollmöglichkeiten zur Verfügung; relevant wird hier vor allem die Rechenschaftspflicht der Bundesregierung gegenüber dem Bundestag, die mithilfe der parlamentarischen Fragerechte aus Art. 43 f. GG durchgesetzt werden kann.[323]

Zum Zwecke der effektiven Geltendmachung dieser Kontrollrechte ist es die Pflicht der Minister, die inhaltlichen Begebenheiten der outgesourcten Arbeiten bis ins Detail zu kennen. Dies ist aber nur bei einer tatsächlichen Beschäftigung mit der Thematik möglich. Bei einer Vergabe des Auftrags an externe Rechtsanwälte werden diese zwar auf Initiative des Fachministers tätig, dies ersetzt jedoch nicht die fehlende ausführliche Einarbeitung in die Materie, die die Grundlage für das bei einer parlamentarischen Befragung notwendige Wissen bilden würde.

Eine Verletzung der parlamentarischen Verantwortung durch das Gesetzgebungsoutsourcing ist somit wahrscheinlich.

320 So Stern, Staatsrecht II, § 31, S. 319.

321 Stern, Staatsrecht II, § 31, S. 319 f.

322 Schröder, in: Isensee/Kirchhof, HStR III3, § 65, Rn. 57; Mehde, DVBl. 2001, 13, 15 ff.

323 Im Einzelnen zu den Pflichten der Bundesregierung Kröger, Ministerverantwortlichkeit, S. 17 ff. Zu den Kontrollinstrumenten des Bundestages a.a.O., S. 142 ff. Kritisch in Bezug auf die tatsächliche Wirksamkeit der Kontrollrechte Herzog, in: Maunz/Dürig, GG V, Art. 62, Rn. 86 ff.

(2) Verantwortung gegenüber dem Legitimationssubjekt „Volk"

Ein Verantwortungszusammenhang besteht aber nicht nur gegenüber dem Parlament, sondern auch gegenüber dem Legitimationssubjekt, der deutschen Bevölkerung.

Als essentieller Bestandteil des Demokratieprinzips steht diesem die Möglichkeit zur freien Meinungsbildung zu.[324] Es hat aber auch einen Anspruch auf Information über das Handeln der von ihm gewählten Staatsorgane. Die Einforderung solcher Informationen kann insbesondere über das Prinzip der Öffentlichkeit geschehen.

(a) Meinungsbildung des Volkes

Zur Gewährleistung der freien Meinungsbildung des Volkes ist zum einen die Gewährleistung der Meinungsvielfalt sowohl der individuellen Personen als auch diejenige in den Medien erforderlich. Dies geschieht zum einen durch die Kommunikationsgrundrechte der Meinungs- und Pressefreiheit, Art. 5 Abs. 1 S. 1 und 2 GG,[325] welche „für die freiheitliche Demokratie schlechthin konstituierend"[326] sind.

Zum anderen wird die kollektive Meinungsbildung durch die Beteiligung politischer Parteien „bei der [...] Willensbildung des Volkes"[327] gewährleistet. Zu betonen ist hierbei die Art der Beteiligung, nämlich die anteilige *Mitwirkung*. Es ist also zu vermeiden, dass eine politische Beteiligung der Bevölkerung ausschließlich durch die Parteien stattfindet.[328] Auf der anderen Seite ist die Betätigung der Parteien, auch außerhalb der Wahlphase, die wirksamste Art der politischen Willensbildung, da diese durch ihre konstante Auseinandersetzung untereinander die Ziele der Politik vorgeben.[329] Die Möglichkeit der Einflussnahme ist in diesen Vereinigungen[330] größer als eine solche durch Einzelpersonen, denn es ist davon auszugehen, dass sie den Willen einer größeren Bevölkerungsgruppe abbilden und durchzusetzen suchen, während diese Zielrichtung bei einzelnen Bürgern nicht angenommen werden kann.[331]

---

324 BVerfGE 20, 56, 97; E 44, 125, 139; E 91, 262, 267; E 120, 82, 104.

325 Robbers, in: BK V, Art. 20, Rn. 517 f.; Sommermann, in: v. Mangoldt/Klein/Starck, GG II, Art. 20, Rn. 84; Doehring, Staatsrecht, S. 128.

326 BVerfGE 33, 1, 15. So auch bereits BVerfGE 5, 85, 134 f.; E 7, 198, 208; E 12, 113, 125; E 20, 56, 97.

327 Vgl. Art. 21 Abs. 1 S. 1 GG.

328 BVerfGE 85, 264, 284.

329 Robbers, in: BK V, Art. 20, Rn. 660, 664.

330 Denn nichts anderes als speziell geregelte Vereinigungen nach Art. 9 GG sind Parteien, vgl. hierzu BVerfGE 2, 1, 13.

331 BVerfGE 85, 264, 284; Robbers, in: BK V, Art. 20, Rn. 664.

Zur effektiven Verwirklichung der öffentlichen Meinungsbildung ist es unverzichtbar, dass die Gesellschaft auch an der Staatstätigkeit beteiligt wird, sofern dies möglich erscheint. Dies kann zum einen durch die Hinzuziehung Einzelner als Sachverständige[332] aber auch durch die Einbeziehung ganzer Gruppen durch Interessenvertreter umgesetzt werden.[333]

Teilweise geschieht diese Einbeziehung durch gesetzliche Vorschrift,[334] in anderen Fällen wird die Beteiligung aufgrund eines tatsächlichen staatlichen Wissensdefizits in sachlicher oder interessenspezifischer Hinsicht notwendig.

Insofern erscheint gerade die Hinzuziehung von Rechtsanwälten, die sowohl Sachverständige als auch Interessenvertreter darstellen können, als eine Ausprägung der Beteiligung des Volkes. Eine andere Betrachtung könnte hier nur durch die extensive Beteiligung der Rechtsanwälte angezeigt sein, deren Tätigkeit sich eben nicht auf die bloße Beratung der Ministerien beschränkt, sondern gleich die Ausarbeitung eines Gesetzentwurfs einschließt. Dieser Ansatz ist allerdings abzulehnen, da zum einen faktisch das Wissensdefizit des Ministeriums durch die Arbeit der Anwälte ausgeglichen wird und somit der Zweck der Beteiligung Privater erreicht wird. Zum anderen ist nicht ersichtlich, inwieweit die Art der Beteiligung einen beschneidenden Einfluss auf die Willensbildung des Volkes ausüben könnte.

Ein Verstoß des Gesetzgebungsoutsourcings hiergegen ist somit nicht auszumachen.

(b) Prinzip der Öffentlichkeit

Anzudenken ist weiter ein Verstoß gegen das Prinzip der Öffentlichkeit, wenn das „Outsourcing" von Gesetzentwürfen einen Themenbereich darstellte, der dem Erfordernis der Öffentlichkeitsarbeit unterfiele.

Im Gegensatz zur Freiheit der Wahl und der Meinungsfreiheit ergibt sich das Öffentlichkeitserfordernis nicht unmittelbar aus der Verfassung selbst, sondern aus der Zielrichtung der parlamentarischen Demokratie. Da das Volk die Grundlage aller Staatsgewalt ist, müssen die Entscheidungsverfahren staatlicher Organe allgemein verständlich sein, um die Billigung des Volkes und so die Legitimation sicher zu stellen.[335]

---

332 Vgl. zur Möglichkeit der sachverständigen Beratung bereits oben A. III.

333 Voßkuhle, in: Isensee/Kirchhof, HStR III3, § 43, Rn. 17. Zur demokratischen Funktion der Heranziehung von Sachverständigen vgl. Dagtoglou, Der Private in der Verwaltung, S. 125.

334 Vgl. bereits oben A. III. 3. a) bb).

335 BVerfGE 70, 324, 355; E 103, 44, 63. Zur parlamentarischen Repräsentation vgl. Volkmann, in: Friauf, Berliner Kommentar, Art. 20, Rn. 23; Badura, in: Isensee/Kirchhof, HStR II3, § 25, Rn. 34 ff.; Hofmann/Dreier, in: Schneider/Zeh, Parlamentsrecht, § 5, Rn. 16 ff.

In Bezug auf die Legislative findet sich das Öffentlichkeitsprinzip insbesondere in Art. 42 und 44 GG wieder. Art. 42 Abs. 1 S. 1 GG besagt: „Der Bundestag verhandelt öffentlich." Das Gebot der Öffentlichkeit bezieht sich dabei nicht nur auf Parlamentssitzungen selbst. Nach Art. 44 Abs. 1 S. 1 GG erhebt auch der Unteruntersuchungsausschuss „in öffentlicher Verhandlung die erforderlichen Beweise". Die Gründe für die Öffentlichkeit des Parlaments liegen vor allem in dessen Repräsentationsfunktion. Die politische Repräsentation des Volkes bedingt sich nämlich durch hinreichenden Austausch mit dem Volk, der nur durch die Öffentlichkeit des parlamentarischen Handelns gewährleistet werden kann.[336] Auf der anderen Seite ist es den Abgeordneten auch möglich, durch die Öffentlichkeit die Unterstützung des Volkes zu gewinnen oder zu verstärken und somit die eigene Beliebtheit zu steigern. Sie ist also auch politisches Werkzeug und dient Repräsentanten und Repräsentierten gleichermaßen.[337]

Im Vergleich dazu trifft die Verfassung keine Regelung bezüglich der Öffentlichkeit der Exekutive. Aus der Pflicht der Bundesregierung, ihre Vorhaben in verständlicher und übersichtlicher Weise den Bürgern nahezubringen, lässt sich jedoch herleiten, dass sich das Erfordernis der Öffentlichkeit auch auf sie bezieht.[338] Im Gegensatz zum Parlament, welches öffentlich verhandelt und dadurch dieser demokratischen Voraussetzung genügt, existiert auf exekutiver Ebene eine solche Möglichkeit nicht, so dass die Regierung auf eigene Öffentlichkeitsarbeit angewiesen ist. Diese ist unerlässliches Kriterium für die Willensbildung des Volkes, da nur so die Kontrolle der Regierung sichergestellt werden kann.[339] Die Grenze zur unzulässigen Wahlwerbung darf indes nicht überschritten werden, die Willensbildung verläuft vom Volk zu den Staatsorganen, keineswegs aber andersherum.[340]

Das Bundesverfassungsgericht spricht nur von der notwendigen Verständlichkeit von „Politik, [...] Maßnahmen und Vorhaben"[341]. Dies betrifft die *inhaltliche* Verständlichkeit der Vorhaben. Die Bundesregierung steht also in der Pflicht, die Zielrichtung ihrer Politik zu erläutern.[342] Dagegen erstreckt sich die Informationspflicht offensichtlich nicht grundsätzlich auch auf die Art der Durchführung, die Arbeitsweise bleibt organinternen Anordnungen überlassen.

In diesem Zusammenhang ist allerdings daran zu erinnern, dass auch in der Exekutive ein (geringer) personeller Legitimationszusammenhang besteht. Führt die Bundesregierung eine ihr originär zustehende Aufgabe wie das Erstellen von Gesetzesvorlagen aus, so ist sie, wie ausgeführt, an die Zusammenarbeit mit

---

336 Klein, in: Maunz/Dürig, GG IV, Art. 42, Rn. 27.

337 Klein, in: Maunz/Dürig, GG IV, Art. 42, Rn. 28.

338 BVerfGE 20, 56, 100; E 44, 125, 147; E 63, 230, 242 f.

339 BVerfGE 44, 125, 147; E 63, 230, 242 f.; Robbers, in: BK V, Art. 20, Rn. 637.

340 BVerfGE 20, 56, 99; E 107, 339, 360 f.

341 BVerfGE 20, 56, 100. Vgl. auch E 44, 125, 147; E 63, 230, 242 f.

342 Robbers, in: BK V, Art. 20, Rn. 636.

ebenfalls legitimierten Amtsträgern gebunden. Zieht die Bundesregierung dagegen nicht legitimierte Private hinzu, wird die Legitimationskette unterbrochen. Dies betrifft gleichzeitig das Interesse des Volkes an seiner Souveränität, denn die Beauftragung von Privaten überschreitet die Grenze der durch das Legitimationssubjekt übertragenen Befugnisse. In der Folge könnte sich ein Informationsanspruch über die Vorgehensweise gegen die Bundesregierung ergeben.[343]

Derartige Ansprüche gewährt das Demokratieprinzip selbst aber nicht, sondern es verlangt lediglich einen allgemeinen Öffentlichkeitsgrundsatz.[344] Ein Informationsanspruch der Bevölkerung würde in diesem Zusammenhang voraussetzen, dass es keine andere Möglichkeit gäbe, dem Öffentlichkeitsgrundsatz Rechnung zu tragen. Dies ist aber nicht der Fall, der Regierung steht in dieser Hinsicht Ermessen zu.[345]

Eine Informationspflicht der Bundesregierung über ihr Handeln ergibt sich auch nicht aus der Informationsfreiheit nach Art. 5 Abs. 1 GG. Hierdurch wird vielmehr nur das Recht der Bürger geschützt, nach Informationen zu suchen, nicht jedoch ein Anspruch auf Erhalt dieser Informationen.[346]

Somit besteht die grundsätzliche Pflicht der Bundesregierung, dem Grundsatz der Publizität auch bei der Beauftragung Privater Rechnung zu tragen. Daraus ergibt sich zwar kein spezifischer Anspruch der Bevölkerung auf umfassende Informationen, die politischen Ziele hinter dem Regierungshandeln müssen jedoch hervortreten.

(c) Insbesondere: Transparenzgebot

Aus dem Prinzip der Öffentlichkeit kann das Transparenzgebot abgeleitet werden, welches die klare Erkennbarkeit der Entscheidungsfindungsprozesse im Parlament anmahnt.[347] Es gilt aber nicht nur für parlamentarisches Handeln, sondern kann auch auf die Tätigkeiten der Bundesregierung übertragen werden.

Transparenz heißt zunächst Durchschaubarkeit und Nachvollziehbarkeit.[348] Dies zu gewährleisten, setzt voraus, den Betroffenen die nötigen Informationen

---

343 Zwar werden konkrete Informationspflichten bezüglich der Handlungen der Regierung grds. abgelehnt, vgl. Robbers, in: BK V, Art. 20, Rn. 638; Pieroth, in: Jarass/Pieroth, GG, Art. 20, Rn. 13; Kloepfer, in: Isensee/Kirchhof, HStR III3, § 42, Rn. 56. Allerdings wurden von Rechtsprechung und Literatur einzelne spezifische Informationspflichten bereits anerkannt, beispielsweise im Hinblick auf das Verwaltungsverfahren, vgl. BVerfGE 120, 351, 362 f.; Jarass, in: Jarass/Pieroth, GG, Art. 19, Rn. 72 ff.

344 Vgl. BVerfGE 70, 324, 358; E 103, 44, 63.

345 Bezüglich des Anspruchs auf Akteneinsicht Leisner, Öffentlichkeitsarbeit, S. 121 f.

346 BVerfGE 103, 44, 59 f.

347 Robbers, in: BK V, Art. 20, Rn. 633.

348 Duden, Das große Wörterbuch der deutschen Sprache, abrufbar unter http://www.duden.de/rechtschreibung/Transparenz (Abruf am 03.03.2012).

zur Verfügung zu stellen.[349] Insofern knüpft das Transparenzprinzip an das Gebot der Öffentlichkeit an. Allerdings kann die ungefilterte Herausgabe von Informationen auch dazu führen, dass keineswegs die Durchschaubarkeit einer Materie sichergestellt, sondern gerade das Gegenteil erreicht wird: Zu viele Informationen erschweren das Verständnis.[350] Der Transparenzbegriff ist deshalb dahingehend auszulegen, dass es nicht ausschließlich auf die Bereitstellung möglichst vieler Informationen ankommt, sondern vielmehr auf deren richtige Sortierung und ein angemessenes Maß.

Hieraus könnte sich wiederum ein Anspruch der Bevölkerung auf Herausgabe von Informationen über das Handeln der Bundesregierung ergeben. Allerdings ist auch durch das Transparenzprinzip ein solcher Anspruch nicht herzuleiten, da er den Bürgern eine Mitwirkungsmöglichkeit an der Staatsführung in Form der direkten Demokratie eröffnen würde, die in der repräsentativen Demokratie nicht vorgesehen ist. Transparenz kann jedoch nicht mehr gewährleisten als es die gewählte Staatsform erlaubt. Somit gebietet auch das Transparenzprinzip auf der Seite der Bürger parallel zum Öffentlichkeitsprinzip nur die Freiheit, nach Informationen zu streben, nicht jedoch deren volle Gewährung.[351]

Auch wenn im Hinblick auf die repräsentative Demokratie ein Anspruch auf Informationsherausgabe abzulehnen ist, so darf doch nicht verkannt werden, dass dies die Bundesregierung nicht von ihrer Pflicht zu transparentem Handeln freistellt. Im Gegensatz zum Prinzip der Öffentlichkeit, nach dem im Bereich der Exekutive lediglich die Ziele der Politik erkennbar sein müssen, geht das Transparenzprinzip mit seinen Vorgaben hierüber hinaus, da keine Beschränkungen bezüglich der Informationsgewährung auf bestimmte Handlungsweisen bestehen.

Die Vergabe eines Auftrags zur Erstellung eines Gesetzentwurfs an private Kanzleien ohne gleichzeitige Offenlegung dieses Vorganges und seiner Zwecke verstößt somit gegen den Grundsatz der Transparenz staatlichen Handelns.

cc) Ergebnis

In der Staatsform der parlamentarischen Demokratie kommt es bei allem Regierungshandeln und damit auch bei der Beauftragung durch Private entscheidend auf die personelle Legitimation an. Erforderlich ist eine Handlung „ohne Bindung an die Willensentschließung einer außerhalb parlamentarischer Verantwortung stehenden Stelle“.[352] Im Falle des Gesetzgebungsoutsourcings ist dies nicht

349 Bröhmer, Transparenz als Verfassungsprinzip, S. 18.

350 Bröhmer, Transparenz als Verfassungsprinzip, S. 18.

351 Bröhmer, Transparenz als Verfassungsprinzip, S. 19, sieht ebenfalls keine Notwendigkeit für das Erfordernis der Existenz direktdemokratischer Elemente in der repräsentativen Demokratie.

352 BVerfGE 93, 37, 67.

der Fall, hier wird es vielmehr auf die Willensbildung der Rechtsanwälte ankommen, welche den Gesetzentwurf erarbeiten. Der Bundesregierung kommt in diesem Zusammenhang nur die Rolle des Initiators, nicht aber des Erstellers der Gesetzesvorlage zu. Eine ausreichende personelle Legitimation der Entscheidungen kann bei der Auslagerung von Gesetzentwürfen nicht angenommen werden.

Auch die erforderliche Eigenständigkeit des staatlichen Handelns ist durch die Beauftragung Privater mit der Erstellung eines Gesetzentwurfs gefährdet. Denn im Gegensatz zu der „reinen" sachverständigen Beratung, bei der die Letztentscheidungskompetenz bei der Bundesregierung verbleibt, ist die staatliche Entscheidung beim Gesetzgebungsoutsourcing auf die Vorgabe der Rechtsanwälte beschränkt, es ist ein Abhängigkeitsverhältnis erkennbar. Die aufgrund von begrenzten zeitlichen Ressourcen beauftragten Rechtsanwälte übernehmen die Ministerialaufgaben, dem Ministerium sowie schließlich dem Kabinett verbleibt es nur noch, den ausgearbeiteten Entwurf anzuerkennen, damit er im Anschluss ins Parlament eingebracht werden kann. Die Alternativlosigkeit der Beauftragung von Rechtsanwaltskanzleien zur Erstellung eines Gesetzentwurfs korrespondiert damit einer Alternativlosigkeit der Einbringung und Verabschiedung.

Dies birgt die Gefahr, dass die Verantwortlichkeit der Bundesregierung gegenüber dem Parlament nicht mehr gewährleistet ist. Auch im Falle der outgesourcten Arbeiten ist es die Pflicht der Minister, im Detail über den Auftrag informiert zu sein, um in der Folge ihren Informationspflichten gegenüber dem Parlament nachkommen zu können. Geschieht die Auslagerung jedoch aus Zeitdruck, kann hiervon nicht immer ausgegangen werden.

Gegenüber der Bevölkerung als Legitimationssubjekt staatlicher Gewalt scheint die Verantwortung dagegen in weiten Teilen auch bei der Praxis des Gesetzgebungsoutsourcings gewährleistet. In Bezug auf die Meinungsbildung des Volkes ist eine Beeinträchtigung nicht zu erkennen. Vielmehr geschieht durch die Übertragung der Ministerialarbeit auf Rechtsanwälte eine Einbeziehung von Privaten, die sonst über den Weg der Anhörung von Sachverständigen und Interessenvertretern geschehen wäre. Dass die Beauftragung über die Anhörung von Sachverständigen weit hinausgeht, stellt insofern kein Problem dar, da hierdurch die Einbeziehung Privater in intensiverer Weise gewährleistet wird. Probleme sind in diesem Zusammenhang nicht zu erkennen.

Ein Informationsanspruch des Volkes über das Handeln der Regierung und damit auch über die eventuelle Beauftragung Privater besteht nicht. Voraussetzung für die gegebene Verantwortlichkeit gegenüber der Bevölkerung ist lediglich, dass die Ziele der Politik erkennbar sein müssen. Wie die Handlungen im Einzelnen durchgeführt werden, steht dagegen im Ermessen der Bundesregierung.

Eine Ableitung des Informationsanspruchs aus dem allgemeinen Transparenzprinzip kommt ebenfalls nicht in Frage. Allerdings ist zu beachten, dass es trotzdem den Pflichten der Bundesregierung unterfällt, die Bevölkerung in einem angemessenen Maße über ihre Tätigkeiten zu informieren. Dass grundsätzlich keine Möglichkeit der Bürger zur Erzwingung der Herausgabe von Informationen besteht, entbindet die Regierung nicht von der Einhaltung ihrer Pflichten. Beauftragt die Bundesregierung also private Rechtsanwälte, ohne Informationen über diesen Vorgang der Öffentlichkeit zugänglich zu machen, so verstößt sie damit gegen die Vorgabe, ausreichende Transparenz zu gewährleisten.

II. Verstoß gegen das Gemeinwohl

In einem engen Zusammenhang mit dem Demokratieprinzip ist die Idee vom Gemeinwohl einzuordnen.

1. Begriffsbestimmung: Grundentscheidung für den Individualismus

Bezüglich der inhaltlichen Bestimmung des Gemeinwohlbegriffs stehen sich zwei gegensätzliche Auffassungen gegenüber. Zum einen die *individualistisch* geprägte Strömung, nach der Einzelinteressen den Staat prägen, welcher als solcher nur von relativer, veränderlicher Natur ist. Diese Interessen bilden in der Folge das Gemeinwohl.[353]

Auf der anderen Seite sieht die *überindividualistische* Staatsauffassung den Staat selbst als Bezugspunkt des Gemeinwohls und Grundbedingung der Entstehung von Individualinteressen. Das Individuum ist Teil der Gemeinschaft und verwirklicht sich erst hierin. Dementsprechend können nach dieser Ansicht nur die Staatsinteressen das Gemeinwohl ausmachen.[354]

Das Grundgesetz entschied sich für den individualistischen Gemeinwohlbegriff:

Einerseits postuliert die Verfassung in Art. 20 Abs. 1 GG den Aufbau des Staates als demokratischen Bundesstaat und greift die demokratischen Grundsätze in Art. 28 Abs. 1 S. 1 GG noch einmal auf. Dieses anthropozentrische

---

353 Eine genaue Darstellung erfolgt bei Heller, Gesammelte Schriften I, S. 26 f.; Radbruch, Rechtsphilosophie, S. 145 ff., 153 ff., 225 ff.; ders., Vorschule der Rechtsphilosophie, § 8.

354 Heller, Gesammelte Schriften I, S. 26 f.; Radbruch, Rechtsphilosophie, S. 145 ff., 153 ff., 225 ff.; ders., Vorschule der Rechtsphilosophie, § 8.

Weltbild kommt weiterhin in Art. 1 Abs. 1 GG zum Ausdruck.[355] Die Unantastbarkeit der Menschenwürde ist Ausdruck der Werteordnung des Grundgesetzes,[356] welche insbesondere die Selbstbestimmung des Einzelnen sowie die Solidarität mit anderen proklamiert.[357]

Der Selbstzweck des Staates nach der überindividualistischen Auffassung wird damit bereits durch die Verfassung abgelehnt. Demzufolge ist es die Aufgabe allen staatlichen Handelns, sich auf die Bürger auszurichten und ihnen zu dienen.[358]

a) Verwirklichung des Gemeinwohls durch Wahrnehmung von Partialinteressen

Aufgrund dieser dienenden Funktion kann in negativer Hinsicht bestimmt werden, welches Handeln dem Gemeinwohlbegriff zuwiderläuft: Die ausschließliche Verwirklichung von Partialinteressen kann niemals der gesamten Bevölkerung zugutekommen, sondern immer nur einem Teil der Menschen.

So verhält es sich beispielsweise mit der Führung von Angriffskriegen, welche weitgehend ausgeschlossen sein sollen. Ein solches staatliches Verhalten ist nur zur Förderung von Interessen eines geringen Bevölkerungsteils geeignet, dem Wohlergehen eines gesamten Volkes kann es jedoch nicht dienen.[359]

Die Kriegsführung kann auch nicht als unvermeidliche Folge der Unterschiede zwischen verschiedenen Staaten betrachtet werden.[360] Zwar kann das Gemeinwohl immer nur für Gesellschaften festgestellt werden, die sich in einem Staatsgebiet zusammengefunden haben und es entspricht nicht notwendig der Vorstellung eines anderen Volkes auf anderem Territorium, so dass sich unweigerlich Konflikte ergeben.[361] Zur Konfliktbewältigung zwischen diesen Staaten taugen kriegerische Auseinandersetzungen aber nicht, denn die dabei unvermeidlichen menschlichen Opfer und finanziellen Verluste schaden beiden Völkern gleichermaßen.

Weiter steht die ausschließliche Verfolgung persönlicher Interessen der Staatsdiener der Verwirklichung des Gemeinwohls entgegen, wenn diese nicht gleichzeitig auch der Aufgabe des Staates zur Förderung eben jenes Gemein-

---

355 Zum anthropozentrischen Charakter der Verfassung Herzog, Allgemeine Staatslehre, S. 141 f.

356 Zur Werteordnung des Grundgesetzes bereits Dürig, AöR 81 (1956), 117, 119 ff.

357 BVerfGE 2, 1, 12; E 4, 7, 15 f.; E 5, 85, 204 f.; E 39, 1, 67; Herdegen, in: Maunz/Dürig, GG I, Art. 1, Rn. 29.

358 v. Arnim, Gemeinwohl und Gruppeninteressen, S. 15.

359 Hierzu v. Arnim, Gemeinwohl und Gruppeninteressen, S. 15, sowie Heller, Gesammelte Schriften I, S. 146 ff. A.A. Jellinek, Allgemeine Staatslehre, S. 255 f.

360 Ryffel, Grundprobleme der Rechts- und Staatsphilosophie, S. 452.

361 Ryffel, Grundprobleme der Rechts- und Staatsphilosophie, S. 452.

wohls zuträglich ist.[362] Unterschiedliche Behandlungsweisen lässt der Gleichheitssatz zwar zu. Diese sind jedoch nur unter bestimmten Voraussetzungen möglich, die sich nach dem jeweiligen Sachgebiet richten.[363]

Versucht man bereits hier die Anstellung eines Vergleichs dieser Negativbeispiele mit der Beauftragung Privater zur Erstellung eines Gesetzentwurfs durch das für die Erstellung originär zuständige Ministerium, so zeigt sich die Unmöglichkeit dieses Vorhabens. Das Gesetzgebungsoutsourcing geschieht zur Erfüllung der Ministerialaufgaben und dient nicht persönlichen Interessen. Die Gegenüberstellung mit den oben genannten kriegerischen Auseinandersetzungen verbietet sich bereits aus der Natur der Sache.

Somit kann an dieser Stelle noch kein Verstoß gegen das Gemeinwohl festgestellt werden, sondern es ist im Weiteren eine positive Definition des Gemeinwohlbegriffs herauszuarbeiten. Erst in einem weiteren, darauf folgenden Schritt kann festgestellt werden, gegen welche Bestandteile die Praxis der Auslagerung von Gesetzentwürfen verstoßen könnte.

b) Verwirklichung des Gemeinwohls in der Gemeinschaft

Das Gemeinwohl wird geprägt von Grundwerten, die das Zusammenleben der Menschen in größtmöglicher Weise fördern sollen.[364] Eine positive Bestimmung dieser Grundwerte sowie der daran orientierten Handlungen fällt jedoch nicht leicht.

Einen Anhaltspunkt bieten die Grundrechte, die durch ihre verschiedenen Schutzfunktionen die Individualinteressen der Bürger zu schützen bestimmt sind.

aa) Bindung des Staates an die Grundrechte

Zunächst kann man die Grundrechte in zwei Kategorien einordnen. Zum einen haben sie die Funktion von Abwehrrechten gegen staatliches Handeln,[365] zum anderen können sie gegen staatliches Unterlassen schützen.[366]

---

362 Schon das Bundesverfassungsgericht bezeichnete die grundgesetzliche Demokratie als eine „privilegienfeindliche“, BVerfGE 40, 296, 317.

363 St. Rspr., BVerfGE 6, 84, 91; E 17, 319, 330; E 23, 12, 24 f.; E 24, 220, 228; E 25, 269, 292 f.; E 27, 1, 9 f.; E 32, 157, 167; E 40, 296, 317.

364 Zu den Grundwerten des Gemeinwohls v. Arnim, Gemeinwohl und Gruppeninteressen, S. 22 ff.

365 Vgl. hierzu Alexy, Theorie der Grundrechte, S. 174 ff.; Michael/Morlok, Grundrechte, Rn. 492 ff.; Pieroth/Schlink, Grundrechte, Rn. 76 f.

366 Vgl. hierzu Alexy, Theorie der Grundrechte, S. 179 ff.; Michael/Morlok, Grundrechte, Rn. 510 ff.; Pieroth/Schlink, Grundrechte, Rn. 78 ff. Diese Unterscheidung geht zurück auf Jellinek, System der subjektiven öffentlichen Rechte, S. 87, 95 ff.

Die „klassische“ Funktion der Grundrechte besteht in ihrem Charakter, Eingriffe des Staates abzuwehren.[367] Typischerweise stehen sich Bürger und Staat in einem Über- und Unterordnungsverhältnis gegenüber, da das Volk zwar der Souverän ist, diese Rechtsstellung aber durch „Wahlen und Abstimmungen“ (vgl. Art. 20 Abs. 2 GG) auf Vertreter überträgt. Die Grundrechte dienen der Verhinderung des staatlichen Machtmissbrauchs, welcher die Verwirklichung des Gemeinwohls ausschließt.

So stehen sich der Staat als Adressat der Grundrechte auf der einen Seite und der Bürger als Träger der Grundrechte auf der anderen Seite gegenüber.[368] Dabei ist der Staat gehalten, jeden ungerechtfertigten Eingriff in ein Grundrecht zu unterlassen; der Bürger hat einen entsprechenden Abwehranspruch.[369]

Dabei sind alle Gewalten gemäß Art. 1 Abs. 3 GG an die Grundrechte gebunden, somit auch die Bundesregierung. Dass die Erstellung eines Gesetzentwurfs nicht durch das Kollegium geschieht, sondern durch das für die betreffende Materie zuständige Ministerium, tut dem keinen Abbruch.

Eine Möglichkeit der Bürger, sich mithilfe von Abwehrrechten gegen die Beauftragung von Rechtsanwälten mit der Erstellung eines Gesetzentwurfs zu wenden, ist allerdings nicht ersichtlich. Die Abwehrfunktion hilft zur Einordnung des Gesetzgebungsoutsourcings in den Gemeinwohlbegriff nicht weiter.

Neben dieser klassischen Abwehrfunktion haben sich, nicht zuletzt zurückgehend auf *Jellineks* Statustheorie[370], aber auch weitere Schutzfunktionen der Grundrechte herausgebildet. Hierzu zu zählen ist die Leistungsfunktion.[371]

Das Grundgesetz hält einen Leistungsanspruch der Bürger nicht selbst bereit, da der Verfassunggeber keine sozialen Grundrechte statuieren wollte. Begründet werden kann dies damit, dass dem Staat zur Durchsetzung solcher sozialen Rechte die Kompetenz zustehen müsste, jedem Bürger seine Arbeit, Woh-

367 St. Rspr. des BVerfG, vgl. BVerfGE 1, 97, 104; E 7, 198, 204; E 12, 205, 259 f.; E 39, 1, 42; E 50, 290, 337; E 61, 82, 101; E 68, 193, 205. Dazu auch Isensee, in: Isensee/Kirchhof, HStR V3, § 111, Rn. 21; Dreier, in: ders., GG I, Vorb. vor Art. 1, Rn. 43.

368 Isensee, in: Isensee/Kirchhof, HStR V3, § 111, Rn. 37. Zur Grundrechtsbindung aller Staatsgewalt Rüfner, in: Isensee/Kirchhof, HStR V3, § 117; Michael/Morlok, Grundrechte, Rn. 466 ff.; Pieroth/Schlink, Grundrechte, Rn. 180 ff.

369 Dreier, in: ders., GG I, Vorb. vor Art. 1, Rn. 45; Isensee, in: Isensee/Kirchhof, HStR V3, § 111, Rn. 38.

370 Vgl. hierzu Jellinek, System der subjektiven öffentlichen Rechte, S. 94 ff.

371 Zum Wandel der Grundrechte vgl. Hesse, HbVerfR, § 5, Rn. 24 ff.; Dreier, Dimensionen der Grundrechte, S. 41 ff.; Vesting, in: Grabenwarter, Allgemeinheit der Grundrechte, S. 9 ff.; Michael/Morlok, Grundrechte, Rn. 32 ff.; Häberle, VVDStRL 30 (1972), 43 ff.; Hesse, EuGRZ 1978, 427 ff.; Jarass, AöR 110 (1985), 363 ff.

nung, etc. zuzuteilen.[372] Eine derartig starke Position soll ihm nach der repräsentativen Demokratie der Bundesrepublik aber nicht eingeräumt werden.

In Betracht kommen aber vor allem Partizipationsrechte der Bürger.

Partizipationsrechte stehen in einem engen Zusammenhang mit dem allgemeinen Gleichheitssatz aus Art. 3 Abs. 1 GG. Ein Anspruch auf Teilhabe an staatlichen Leistungen besteht regelmäßig als Teil des Grundrechtsschutzes, wenn Bürger gleiche Chancen in Bezug auf den Zugang und die Nutzung öffentlicher Einrichtungen geltend machen. Aus diesem Grund sind Teilhaberechte im Regelfall gleichzeitig Verfahrensrechte.[373]

Partizipationsrechte können aber auch in Bezug auf die Mitwirkung an der politischen Willensbildung bestehen. Zum einen bestimmen die Bürger durch das ihnen nach Art. 38 GG eingeräumte Wahlrecht die Zusammensetzung des Parlaments, zum anderen räumt ihnen die Verfassung vereinzelt ein direktes Mitwirkungsrecht an politischen Entscheidungen ein. Eine Volksabstimmung ist nach Art. 29 Abs. 2 GG vorgesehen bei „Maßnahmen zur Neugliederung des Bundesgebietes".

Die Grundrechte verleihen eine solche unmittelbare Partizipationsmöglichkeit an der politischen Willensbildung dagegen nicht. Sie postulieren eine mittelbare Beteiligungsmöglichkeit.[374] Durch die Gewährleistung von Meinungs- und Pressefreiheit (Art. 5 Abs. 1 S. 1, 2 GG) soll jedem Bürger die Äußerung seiner (auch politischen) Ansicht ermöglicht werden.[375] Die Organisation in Gruppen zum kollektiven Ausdruck einer Meinung gewährleisten die Versammlungsfreiheit (Art. 8 GG) sowie die Vereinigungsfreiheit (Art. 9 GG).

Auch diese Schutzfunktionen der Grundrechte bieten keinen Ansatzpunkt für etwaige Verstöße des Gesetzgebungsoutsourcings. Da gerade nur die mittelbare, nicht aber die direkte Volksbeteiligung an der politischen Willensbildung garantiert wird, wie dies dem Charakter der Bundesrepublik als repräsentative Demokratie entspricht,[376] unterläuft die Vergabe an Rechtanwälte nicht eine notwendige Beteiligung der Bevölkerung.

---

372 Ein Recht auf Arbeit lehnt auch das Bundesverfassungsgericht ab: E 84, 133, 146 f. Ablehnend auch Murswiek, in: Isensee/Kirchhof, HStR V3, § 112, Rn. 48; Böckenförde, in: ders., Staat, Verfassung, Demokratie, S. 146 ff.; Badura, Der Staat 14 (1975), 17 ff.

373 Pieroth/Schlink, Grundrechte, Rn. 104. Zu dem engen Zusammenhang zwischen Teilhaberechten und Gleichheitsrechten vgl. Murswiek, in: Isensee/Kirchhof, HStR V3, § 112, Rn. 69.

374 Murswiek, in: Isensee/Kirchhof, HStR V3, § 112, Rn. 15.

375 Zur herausragenden Bedeutung der Meinungs- und Pressefreiheit als Teilhaberechte BVerfGE 8, 51, 68; E 20, 56, 98 f.; E 69, 315, 346.

376 Siehe hierzu bereits oben B. I. 1. b).

bb) Schrankensetzung durch gemeinwohlfreundliche Prozesse

Gegen eine Grundrechtsverletzung spricht weiterhin die Einordnung der Gesetzgebung als Grundrechtsschranke. Im Hinblick auf das Ziel der größtmöglichen Verwirklichung der Interessen jedes Einzelnen durch eine individualisierte Bestimmung des Gemeinwohlbegriffs ist es unumgänglich, der Ausübung der Grundrechte Schranken zu setzen, denn nur so kann gewährleistet werden, dass nicht gleichzeitig in unverhältnismäßiger Weise in die Rechte Dritter eingegriffen wird.[377] Zwar ist die Erstellung von Gesetzentwürfen nur dem „inneren Gesetzgebungsverfahren" zuzuordnen, dieses legt jedoch bereits den Grundstein für den Ausgang des Verfahrens.

Die Gemeinwohlfreundlichkeit des Gesetzgebungsoutsourcings kann dabei, wie es bei jeder staatlichen Entscheidung der Fall ist, nicht separiert festgestellt werden, sondern nur im Zusammenhang mit allen betroffenen Interessen. Im Regelfall wird das Gemeinwohl effektiv nur durch Kompromissbildung verwirklicht.[378]

(1) Kompromissbildung durch Verfahren

Zur Findung eines solchen Kompromisses bedarf es eines Verfahrens mit formellen Regeln, die die mangelnden materiellen Entscheidungsmöglichkeiten aufwiegen.[379] Die Ergebnisse des Verfahrens können regelmäßig eine hohe Akzeptanz sowie die Vermutung der Richtigkeit für sich in Anspruch nehmen. Das gerichtliche sowie das Gesetzgebungsverfahren sind dabei die wichtigsten, wenn auch nicht die einzigen Entscheidungsprozesse.[380] Weiterhin sind in diesem Zusammenhang die ordnungsbehördliche Entscheidung,[381] der Vertrag als Ausdruck der Privatautonomie[382] sowie Willensbildungsprozesse im Über- und Unterordnungsverhältnis zu nennen.

Für diese Verfahren lassen sich als Oberbegriff zwei Richtungen herausfiltern, die zum einen auf die Erhaltung und Vergrößerung der eigenen Macht so-

377 Zur Funktion der Gesetzgebung im Grundrechtsbereich umfassend Häberle, Die Wesensgehaltgarantie des Art. 19 Abs. 2 GG, S. 126 ff. Zum Grundsatz der Verhältnismäßigkeit Hirschberg, Der Grundsatz der Verhältnismäßigkeit; Yi, Das Gebot der Verhältnismäßigkeit in der grundrechtlichen Argumentation; Michael, JuS 2001, 148 ff.; Schlink, in: Festschrift 50 Jahre BVerfG II, S. 445 ff.

378 v. Arnim, Gemeinwohl und Gruppeninteressen, S. 48.

379 Henckel, Vom Gerechtigkeitswert verfahrensrechtlicher Normen, S. 19 f.; Ryffel, in: Wohl der Allgemeinheit und öffentliche Interessen, S. 13, 28, 30; Schnur, in: Wohl der Allgemeinheit und öffentliche Interessen, S. 57, 62. Allgemein zur Legitimation durch Verfahren Zippelius, in: Festschrift für Karl Larenz zum 70. Geburtstag, S. 293 ff.

380 v. Arnim, Gemeinwohl und Gruppeninteressen, S. 50. Zu weiteren Entscheidungsprozessen vgl. Luhmann, Legitimation durch Verfahren, S. 201 ff.

381 Brohm, VVDStRL 30 (1972), 245, 281 ff.

382 Zur Privatautonomie als Steuerungsmechanismus Hopt, BB 1972, 1017, 1019.

wie die Durchsetzung eigener Interessen gerichtet sind. Zum anderen existiert aber auch das Streben nach „Richtigkeit“, nach der optimalen Verwirklichung des Gemeinwohls. Die Verfahren lassen sich nicht in jedem Fall scharf voneinander trennen, eine Einordnung der Gesetzgebung soll gleichwohl versucht werden.

Die *interessengesteuerte Strömung* des Prozesses ist in erster Linie nicht auf einen Interessenausgleich gerichtet, sondern wird von den egoistischen Ideen des Einzelnen angetrieben.[383] Diesem Bereich zuzuordnen sind vor allem Entscheidungsprozesse, die eine Verbindung zum Wettbewerb aufweisen sowie privatautonome Entscheidungen.[384] Eine Gemeinwohlrelevanz kann hier insofern bestehen, als man die sich durchsetzenden Interessen gleichzeitig auch als diejenigen mit dem größeren Gewicht einstufen könnte. In diesem Fall müsste man von einer Selbstregulierung der Interessen ausgehen.[385] Problematisch an dieser Strömung ist die zufallsorientierte Betrachtung des Gemeinwohls, denn eine Verwirklichung der Interessen hängt nicht nur von deren Bedeutung für die Allgemeinheit ab, sondern in größerem Maße von den Fähigkeiten und dem Durchsetzungswillen der jeweils betroffenen Menschen. Eine effektive Verwirklichung des Gemeinwohls durch interessengeleitetes Vorgehen muss demnach verneint werden, wenn ihm auch nicht gänzlich eine Gemeinwohlrelevanz abzusprechen ist.

Das *gemeinwohlorientierte Verfahren* ist dagegen geprägt von der Unparteilichkeit eines Entscheidenden, dessen Ziel der Interessenausgleich zwischen den Beteiligten ist. Auch in diesem Prozess sind also gegensätzliche Interessen von Relevanz, der direkte Konflikt und die damit notwendig verbundene Durchsetzung einer Seite wird durch die Mediation aber vermieden.[386] Die Rolle des Mediators kommt traditioneller Weise dem Richter zu, dessen Unparteilichkeit durch Verfahrensvorschriften zu gewährleisten ist.[387]

Dem gemeinwohlorientierten Verfahren können zwei Aufgaben zukommen: Erstens dient seine Existenz der bestmöglichen Verwirklichung des Gemeinwohls. Zweitens kommt ihm eine Kontrollfunktion zu.[388] Um die grundsätzliche Gleichwertigkeit der gegenüberstehenden Interessen im machtorientierten Ver-

383 v. Arnim, Gemeinwohl und Gruppeninteressen, S. 50.

384 Zu den privatautonomen Handlungen gehören auch Tarifverhandlungen, vgl. Hirsch, Die öffentlichen Funktionen der Gewerkschaften, S. 70 f.; Kaiser, Die Repräsentation organisierter Interessen, S. 14, 25; Richardi, AöR 93 (1968), 243, 254.

385 So in der Sache auch Weber, in: ders., Gesammelte Aufsätze zur Wissenschaftslehre, S. 557 f.; Schumpeter, Kapitalismus, Sozialismus und Demokratie, S. 126 f.

386 v. Arnim, Gemeinwohl und Gruppeninteressen, S. 51. A.A. Schmitt, in: Ernst Forsthoff zum 65. Geburtstag, S. 37, 57 ff., der davon ausgeht, dass sich immer eine Seite gegenüber der anderen vollends durchsetze.

387 Hesse, in: Festgabe für Rudolf Smend zum 80. Geburtstag, S. 71, 77, 82.

388 v. Arnim, Gemeinwohl und Gruppeninteressen, S. 52.

fahren zu betonen, gibt es der unterlegenen Seite die Möglichkeit, insbesondere durch ein gerichtliches Verfahren seine Interessen doch noch zur Geltung zu bringen. Damit entsteht eine Ausgeglichenheit im Kräfteverhältnis beider Seiten und somit die gleiche Chance der Interessenverwirklichung.

Die Gesetzgebung ist Hauptaufgabe des Parlaments, und wird als solche von Politikern verschiedenster Parteien wahrgenommen. Es versteht sich von selbst, dass in diesem Prozess vielfältige Interessen aufeinander prallen und in seinem Ablauf in Einklang gebracht werden müssen. Auf den ersten Blick ist die Gesetzgebung somit in die interessenorientierte Strömung einzuordnen. Zu beachten ist jedoch, dass es die Pflicht der gesetzgebenden Gewalt ist, verschiedene Interessengruppen am Verfahren zu beteiligen.

Zunächst sind die Interessen der Länder zu berücksichtigen, die gemäß Art. 50 GG durch den Bundesrat zur Mitwirkung an der Gesetzgebung berufen sind.[389]

Unverzichtbar im Hinblick auf das Demokratieprinzip ist die politische Beteiligung von Interessengruppen als Vertretern der öffentlichen Meinung.[390] Als Akteure im Gesetzgebungsverfahren sind diese zwar nicht ausdrücklich vorgesehen, ihre Beteiligung kann aber beispielsweise notwendig werden zur Aufarbeitung des Sachverhalts oder zur Information der handelnden Staatsorgane. Die Zulässigkeit ihrer Organisation ergibt sich bereits aus der Vereinigungsfreiheit nach Art. 9 GG.

Interessenvertretung bedeutet dabei zunächst die Einwirkung auf politische Entscheidungen mit dem Ziel, die Interessen ihrer Mitglieder zu erfüllen. Das kann (selten) in unmittelbarer Einwirkung auf die politische Entscheidung geschehen, beispielsweise durch die direkte Aushandlung von Verträgen. Häufiger wird aber das sogenannte Lobbying relevant, eine Form der Interessenvertretung, bei der mittelbar und zeitlich fortlaufend auf die staatlichen Organe Einfluss genommen wird.[391] Die Interessenvertretung geschieht hier verdeckt, eine offene Form der Geltendmachung von Interessen stellt eher die Vertretung durch die Verbände dar.[392]

Nicht von der Interessenvertretung erfasst wird dagegen das Streben nach eigener Macht, wie es vor allem das Ziel der Parteien ist.[393] Aus diesem Grund sollen als Interessenverbände auch nur diejenigen betrachtet werden, die nicht als politische Partei organisiert sind.

---

389 Vgl. oben B. I. 2. a) cc) (3).

390 Vgl. oben B. I. 2. b) bb) (2) (a).

391 v. Arnim, Gemeinwohl und Gruppeninteressen, S. 134; v. Beyme, Interessengruppen in der Demokratie, S. 11; Dagtoglou, Der Private in der Verwaltung, S. 41.

392 Priddat, Politik unter Einfluss, S. 64.

393 Dagtoglou, Der Private in der Verwaltung, S. 38 f.; Grewe, in: Festgabe für Erich Kaufmann, S. 65, 78, 82; Kaiser, Die Repräsentation organisierter Interessen, S. 26, 241 ff.; Scheuner, in: Beutler, Der Staat und die Verbände, S. 10, 15.

Trotz der aufeinandertreffenden Interessen ist die Gesetzgebung dem Gemeinwohl verpflichtet. Zum einen kann unterstellt werden, dass die Verbände neben ihrem eigenen auch das Wohl der Allgemeinheit verfolgen.[394]

Das Fachwissen der Interessenverbände zu der sie betreffenden Materie ist darüber hinaus eine für den Staatsapparat unverzichtbare Informationsquelle.[395]

Es liegt außerdem in der Verpflichtung der gesetzgebenden Gewalt, die Beteiligung der Interessenverbände in der Weise durchzuführen, dass die betroffenen Interessen in gleichem Maße berücksichtigt werden und sich im zu verabschiedenden Gesetz widerspiegeln. Das Parlament ist der Entscheidungsträger mit der Zielrichtung, eine größtmögliche Akzeptanz des Gesetzes zu erreichen. Er hat nicht die Rolle des Mediators im eigentlichen Sinne inne, da das Ausbalancieren der betroffenen Interessen nur ein Nebenziel darstellt; dies hindert aber nicht die Gemeinwohlorientierung des Gesamtziels einer Gesetzgebung für das ganze Volk.

(2) Kompromissbildung durch Gesetzgebungsoutsourcing?

Als Bestandteil des – wenn auch nur inneren – Gesetzgebungsverfahrens ist auch die Erstellung eines Gesetzentwurfs anzusehen. Diese Zuordnung gibt ein erstes Indiz für die Gemeinwohlfreundlichkeit dieses Vorgangs.

Die Auslagerung der Erstellung von Gesetzentwürfen entspricht jedoch nicht dem regelmäßigen Vorgehen des Ministeriums, welches originär für die Ausarbeitung verantwortlich ist. Die Beauftragung von Rechtsanwälten geschieht regelmäßig ohne die Durchführung eines „gut geregelten, fairen und praktikablen Verfahren[s]“[396], wie dies zur Verwirklichung der öffentlichen Interessen gefordert wird.

Aus dieser Abweichung von dem regelmäßigen Verfahren ergibt sich bereits ein Gemeinwohlverstoß, da die Findung eines Kompromisses und somit eine effektive Verwirklichung der öffentlichen Interessen nicht möglich erscheint.

2. Gemeinwohlverstoß durch Interessenkollisionen

Zunächst kann sich ein Gemeinwohlverstoß aus der unterschiedlichen Zielrichtung des Handelns ergeben, die das beauftragende Ministerium auf der einen Seite und die beauftragten Rechtsanwälte auf der anderen Seite verfolgen: Das Handeln des Ministeriums hat sich am Gemeinwohl zu orientieren. Auch für die vorbereitende Handlung der Erstellung von Gesetzentwürfen ergeben sich dies-

394 Weber, in: Beutler, Der Staat und die Verbände, S. 19.

395 Vgl. Brohm, in: Isensee/Kirchhof, HStR II2, § 36; Voßkuhle, in: Isensee/Kirchhof, HStR III3, § 43. Zu dem Begriff des Sachverständigen auch bereits oben A. III. 1.

396 Ryffel, in: Wohl der Allgemeinheit und öffentliche Interessen, S. 13, 28.

bezüglich keine Abweichungen. Vereinzelt kann zwar auch das Gesetzgebungsverfahren interessengeleitete Aspekte aufweisen, in der Hauptsache besteht jedoch unstreitig eine Gemeinwohlorientierung. Dem Rechtsanwalt dagegen obliegt es in erster Linie, die Interessen seines Mandanten in dessen Sinne zu vertreten. Seine Tätigkeit ist also wie kaum eine andere interessenorientiert.

Nimmt nun der rein interessengeleitete Anwalt gesetzgeberische Tätigkeiten wahr, so drängt sich die Frage auf, ob sich nicht aus den Einflüssen des interessengeleiteten Handelns auf ein gemeinwohlorientiertes Verfahren ein Verstoß gegen das Gemeinwohl ergibt.

Zur Klärung dieses Problems ist zunächst zu hinterfragen, ob die typische anwaltliche Tätigkeit neben der Erfüllung privater Interessen auch zur Förderung des Gemeinwohls beitragen kann. Anschließend ist in einem zweiten Schritt dieses Ergebnis mit der besonderen „gesetzgeberischen Anwaltstätigkeit" zu vergleichen.

a) Interessenorientierte Anwaltstätigkeit

Primäres Ziel jeder anwaltlichen Tätigkeit ist die bestmögliche Vertretung des Mandanten, wobei die Vertretung nicht nur gerichtlich, sondern auch außergerichtlich erfolgen kann. Als Mandanten kommen hierbei nicht nur natürliche Personen, sondern auch juristische Personen des Privatrechts und sogar des Öffentlichen Rechts in Betracht.

Dabei wird der Rechtsanwalt nach der größtmöglichen Durchsetzung der Mandanteninteressen streben, wobei durchaus auch die Vernachlässigung von Interessen der Gegenseite in Kauf genommen wird. Inhaltlich handelt es sich bei dem Großteil der wahrgenommenen anwaltlichen Mandate um die Verfolgung privater Interessen, gerade aber im Bereich des Öffentlichen Rechts ist auch die Beratung bezüglich der Durchsetzung öffentlicher Interessen nicht ausgeschlossen. Dies zeigt sich beispielsweise bei der Beratung von Gemeinden bezüglich Streitigkeiten um Bauleitpläne.

Bezüglich der Durchführung der einzelnen Mandate wird der Anwalt *beratend* tätig. Es gehört zu seinen Aufgaben, die Interessen der Mandanten möglichst überzeugend zu vertreten, sie bezüglich einzelner Transaktionen und sonstiger Geschäfte gewinnbringend zu beraten und die Haftungsmöglichkeiten zu minimieren. Die Letztentscheidung über das tatsächliche Vorgehen liegt jedoch nicht bei dem Rechtsanwalt, sondern bei dem vertretenen Mandanten. Er bleibt der alleinige Herr über seine Interessen.

Zwar binden den Rechtsanwalt bei der Ausübung seiner Tätigkeit keine standesrechtlichen Richtlinien mehr. Diese hatte das Bundesverfassungsgericht in seinen Entscheidungen zum Sachlichkeitsgebot[397] und zum Werbeverbot[398]

397 BVerfGE 76, 171, 187 ff.

als rechtlich unerheblich bezeichnet, da ihnen die demokratische Legitimation fehle. Allerdings regelt § 43 BRAO: „Der Rechtsanwalt hat seinen Beruf gewissenhaft auszuüben. Er hat sich innerhalb und außerhalb des Berufes der Achtung und des Vertrauens, welche die Stellung des Rechtsanwalts erfordert, würdig zu erweisen." Nun ist die „Gewissenhaftigkeit", die die Bundesrechtsanwaltsordnung fordert, ein denkbar unbestimmtes Kriterium, das der Konkretisierung bedarf. Diese erfolgt in § 43a BRAO, der einzelne Grundpflichten des Rechtsanwalts festlegt: Erstens muss die berufliche Unabhängigkeit des Rechtsanwalts sichergestellt sein (Abs. 1). Unabhängigkeit bedeutet historisch gesehen vor allem die Unabhängigkeit vom Staat, welche in der heutigen Zeit aber unproblematisch gewährleistet wird, so dass dieses Kriterium seine Bedeutung mittlerweile weitgehend verloren hat.[399] Eine weitaus größere Beeinflussung droht nun aus der gesellschaftlichen und wirtschaftlichen Sphäre sowie durch die eigenen Mandanten.[400] Des Weiteren ist die Verschwiegenheitspflicht des § 43a Abs. 2 BRAO einzuhalten. Sie ist Voraussetzung für die Bildung von Vertrauen zwischen dem Mandanten und seinem Anwalt. Dieses bildet wiederum die Grundlage eines funktionierenden Beratungsverhältnisses.[401]

Einerseits wird durch die Verschwiegenheitspflicht die Privatsphäre des Mandanten vor unberechtigten Eingriffen Dritter geschützt, andererseits soll gleichzeitig die Ordnung der Rechtspflege und damit das Gemeinwohl durch die Regulierung der Anwaltstätigkeit sichergestellt werden.[402]

Das Gebot der Sachlichkeit aus § 43a Abs. 3 BRAO wird begrenzt durch das berufliche Selbstbestimmungsrecht des Anwalts aus Art. 12 GG, weshalb es nur eine geringe beschränkende Wirkung auf die anwaltliche Tätigkeit ausüben kann.[403] Inhaltlich gibt die BRAO den Begriff der Sachlichkeit nicht vor, sondern bietet lediglich beispielhaft eine negative Umschreibung an: „Unsachlich ist insbesondere ein Verhalten, bei dem es sich um die bewußte Verbreitung von Unwahrheiten oder solche herabsetzenden Äußerungen handelt, zu denen andere Beteiligte oder der Verfahrensverlauf keinen Anlaß gegeben haben." Ausdrücklich ausgeschlossen werden somit nur vorsätzliche Lügen und Schmähungen. Ziel des Sachlichkeitsgrundsatzes ist es, aufkeimende Emotionen der Parteien, die sich aufgrund der Interessengebundenheit auf den Anwalt übertragen könn-

398 BVerfGE 76, 196, 205.

399 Römermann/Hartung, Anwaltliches Berufsrecht, S. 40; Braun, DÖD 2008, 217, 225; Singer, AnwBl 2009, 393, 396.

400 Feuerich, in: Feuerich/Weyland, BRAO, § 1, Rn. 13 ff.; § 43a, Rn. 4.

401 Feuerich, in: Feuerich/Weyland, BRAO, § 43a, Rn. 12; Kleine-Cosack, in: ders., BRA-O, § 43a, Rn. 4; Römermann/Hartung, Anwaltliches Berufsrecht, S. 60.

402 Römermann/Hartung, Anwaltliches Berufsrecht, S. 60.

403 BVerfG, NJW 1996, 3267, 3268. Zu einer möglichen Beschränkung des beruflichen Selbstbestimmungsrecht vgl. unten C. II. 1.

ten, von Anfang an vom Verfahren abzutrennen, um dieses nicht zu beeinflussen.[404]

Weiterhin obliegt es dem Rechtsanwalt, keine widerstreitenden Interessen zu vertreten (§ 43a Abs. 4 BRAO). Dieses Verbot kann nur im Zusammenhang mit der Notwendigkeit des bereits angesprochenen Vertrauensverhältnisses gesehen werden, dessen Sicherung es ebenfalls dient.[405] Gleichzeitig dient es in objektiver Hinsicht aber auch der Sicherung des Vertrauens der Bevölkerung in den Berufsstand der Anwälte.[406]

§ 43a Abs. 5 BRAO legt die Sorgfaltspflicht im Umgang mit fremden Geldern fest. Das Ziel der Regelung ist wiederum zweiseitig: Im Vordergrund steht hier die Festigung des Vertrauens in die Integrität des Berufsstandes der Rechtsanwälte, nicht zu vernachlässigen ist aber wiederum der Mandantenschutz.[407]

Inhaltlich werden nach Satz 1 „anvertraute Vermögenswerte" geschützt, nach Satz 2 aber auch „fremde Gelder". Die Formulierung der Vermögenswerte erstreckt sich damit ersichtlich nicht lediglich auf Gelder, sondern umfassend auch geldwerte Sachen und sogar Betriebsgeheimnisse, Urkunden, etc., soweit ihnen ein wirtschaftlicher Wert zukommen kann.[408]

Die zuletzt genannte Fortbildungspflicht aus § 43a Abs. 6 BRAO dient der Sicherstellung qualitativ hochwertiger anwaltlicher Leistungen.[409] Problematisch ist die Unbestimmtheit der Pflicht, weshalb sie teilweise für bedeutungslos gehalten wird.[410] Tatsächlich erschiene es aber auch fragwürdig, wenn das Gesetz dem Rechtsanwalt die Art seiner Fortbildung bereits vorschriebe. Eine allgemeine Pflicht zu statuieren ist in diesem Zusammenhang sinnhafter, denn im Einzelnen kann sich nur jeder Rechtsanwalt selbst um die für ihn passende Art der Fortbildung bemühen.[411]

Im Ergebnis kann also festgehalten werden, dass aufgrund der dem Rechtsanwalt obliegenden Beschränkungen seiner Tätigkeit eine ausreichende gesetzliche Kontrolle gewährleistet ist, die Gemeinwohlverstöße wirksam vermeidet.

---

404 Kleine-Cosack, in: ders., BRAO, § 43a, Rn. 57; Römermann/Hartung, Anwaltliches Berufsrecht, S. 63.

405 Feuerich, in: Feuerich/Weyland, BRAO, § 43a, Rn. 54; Römermann/Hartung, Anwaltliches Berufsrecht, S. 65.

406 Kleine-Cosack, in: ders., BRAO, § 43a, Rn. 89, mit Berufung auf BVerfG, NJW 2001, 3180, 3181.

407 Feuerich, in: Feuerich/Weyland, BRAO, § 43a, Rn. 84.

408 Feuerich, in: Feuerich/Weyland, BRAO, § 43a, Rn. 86; Römermann/Hartung, Anwaltliches Berufsrecht, S. 70.

409 Feuerich, in: Feuerich/Weyland, BRAO, § 43a, Rn. 96.

410 Kleine-Cosack, in: ders., BRAO, § 43a, Rn. 139; Kellner, NJW 2002, 1372 ff.

411 Feuerich, in: Feuerich/Weyland, BRAO, § 43a, Rn. 97; Eylmann, in: Henssler, BRAO, § 43a, Rn. 185.

Des Weiteren ist zu beachten, dass bei rechtlichen Auseinandersetzungen in der Regel nicht lediglich auf einer Seite anwaltliche Vertretung gesucht wird, sondern auf der Gegenseite ebenfalls ein Rechtsanwalt mit gleicher Motivation tätig wird. In der Folge hat demnach jeder Beteiligte die gleichen Chancen auf Verwirklichung seiner Interessen.

Würde man nun behaupten, bei der Verfolgung der jeweils eigenen Interessen (unter Vernachlässigung derjenigen der Gegenseite) regulierten sich die betroffenen Rechtsgüter von selbst, verträte man eine interessengeleitete Strömung, die, wie oben gezeigt, keine effektive Verfolgung des Gemeinwohls darstellen kann. Auf der anderen Seite kann durch die Kollision zweier gegensätzlicher Standpunkte durchaus eine gemeinwohlfreundliche Lösung erzeugt werden, wenn es beiden Seiten nicht ausschließlich auf die Durchsetzung eigener Interessen ankommt. Das gegenseitige Nachgeben zur Ergebnisfindung, Kompromiss genannt, kann eine Verwirklichung des Gemeinwohls darstellen.[412]

Findet die Austragung der rechtlichen Streitigkeiten weiterhin nicht nur im außergerichtlichen Verfahren, sondern vor den Gerichten statt, wird die Interessenverfolgung durch das Gerichtsverfahren reguliert, in welchem der Richter zur unparteiischen Entscheidung berufen ist.

b) Interessenorientierte Erstellung von Gesetzentwürfen

Ein Gemeinwohlverstoß könne aber bei der Ausübung der besonderen anwaltlichen Tätigkeit des Gesetzgebungsoutsourcings gegeben sein. Allein durch die Beratung des Ministeriums kann ein solcher zwar noch nicht begründet werden. Denn wie beschrieben ist die staatliche Beratung grundsätzlich möglich, der Kreis möglicher Mandanten ist dabei für den Rechtsanwalt nicht beschränkt.

Regelmäßig liegt es aber in der Berufung des Rechtsanwalts, die Privatinteressen seiner Mandanten zu vertreten. Die Wahrnehmung staatlicher Aufgaben gehört nicht zu seiner Tätigkeit. So liegt der Fall aber beim Gesetzgebungsoutsourcing: Durch die Erstellung des Gesetzentwurfs nimmt er originär staatliche Aufgaben wahr.

Zu unterscheiden ist nicht nur zwischen der Wahrnehmung privater und staatlicher Aufgaben, sondern auch nach der Art der Tätigkeit. Regelmäßig ist nur die *Beratung* Aufgabe des Rechtsanwalts. Seine Mandanten beauftragen ihn, um Einblicke in ihnen unbekannte Rechtsmaterien zu erhalten, um Rechtsbeistand in Streitigkeiten gerichtlicher und außergerichtlicher Art zu erhalten und auch zur allgemeinen Betreuung eines Geschäfts. Bei all diesen Mandaten übernimmt der Rechtsanwalt jedoch nicht Aufgaben des Mandanten, sondern unterstützt ihn lediglich bei deren Ausführung. Bei der Praxis des Gesetzgebungsoutsourcings gestaltet sich die Situation anders. Hier beschränkt sich die Tätigkeit

412 Kloepfer, NJW 2011, 131, 132 f.

des Rechtsanwalts nicht ausschließlich auf die Beratung des für den Gesetzentwurf zuständigen Ministeriums. Vielmehr *übernimmt* die Kanzlei mit der Erstellung des Entwurfs die Arbeit, die eigentlich dem Ministerium obliegt.

Problematisch ist dieses Verhalten im Hinblick auf mögliche Interessenkollisionen zwischen den anwaltlichen Mandaten. Zwar ist jeder Rechtsanwalt nach § 43a Abs. 4 BRAO angehalten, widerstreitende Interessen nicht zu vertreten, um das Vertrauensverhältnis zu seinen Mandanten nicht zu gefährden.

Praktisch erscheint es jedoch beinahe unmöglich, dass eine Kanzlei, die mit der Erstellung eines Gesetzentwurfs durch die Bundesregierung beauftragt worden ist, nicht gleichzeitig Verbindungen zu den durch das Gesetz betroffenen Stellen aufweist.

Dies hat verschiedene Gründe:

In der Regel werden große Kanzleien durch das dafür zuständige Ministerium mit der Erstellung eines Gesetzentwurfs beauftragt, die aufgrund ihrer bisherigen Tätigkeit auf dem betreffenden Sachgebiet dafür bekannt sind, den für die Gesetzesthematik notwendigen Sachverstand aufzuweisen.[413] Es ist erforderlich, dass dem Beauftragten die nötigen Ressourcen zur Verfügung stehen, an denen es dem Ministerium gerade mangelt. Die Zeit, die sonst zur Erstellung einer Vorlage aufgewendet werden muss, kann hier durch die Existenz einer Vielzahl von sachkundigen Mitarbeitern um ein Vielfaches verkürzt werden, Ergebnisse werden schneller erreicht.

Der Erwerb der gerade beschriebenen Sachkunde geht aber einher mit einer Vielzahl bereits erfolgreich abgeschlossener Mandate auf dem in Frage stehenden Rechtsgebiet, die sich häufig nicht auf die bloß einmalige Mandantenvertretung beschränken. Vielmehr entwickelt sich häufig eine länger währende Zusammenarbeit mit zum Teil engen Geschäftsbeziehungen zwischen Rechtsanwaltskanzleien und Mandanten.

Ein beispielhafter Fall hierfür ist die Beauftragung der Kanzlei Hengeler Müller zur Erstellung des Enteignungsgesetzes der Hypo Real Estate im Jahre 2009. Hengeler Müller hatte nicht nur das für den Gesetzentwurf zuständige Innenministerium beraten, sondern war bereits für den Hypo Real Estate-Großaktionär Christopher Flowers tätig geworden.[414]

Die objektive Beratung des Ministeriums wird durch die Existenz bestehender Geschäftsbeziehungen nachhaltig erschwert, wenn nicht sogar unmöglich gemacht, da kein Interesse der Kanzleien bestehen wird, zukünftig weitere Aufträge durch die in der betreffenden Wirtschaftsbranche ansässigen Unternehmen

---

413 Vgl. für die Finanzmarktgesetzgebung BT Drs. 16/12547 v. 31.3.2009, S. 1 f.: Beauftragung der Kanzleien Freshfields Bruckhaus Deringer, Hengeler Müller, Linklaters sowie White & Case.

414 Hipp u.a., Der Spiegel 34/2009, 68, 70.

abzulehnen. Aus diesem Grund ist auch bei der Erstellung von Gesetzentwürfen mit einer wirtschaftsfreundlichen Regelung zu rechnen.

Zur Vermeidung solcher Interessenkonflikte böte es sich an, gerade nur solche Sozietäten zu beauftragen, die nicht hauptsächlich für Unternehmen in der freien Wirtschaft tätig sind.

Die Beauftragung solcher Kanzleien ist aber für das Ministerium nicht lohnenswert. Da es sich in der Regel bei solchen Kanzleien um kleinere Einheiten handeln wird, werden ähnlich wie innerhalb der Ministerien nicht ausreichend viele qualifizierte Mitarbeiter zur Verfügung stehen, die in der gebotenen Kürze in der Lage sind, einen Gesetzentwurf zu erstellen. Des Weiteren werden nicht in der Wirtschaft tätige Kanzleien mit der Materie nicht vertraut sein und eine verlängerte Zeitspanne zur Vertiefung der eigenen Kenntnisse benötigen. Ein solches Vorgehen würde den Bedürfnissen des Ministeriums nicht entsprechen und scheidet aus diesem Grund bereits aus.

Die optimale Konstellation, dass eine wirtschaftlich tätige Kanzlei vertraut mit der durch den angestrebten Gesetzentwurf tangierten Rechtsmaterie ist, über die personellen Kapazitäten für eine rasche Erarbeitung verfügt *und* kein von dieser Materie berührtes Unternehmen in der Vergangenheit beraten hat oder dies in naher Zukunft tun wird, ist praktisch nicht denkbar.

So stehen sich im Ergebnis das Interesse des Staates auf vertrauliche Behandlung des Gesetzentwurfs und zukünftige Neutralität und das Interesse der von dem Gesetz betroffener Mandanten auf umfassende Beratung nach bestem Wissen in unauflösbarem Widerspruch gegenüber.

Interessenkollisionen, die im Zusammenhang mit der Erarbeitung von Gesetzentwürfen durch private Kanzleien entstehen, können somit kaum vermieden werden.

3. Gemeinwohlverstoß durch Distanzverlust zwischen Rechtspflege und Gesetzgebung

Die Hinzuziehung von Rechtsanwälten zur Erstellung von Gesetzentwürfen eröffnet ein neues Tätigkeitsspektrum. Es muss allerdings die Frage gestellt werden, ob der beauftragte Anwalt noch als Organ der Rechtspflege eingeordnet werden kann oder ob eine solche Einordnung sich hier verbietet.

a) Rechtsanwälte als Organ der Rechtspflege

Die traditionelle Tätigkeit des Rechtsanwalts kann der Rechtspflege zugeordnet werden. Der Anwalt ist dazu berufen, bereits in Kraft getretenes Recht bei der Vertretung seiner Mandanten anzuwenden. Dadurch nimmt er gleichsam eine

„Mittlerstellung" ein.[415] Trotz der vielfältigen Beschränkungen, denen der Rechtsanwalt bei der Ausübung seines Berufs zum Schutz seiner Mandanten und des allgemeinen Vertrauens der Bevölkerung in die Anwaltschaft unterliegt,[416] genießt er hierbei grundrechtlichen Schutz. Insbesondere kann er sich auf die Berufsfreiheit des Art. 12 GG berufen.[417] Dies macht die staatliche Reglementierung des anwaltlichen Berufsrechts rechtfertigungsbedürftig. Im Ergebnis wird so die Bedeutung der von der BRAO geschützten Rechtsgüter noch einmal betont und ihr Schutz herausgestellt.

b) Anwaltliche Gesetzgebung?

Der Einsatz von Rechtsanwälten bei der Erstellung von Gesetzentwürfen entspricht nicht mehr dem traditionellen Verständnis vom Anwalt als Organ der Rechtspflege. Hier tritt die ausarbeitende Kanzlei aus der Sphäre der Rechtspflege hinaus und muss in materieller Hinsicht der legislativen Gewalt zugerechnet werden.[418] Zu klären sind die Auswirkungen dieser Zuordnung.

Zunächst gewinnt die Regelung staatlicher Unabhängigkeit der anwaltlichen Tätigkeit nach § 43a Abs. 1 BRAO im Fall des Gesetzgebungsoutsourcings an Relevanz. Zugeschnitten auf das traditionelle Tätigwerden des Anwalts im Bereich der Rechtspflege hat die Bestimmung, frei von staatlichen Einflüssen zu agieren, ihre Notwendigkeit verloren. Denn in der Regel berühren sich die Kreise der staatlichen Gewalt und der anwaltlichen Tätigkeit nur am Rande: Im Rahmen der gerichtlichen Vertretung seiner Mandanten gerät der Rechtsanwalt mit der Judikative in Berührung, in strafrechtrechtlichen Gerichtssachen auch mit der Staatsanwaltschaft. Keiner der auf staatlicher Seite Beteiligten ist jedoch gegenüber dem Rechtsanwalt in der Sache weisungsbefugt, so dass eine Beeinflussung auszuschließen ist.

Bei der Beteiligung des Anwalts an der Erstellung von Gesetzentwürfen verhält es sich anders. Zwar ändert sich nichts an der privatrechtlichen Natur des Verhältnisses zu den anwaltlichen Mandanten.[419] Allerdings wirkt § 43a Abs. 1 BRAO nicht nur dahingehend, dass Eingriffe in die anwaltliche Berufsausübung unterbunden werden. Auch andersherum soll eine Trennung der Rechtspflege vom Staat gewährleistet werden, mit der Folge, dass jede Vermengung der beiden Sphären der Rechtfertigung bedarf.[420]

Die Praxis des Gesetzgebungsoutsourcings stellt eine besonders intensive Form dieser Vermengung dar, da eine originär staatsbezogene Tätigkeit von

---

415 Krüper, JZ 2010, 655, 658 f.
416 Vgl. dazu soeben B. II. 2. a).
417 Krüper, JZ 2010, 655, 659.
418 Kloepfer, NJW 2011, 131, 132; Krüper, JZ 2010, 655, 659.
419 Krüper, JZ 2010, 655, 659.
420 Krüper, JZ 2010, 655, 659. Zur Lösung dieses Problems vgl. unten C. II.

Personen ausgeübt wird, denen die Eigenschaft des Hoheitsträgers fehlt. Dies führt zu einer „faktische[n] Selbstpreisgabe politischer Gestaltungsmacht".[421] Durch die Beauftragung der Rechtsanwälte durch das Ministerium überträgt dieses die Gestaltungsfreiheit bezüglich des Inhalts, die es sonst bei der Erstellung von Gesetzentwürfen selbst inne hätte, gleichsam ebenfalls. Die Aneignung des Entwurfes und dessen spätere Einbringung in den Bundestag durch die Bundesregierung wirken sich nur auf die Verantwortlichkeit für den Entwurf nach außen aus, eine Kompensation für den Verlust der Beeinflussungsmöglichkeit findet dadurch jedoch nicht statt. Abhängig vom konkreten Auftrag besteht zwar die Möglichkeit des Ministeriums, auch während der konkreten Ausarbeitung Einblicke in den Entwurf zu gewinnen, eventuelle Änderungswünsche oder Vorgaben werden jedoch ebenfalls durch die beauftragten Rechtsanwälte durchgeführt und nicht durch das Ministerium selbst.

Diese Vorgehensweise führt im Ergebnis zu einem Distanzverlust zwischen dem Staat und seinen Beauftragten, deren Tätigkeit die Beratungsqualität längst überschritten hat.[422] Gleichzeitig stellt sich die Frage nach der Gemeinwohlrelevanz. Durch die Vermengung der Sphären des Staates auf der einen und der Privaten auf der anderen Seite erscheint die Beeinflussung des Staates durch private Interessen nicht abwegig. Überwiegen diese Beweggründe schließlich die Gemeinwohlinteressen, so muss ein Gemeinwohlverstoß angenommen werden.

Auch wenn die Rechtsanwälte bei der Mandatsarbeit an die Interessen ihrer Mandanten uneingeschränkt gebunden sind, ist doch ein Wissensvorsprung gegenüber dem auftraggebenden Ministerium zu befürchten, der allein schon eine Gemeinwohlschädlichkeit begründen könnte. In dieser Pauschalität kann dies aber nicht angenommen werden, da sonst auch die sachverständige Beratung durch Private nicht mehr möglich wäre. Diese soll aber gerade nicht verhindert werden, so dass es auf das überlegene Wissen der Rechtsanwälte nicht ankommen kann. Abzustellen ist stattdessen nur auf die Beeinflussung der staatlichen Gemeinwohlinteressen durch private Individualinteressen, die bei der Wahrnehmung hoheitlicher Tätigkeiten durch Private nicht ausgeschlossen werden kann. Ein Gemeinwohlverstoß besteht somit auch in Gestalt einer Verletzung des Distanzgebotes.

421 Kloepfer, NJW 2011, 131, 132.
422 Kloepfer, NJW 2011, 131, 132.

4. Gemeinwohlverstoß durch Rollenkonflikte in Bezug auf die spätere anwaltliche Mandatsarbeit

Aus der Verletzung des Distanzgebots zwischen Rechtspflege und Gesetzgebung sowie aus der Interessenkollision ergibt sich ein Folgeproblem in Bezug auf die spätere erneut durchgeführte traditionelle Tätigkeit des Rechtsanwalts:

Da es ursprünglich nur in seinem Aufgabenbereich lag, seine Mandaten in Bezug auf in Kraft getretene Gesetze zu beraten und er durch den Auftrag der Regierung selbst materielle Gesetzgebungstätigkeit ausübt, verliert er hierdurch die ihm sonst eigene Neutralität in Bezug auf diese Gesetze. Hier wird abermals das berufsrechtliche Verbot der widerstreitenden Interessen relevant.[423] Natürlich wird der beratenden Kanzlei das Gesetz wie niemandem sonst bekannt sein, so dass eine besonders intensive Mandantenbetreuung möglich wird. Auf der anderen Seite besteht in Bezug auf dieses Gesetz nach wie vor das Vertrauensverhältnis zum staatlichen Auftraggeber, welches ebenso wenig verletzt werden darf und dem Rechtsanwalt eben jene intensive Betreuung verbietet.

Möglich erscheint zwar zunächst noch die Beratung einer von dem Gesetz betroffenen natürlichen oder juristischen Person dahingehend, dass bekannte Regelungslücken der Normen zum Vorteil dieser Person ausgenutzt werden oder von mehreren möglichen Auslegungsmethoden diejenige gewählt wird, die dem Begehren des Mandanten am besten entspricht. Diese Beratung entspricht grundsätzlich dem regelmäßigen Vorgehen eines Rechtsanwalts. Hieran erscheint bereits problematisch, dass er als Mitwirkender bei der Erstellung des Gesetzes auch im Nachhinein eine neutrale Stellung in Bezug auf die Regelung einnehmen müsste; durch die Beratung eines Mandanten verlässt er diese neutrale Position jedoch und ergreift Partei für die Seite der Betroffenen, denen der Mandant angehört.

Eine Verletzung des Vertrauensverhältnisses zum Auftraggeber dürfte jedenfalls jede Beratung in Bezug auf Rechtsschutzmöglichkeiten gegen das Gesetz darstellen. Als Ersteller der Norm kennt der Anwalt dessen angreifbare Stellen. Dieses Wissen darf er jedoch keinesfalls nutzen, um andere Personen bezüglich der Erfolgsaussichten einer Verfassungsbeschwerde zu beraten, oder die antragsberechtigten Staatsorgane hinsichtlich eines Antrags auf Normenkontrolle.

Bereits die Anregung einer inzidenten Überprüfung der Norm durch die Anfechtung einer aufgrund des Gesetzes ergangenen Regelung dürfte die Grenze der Neutralität überschreiten.

Findet trotzdem eine Beratung dieser Art statt, kann ein Ausgleich zwischen staatlichen Interessen und solchen der Mandanten nicht mehr stattfinden, da

423 Ebenso Krüper, JZ 2010, 655, 659.

notwendig zu Gunsten der Mandanteninteressen diejenigen des Staates verletzt werden.

Würden die Staatsinteressen auf der anderen Seite bei der Beratung eines Mandanten berücksichtigt, erscheint auf der anderen Seite eine dem Anwaltsstand würdige Rechtsvertretung nicht möglich, da auch hier ein Interessenkonflikt entstünde.

5. Ergebnis

Die Erstellung von Gesetzentwürfen durch Private stellt im Ergebnis eine gemeinwohlschädliche Vorgehensweise dar.

Das Gesetzgebungsverfahren an sich mag zwar den Anforderungen eines in der Gemeinschaft verwirklichten Individualismus entsprechen. Die Auslagerung der Gesetzerstellung erfolgt dabei jedoch nicht in einem geregelten Verfahren, sondern nur aufgrund einer Absprache zwischen dem Ministerium und der zu beauftragenden Sozietät. Hierdurch kann eine effiziente Verwirklichung des Gemeinwohls nicht stattfinden. Insbesondere treten bei der Durchführung dieses Vorgangs Kollisionen zwischen privaten und staatlichen Interessen auf. Weiterhin findet ein Distanzverlust zwischen Rechtspflege und Gesetzgebung statt, da beide Sphären miteinander vermischt werden. Nicht zuletzt wirken sich diese Phänomene auch auf die künftige Mandatsarbeit der Rechtsanwälte aus, bei der entweder die Interessen des Staates auf Vertraulichkeit oder die Interessen der Mandanten auf umfassende Beratung nach bestem Wissen verletzt werden.

III. Verstoß gegen den Funktionsvorbehalt des Art. 33 Abs. 4 GG

In Betracht kommt weiter eine Verletzung des Funktionsvorbehalts nach Art. 33 Abs. 4 GG. Die Regelung des Art. 33 Abs. 4 GG ist nach richtiger Auffassung unmittelbar bindendes Verfassungsrecht und kein bloßer Leitsatz oder eine Empfehlung.[424] In der Folge bedeutet dies, dass im Anwendungsbereich des Funktionsvorbehaltes nur die Einstellung verbeamteter Personen möglich sein

424 Wie hier Masing, in: Dreier, GG II, Art. 33, Rn. 61; Jung, Die Zweispurigkeit des Öffentlichen Dienstes, S. 101 ff.; Thiele, Der Staat 49 (2010), 274, 277; Herrmann, VerwArch 2010, 377, 389; Ule, in: Bettermann/Nipperdey, Grundrechte IV/2, S. 537, 559. A. A. noch Forsthoff, DÖV 1951, 460, 461.

soll. Ein subjektiver Anspruch des Einzelnen auf die Erhebung ins Beamtenverhältnis lässt sich hieraus nicht ableiten.[425]

1. Anwendungsvoraussetzung: Vorliegen hoheitlicher Befugnisse

Nach dem Wortlaut des Art. 33 Abs. 4 GG „[ist] die Ausübung hoheitsrechtlicher Befugnisse [...] als ständige Aufgabe in der Regel Angehörigen des öffentlichen Dienstes zu übertragen, die in einem öffentlich-rechtlichen Dienst- und Treueverhältnis stehen."

Voraussetzung für die Anwendbarkeit des Funktionsvorbehalts ist also die Ausübung hoheitlicher Befugnisse.

a) Definition der „hoheitlichen Befugnisse"

Zur Interpretation des Begriffs der „hoheitlichen Befugnisse" kann entweder eine engere oder eine weitere Betrachtungsweise zugrunde gelegt werden.

aa) Enger Hoheitsbegriff

Einerseits kann man den Hoheitsbegriff des Art. 33 Abs. 4 GG eng auslegen und nur die sogenannte „Eingriffsverwaltung" hierzu rechnen, die „Leistungsverwaltung" hingegen außen vor lassen.[426] Der Verbeamtungszwang würde nur gelten, wenn es sich um eine Tätigkeit handelt, die in Grundrechte der Bürger einzugreifen geeignet ist. Prägend für eine solche Situation ist die Möglichkeit des Staates, einseitig regelnd tätig zu werden, ohne dem Bürger Gestaltungsrechte einzuräumen. Nach dieser Ansicht ist dies nur bei der Eingriffsverwaltung der Fall.[427]

Dieses Verständnis ist jedoch abzulehnen. Zwar war es die Intention des Verfassunggebers, einen Mindestaufgabenkreis des Art. 33 Abs. 4 GG zu gewährleisten.[428] Die Gewährleistung einer institutionellen Garantie kann aber

---

425 BVerfGE 6, 376, 385; BVerfG, NVwZ 1988, 523; Battis, in: Sachs, GG, Art. 33, Rn. 45. Einen subjektiven Anspruch bejaht dagegen Isensee, in: HbVerfR, § 32, Rn. 52.

426 Masing, in: Dreier, GG II, Art. 33, Rn. 65; Benz, Beamtenverhältnis und Arbeitsverhältnis, S. 152 ff.; Jung, Die Zweispurigkeit des Öffentlichen Dienstes, S. 132 ff., 192; Thieme, Der öffentliche Dienst in der Verfassungsordnung des Grundgesetzes, S. 57.

427 Benz, Beamtenverhältnis und Arbeitsverhältnis, S. 152 ff.; Jung, Die Zweispurigkeit des Öffentlichen Dienstes, S. 132 ff.; Thieme, Der öffentliche Dienst in der Verfassungsordnung des Grundgesetzes, S. 57.

428 So Masing, in: Dreier, GG II, Art. 33, Rn. 65.

nicht bedeuten, dass über den Mindest-Gewährleistungsbereich hinaus keine weitere Anwendung zulässig ist.

Weiterhin könnte die Verwaltung durch die Wahl einer bestimmten Rechtsform selbst bestimmen, ob sie Beamten oder Nicht-Beamten beschäftigt. Dies liefe aber dem Telos der Verfassungsnorm grob zuwider.[429]

Auch das Abstellen auf die Rechtsform des öffentlichen Rechts überzeugt nicht. Hiernach wäre nur das Verwaltungsprivatrecht, nicht aber die Leistungsverwaltung aus dem Anwendungsbereich des Art. 33 Abs. 4 GG ausgeschlossen. Für die Leistungsverwaltung gilt dies nur insoweit, als sie in der Rechtsform des öffentlichen Rechts durchgeführt wird.[430] Diese Theorie scheint zunächst einen guten Ansatzpunkt darzustellen, bietet sie doch auf den ersten Blick ein griffiges Kriterium zur Bestimmung der Reichweite des Funktionsvorbehalts. Sie verkennt dabei allerdings, dass die Grenze zwischen privatem und öffentlichem Recht regelmäßig verschwimmt und eine Abgrenzung nach der Rechtsform nicht immer trennscharf vorgenommen werden kann.

bb) Erweiterter Hoheitsbegriff

Nach einem erweiterten Verständnis des Hoheitsbegriffs entsprechen öffentliche Befugnisse den öffentlichen Aufgaben. Auf die Rechtsform des Verwaltungshandels kommt es, im Gegensatz zu der Definition des öffentlichen Dienstes, nicht an.[431] In der Folge bedeutet dies, dass auch die Leistungsverwaltung und sogar das Verwaltungsprivatrecht umfasst sind.[432] Für ein solches Verständnis spricht nicht zuletzt die traditionelle Behandlung des Funktionsvorbehalts in der Rechtsprechung. Das Bundesverwaltungsgericht sieht bereits seit einer Entscheidung im Jahr 1969 die Eingriffs- und die Leistungsverwaltung vom Funktionsvorbehalt erfasst.[433]

cc) Vermittelnde Ansicht

Das enge Verständnis des Hoheitsbegriffes ist abzulehnen, da es verkennt, dass eine Grundrechtsrelevanz nicht ausschließlich in der klassischen Eingriffsverwaltung denkbar ist, sondern auch in anderen Formen staatlichen Handelns.[434]

---

429 Isensee, in: HbVerfR, § 32, Rn. 57.

430 Stern, Staatsrecht I, S. 348 f.; Lerche, Verbeamtung als Verfassungsauftrag, S. 21 ff.; Ule, Beamtenrecht, § 2 BRRG, Rn. 5; Rudolf, VVDStRL 37 (1979), 175, 202 ff.

431 Lecheler, in: Isensee/Kirchhof, HStR V3, § 110, Rn. 28; P. Kirchhof, Der Begriff der hoheitlichen Befugnisse, S. 127; Leisner, in: ders., Berufsbeamtentum, S. 121 ff., 126 f.

432 Isensee, in: HbVerfR, § 32, Rn. 58; Herrmann, VerwArch 2010, 377, 389.

433 BVerwGE 34, 123, 126; E 49, 137, 141.

434 Masing, in: Dreier, GG II, Art. 33, Rn. 66; Isensee, Beamtenstreik, S. 85 ff. Mit diesem Problem korrespondiert die Frage nach dem Erfordernis eines Gesetzesvorbehalts: Ein „Totalvorbehalt" des Gesetzes auch in der Leistungsverwaltung ist mit dem Bundesver-

Dem erweiterten Verständnis ist insoweit zuzustimmen, als richtigerweise der Funktionsvorbehalt auch auf die Leistungsverwaltung anzuwenden ist. Auch dies gilt jedoch nicht uneingeschränkt. Entscheidendes Kriterium für die Einordnung einer Tätigkeit als hoheitliche Aufgabe i.S.d. Art. 33 Abs. 4 GG ist die Grundrechtsrelevanz des staatlichen Handelns. Eine solche ist unstreitig in der klassischen Form der Eingriffsverwaltung gegeben. Auch die Gewährung von Leistungen kann jedoch gleichzeitig einen Eingriff in die Grundrechte Dritter darstellen und somit grundrechtsrelevant sein.[435]

b) Erstellung eines Gesetzentwurfs als hoheitliche Tätigkeit

Die Erarbeitung eines Gesetzentwurfs durch Private ist wegen ihrer Grundrechtsrelevanz als hoheitliche Tätigkeit einzuordnen. Die Erstellung eines Gesetzentwurfs obliegt ursprünglich der Bundesregierung, der auch das Initiativrecht hierfür zusteht. Zwar besteht grundsätzlich keine Pflicht, dieses Recht auszuüben. Eine solche Pflicht wird vielmehr nur in solchen Ausnahmefällen in Betracht kommen, in denen das Parlament selbst zur Gesetzgebung verpflichtet ist.[436]

Es handelt sich jedoch um einen Vorgang, der im „inneren Gesetzgebungsverfahren" stattfindet und sich somit vollständig in der Sphäre des Staates abspielt. Im Ergebnis liegt eine typische öffentliche Aufgabe vor, die unter den Begriff der hoheitlichen Befugnisse nach dem erweiterten Hoheitsbegriff gefasst werden kann.

Auch die Grundrechtsrelevanz des Gesetzgebungsoutsourcings ist zu bejahen, da jedes staatliche Handeln grundrechtsrelevant sein kann. Dies ergibt sich bereits aus Art. 1 Abs. 3 GG. Hiernach sind „Gesetzgebung, vollziehende Gewalt und Rechtsprechung" an die „nachfolgenden Grundrechte" als „unmittelbar geltendes Recht" gebunden. Die Verfassung erkennt demnach die Grundrechtsrelevanz allen staatlichen Handelns an und stellt als außerordentlichen Rechtsbehelf der Bürger gegen eine Grundrechtsverletzung die Verfassungsbeschwerde nach Art. 93 Abs. 1 Nr. 4 lit. a GG, §§ 13 Nr. 8 lit. a, 90 ff. BVerfGG zur Verfügung.[437] Bezüglich des Beschwerdegegenstands ist der Beschwerdeführer

fassungsgericht abzulehnen (BVerfGE 110, 177, 191), bei erhöhter Grundrechtsrelevanz muss jedoch auch hier eine gesetzliche Grundlage bestehen (vgl. Michael/Morlok, Grundrechte, Rn. 562). Auf die Bedeutung der Grundrechtsrelevanz wird im Einzelnen noch eingegangen, vgl. B. III. 1. b).

435 Michael/Morlok, Grundrechte, Rn. 562; Karpen, NJW 1988, 2512, 2517; Remus, Präsidialverfassung, S. 236, stellt in diesem Zusammenhang auf die „Grundrechtssensibilität" ab.

436 Vgl. hierzu bereits oben B. I. 2. a) aa) (2) c).

437 BVerfGE 2, 287, 291; E 14, 25, 29; E 18, 315, 325; E 75, 201, 216 f.; Voßkuhle, in: v. Mangoldt/Klein/Starck, GG III, Art. 93, Rn. 168.

nicht beschränkt; gerügt werden können alle Akte der öffentlichen Gewalt (vgl. Art. 93 Abs. 1 Nr. 4 lit a GG, § 90 Abs. 1 BVerfGG). Im Gegensatz zu Art. 19 Abs. 4 GG zählt hierzu nicht nur die Exekutive, sondern es werden alle drei Gewalten der Legislative, Exekutive und Judikative erfasst.[438] Im Einzelnen wird diese weite Interpretation der öffentlichen Gewalt jedoch wieder beschränkt auf die inländische Staatsgewalt.[439]

Eine bedeutende Beschränkung der Reichweite einer Verfassungsbeschwerde besteht im Hinblick auf *Gesetzentwürfe*. Vorbeugender Rechtsschutz soll auch durch außerordentliche Rechtsbehelfe nicht zugelassen sein.[440] Daraus folgt aber nicht, dass ein rügefähiges Gesetz in jedem Falle bereits in Kraft getreten sein muss, Gesetzentwürfe also nie tauglicher Beschwerdegegenstand einer Rechtssatzverfassungsbeschwerde sein können. Es ist vielmehr zu trennen zwischen dem Gegenstand der Beschwerde und der Beschwer selbst, so dass ein Gesetz ausnahmsweise auch vor seinem Inkrafttreten der Kontrolle zugänglich ist, wenn lediglich noch die Verkündung im Bundesgesetzblatt seiner Geltung entgegensteht.[441] Allerdings wird es in einem solchen Fall an der Beschwerdebefugnis fehlen.[442]

In der Regel dürfte einem Gesetzentwurf die Eigenschaft als tauglicher Beschwerdegegenstand abzusprechen sein.[443] Auch wenn die Rügefähigkeit eines Gesetzentwurfs grundsätzlich abzulehnen ist, lässt das für die Anwendung des Funktionsvorbehalts aber nicht den Schluss zu, dass ein solcher Gesetzentwurf nicht grundrechtsrelevant wäre. Denn Art. 1 Abs. 3 GG bindet *umfassend* alle staatliche Gewalt.[444]

Der Unterschied zwischen Gesetzesvorlage und Gesetz besteht lediglich in dem formellen Verfahrensschritt des Inkrafttretens. Denn erst hierdurch kann aus dem potentiellen Grundrechtseingriff ein tatsächlicher Grundrechtseingriff

---

438 Voßkuhle, in: v. Mangoldt/Klein/Starck, GG III, Art. 93, Rn. 175; Bethge, in: Maunz/Schmidt-Bleibtreu/Klein/Bethge, BVerfGG II, § 90, Rn. 182.

439 St. Rspr. BVerfGE 1, 10, 11; E 6, 15, 18; E 6, 290, 295; E 22, 293, 295; E 58, 1, 27; E 66, 39, 56 ff.; Wieland, in: Dreier, GG III, Art. 93, Rn. 83.

440 BVerfGE 1, 396, 410; E 68, 143, 150; Löwer, in: Isensee/Kirchhof, HStR III3, § 70, Rn. 184.

441 BVerfGE 68, 143, 150; E 112, 363, 367; Hopfauf, in: Schmidt-Bleibtreu/Hofmann, GG, Art. 93, Rn. 189.

442 Hillgruber/Goos, Verfassungsprozessrecht, Rn. 148.

443 BVerfGE 68, 143, 150; E 112, 363, 367; Löwer, in: Isensee/Kirchhof, HStR III3, § 70, Rn. 184.

444 Herdegen, in: Maunz/Dürig, GG I, Art. 1 Abs. 3, Rn. 92. In diesem Sinne, wenn auch nicht so ausdrücklich Dreier, in: ders., GG I, Art. 1 Abs. 3, Rn. 54 ff.; Starck, in: v. Mangoldt/Klein/Starck, GG I, Art. 1 Abs. 3, Rn. 224 ff.

„durch Gesetz"[445] werden. Da es für die Anwendung des Funktionsvorbehalts aber nicht auf einen tatsächlichen Grundrechtseingriff ankommt, sondern die grundsätzliche Grundrechtsrelevanz staatlichen Handelns bereits ausreicht, kann das fehlende Inkrafttreten eines Gesetzentwurfs allein kein Ausschlusskriterium für die Anwendbarkeit des Funktionsvorbehalts darstellen.

Die Erstellung eines Gesetzentwurfs ist somit als hoheitliche Aufgabe zu qualifizieren mit der Folge, dass der Funktionsvorbehalt des Art. 33 Abs. 4 GG anzuwenden ist.

2. Folge der Anwendung: Beschäftigung von Berufsbeamten i.S.d. Art. 33 Abs. 4 GG

Die Anwendung des Funktionsvorbehalts aus Art. 33 Abs. 4 GG hat zur Folge, dass mit der Erstellung eines Gesetzentwurfs nur beauftragt werden darf, wer als Angehöriger des öffentlichen Dienstes in einem öffentlich-rechtlichen Dienst- und Treueverhältnis steht.

a) Begriff des öffentlichen Dienstes

Zur Bestimmung des Begriffs des öffentlichen Dienstes kann sowohl ein formeller als auch ein materieller Maßstab herangezogen werden.

Nach der *formellen* Betrachtungsweise sind nur Tätigkeiten für eine juristische Person des öffentlichen Rechts umfasst;[446] maßgeblich ist also die Rechtsform des Dienstherrn. Dabei kommt es nicht auf die konkrete Tätigkeit für den Dienstherrn an, sondern es ist ausschließlich die Natur des Dienstes an sich maßgeblich.[447]

Hiernach sind die regelmäßig mit der Erstellung eines Gesetzentwurfs beauftragten Ministerialbeamten unproblematisch dem öffentlichen Dienst zuzuordnen, da sie für die Bundesrepublik Deutschlang tätig werden. Rechtsanwälte dagegen sind regelmäßig Angestellte einer Sozietät oder eines Unternehmens.

Die *materielle* Betrachtung verlangt dagegen lediglich ein Handeln zur Erfüllung öffentlicher Aufgaben.[448] Auch dies ist im Falle der Ministerialbeamten zu bejahen. Selbst wenn man die Tätigkeit für den Bund außer Betracht lässt,

---

445 Zur Beteiligung der Gewalten an Grundrechtseingriffen Michael/Morlok, Grundrechte, Rn. 554 f.

446 BVerfGE 6, 257, 267; BVerwGE 30, 81, 87 f.; Battis, in: Sachs, GG, Art. 33, Rn. 50; Ule, in: Bettermann/Nipperdey, Grundrechte IV/2, S. 537, 545; Lecheler, in: Isensee/Kirchhof, HStR V3, § 110, Rn. 2; Jung, Die Zweispurigkeit des Öffentlichen Dienstes, S. 28.

447 Ule, in: Bettermann/Nipperdey, Grundrechte IV/2, S. 537, 545; Lecheler, in: Isensee/Kirchhof, HStR V3, § 110, Rn. 24.

448 So noch Kümmel, RiA 1954, 64 ff.; Denecke, RdA 1955, 401, 402 f..

erfüllen die Beamten bei der Erstellung eines Gesetzentwurfs die Aufgabe des zuständigen Ministeriums. Im Unterschied zur formellen Betrachtung nehmen aber auch die Rechtsanwälte bei der Ausübung der gleichen Tätigkeit öffentliche Aufgaben wahr.

Um die Einbeziehung Privater in den Begriff des öffentlichen Dienstes ohne die Übertragung von Hoheitsbefugnissen weitestgehend zu vermeiden, ist die formelle Bestimmung vorzugswürdig. Die Abgrenzung zu den unter den Begriff fallenden Beschäftigungen fiele sonst schwer, denn juristische Personen des öffentlichen Rechts verfolgen im Regelfall zwar öffentliche Interessen, aber auch die Privatrechtsordnung verfolgt diese Interessen zumindest immer mittelbar.[449]

b) Begriff des öffentlichen Dienst- und Treueverhältnisses

Allein die Vorgabe der Beschäftigung von Angehörigen des öffentlichen Dienstes ist nicht zielführend zur Erfüllung der Vorgaben des Funktionsvorbehalts. Denn stellt man nur auf die Beschäftigung im öffentlichen Dienst ab, so lässt sich hieraus noch nicht erkennen, dass es sich bei allen Beschäftigten um Beamte handeln muss. Sowohl diese als auch nicht verbeamtete Angestellte können nämlich für eine juristische Person des öffentlichen Rechts tätig sein. Notwendig ist somit eine Beschränkung des tauglichen Beschäftigtenkreises derart, dass nur solche Angehörigen des öffentlichen Dienstes in Betracht kommen, die in einem öffentlich-rechtlichen Dienst- und Treuverhältnis stehen. Ein solches kann nur zwischen Beamten und dem Staat bestehen, sonstige Angestellte im öffentlichen Dienst sind hiervon nicht betroffen.[450]

Dieses beamtenspezifische Treueverhältnis ist sowohl für den Beamten selbst als auch für den Staat eine Hauptpflicht.[451] Für ersteren beinhaltet es die Pflicht zu einem verantwortlichen Handeln, welches sich an den Werten und Vorgaben sowohl einfacher Gesetze als auch an der Verfassung orientiert. Die Besonderheit gegenüber dem einfachen Angestelltenverhältnis zeigt sich darin, dass der Beamte seine Tätigkeit darüber hinaus auch gemeinwohlfreundlich auszuüben verpflichtet ist.[452] Des Weiteren umfasst das öffentlich-rechtliche Dienst- und Treueverhältnis das Gebot zur gegenseitigen Rücksichtnahme,[453] die Gehorsamspflicht gegenüber dem Dienstherrn, wie sie in §§ 62 BBG, 35 Be-

449 Jung, Die Zweispurigkeit des Öffentlichen Dienstes, S. 27; Forsthoff, Lehrbuch des Verwaltungsrechts, Bd. 1, S. 114.

450 BVerfGE 3, 162, 186; E 9, 268, 284 f.; Badura, in: Maunz/Dürig, GG IV, Art. 33, Rn. 58 f.; Jachmann, in: v. Mangoldt/Klein/Starck, GG II, Art. 33, Rn. 30; Balzer, Republikprinzip und Berufsbeamtentum, S. 64; Thieme, Der Aufgabenbereich der Angestellten im öffentlichen Dienst, S. 18.

451 R. Müller, Der Bestandsschutz des Unterhaltsrechts, S. 163.

452 BVerfG, NJW 1989, 93; Isensee, in: HbVerfR, § 32, Rn. 65; Summer, ZBR 1992, 1, 5.

453 BVerfGE 3, 58, 157.

amtStG festgelegt ist,[454] die Pflicht zur unparteiischen Amtsführung aus §§ 60 Abs. 1 BBG, 33 Abs. 1 BeamtStG[455] sowie die Pflicht zur Amtsverschwiegenheit gemäß §§ 67 BBG; 37 Abs. 1 BeamtStG.[456] Die politische Aktivität kann zwar für Beamte nicht ausgeschlossen werden, jedenfalls besteht aber nach §§ 60 Abs. 2 BBG, 33 Abs. 2 BeamtStG die Pflicht zur politischen Neutralität in Ausübung seiner Tätigkeit.[457]

Auf der Seite des staatlichen Dienstherrn begründet das Treueverhältnis zunächst eine Alimentations-[458] sowie eine Fürsorgepflicht.[459] Letztere schließt außerdem die Pflicht des Dienstherrn ein, die beschäftigten Beamten nach deren Leistung und Fähigkeit zu fördern sowie ihre Interessen zu berücksichtigen.[460]

Ein derartiges Treueverhältnis kann zwischen den Ministerialbeamten und dem Staat angenommen werden. Zwischen einem Ministerium und den von diesem mit der Erstellung eines Gesetzentwurfs beauftragten Rechtsanwaltskanzleien besteht ein solches Treueverhältnis aufgrund der privatrechtlichen Ausgestaltung des Auftragsverhältnisses jedoch nicht.

3. Ergebnis

Nach der formellen Bestimmung ist die Einordnung der Rechtsanwälte zum Begriff des öffentlichen Dienstes abzulehnen. Denn es besteht nur ein privatrechtliches Anstellungsverhältnis zwischen der Sozietät und den Anwälten. Im Verhältnis zum Staat besteht dagegen kein wie auch immer geartetes dauerhaftes Arbeitsverhältnis, sondern nur ein Geschäftsbesorgungsvertrag in Gestalt eines Mandatsvertrags, den das Ministerium mit der Rechtsanwaltskanzlei geschlossen hat. Dieser ist privatrechtlicher Natur, sein Abschluss richtet sich nach den Bestimmungen des BGB. Eine Modifizierung erfährt er jedoch durch das anwaltliche Berufsrecht mit den sich daraus ergebenden Rechten und Pflichten.[461]

---

454 BVerfGE 9, 268, 286; BVerfG, DVBl. 1995, 192, 193.

455 BVerfGE 9, 268, 286; BVerfG, NVwZ 1994, 473, 474; BVerwGE 90, 104, 110; Püttner, in: Festschrift für Carl Hermann Ule zum 70. Geburtstag, S. 383 ff.

456 BVerfGE 28, 191, 200 f.; BVerwGE 66, 39, 41 f.; Isensee, in: HbVerfR, § 32, Rn. 65.

457 BVerfG, NJW 1989, 93; Isensee, in: HbVerfR, § 32, Rn. 65.

458 Zum Alimentationsprinzip vgl. Günther, Die Anpassung der Beamtenbesoldung, S. 85 ff.; Pannhausen, Das Alimentationsprinzip im Beamtenrecht, S. 38 ff.; Till, Die Entwicklung des Alimentationsprinzips, S. 22 ff.

459 BVerfGE 3, 58, 157; E 8, 332, 356; E 9, 268, 286; E 19, 76, 85; E 43, 154, 165; E 83, 89, 100. Einen Überblick über die Aspekte der Fürsorgepflicht gibt Summer, ZBR 1998, 151 ff.

460 Zum Inhalt der Fürsorgepflicht vgl. BVerfGE 43, 154, 165 f.; BVerwGE 104, 55, 57 ff.

461 Vgl. hierzu schon oben B. II. 2. a). Zum Verhältnis des Mandatsvertrages und dem anwaltlichen Berufsrecht vgl. v. Lewinsky, JuS 2004, 396 ff.

Die privatrechtliche Vereinbarung einer Geschäftsbesorgung ist für die Einordnung der anwaltlichen Tätigkeit in den öffentlichen Dienst nicht ausreichend. Erforderlich wäre vielmehr eine dauerhafte Beschäftigung in einem öffentlich-rechtlichen Verhältnis. Da diese bei der Erstellung eines Gesetzentwurfs durch Rechtsanwälte nicht angenommen werden kann, liegt bereits ein Verstoß gegen den Funktionsvorbehalt vor. Ein solcher ergibt sich weiterhin daraus, dass kein öffentliches Dienst- und Treueverhältnis zwischen den Rechtsanwälten und dem Ministerium anzunehmen ist. Auch diesbezüglich kann nur auf die Pflichten aus dem Mandatsvertrag abgestellt werden.

IV. Gesamtergebnis

Es wird deutlich, dass die Praxis des Gesetzgebungsoutsourcings eine Vielzahl verfassungsrechtlicher Probleme aufwirft. Zunächst muss die personelle Legitimation der beratenden Kanzleien abgelehnt und in der Folge ein Verstoß gegen das Demokratieprinzip angenommen werden. Grund hierfür ist, dass eine auf den Willen des Volkes zurückgehende Legitimationskette im Falle des Gesetzgebungsoutsourcings nicht erkennbar ist.[462] Auch tritt der Zweck des Regierungshandelns durch den Vertragsschluss nicht hervor, so dass ein Verstoß gegen das Öffentlichkeitsprinzip anzunehmen ist.

Die Frage nach der Gemeinwohlrelevanz der anwaltlichen Erstellung von Gesetzentwürfen muss dahingehend beantwortet werden, dass das Gesetzgebungsoutsourcing den Anforderungen des Gemeinwohls nicht entspricht:[463] Das Gesetzgebungsoutsourcing überschreitet insoweit dessen Grenzen, als sich Kollisionen zwischen Interessen des Staates und solcher der Mandanten ergeben. Problematisch ist außerdem, dass durch die Wahrnehmung staatlicher Aufgaben durch Anwälte die Distanz zwischen Rechtspflege und Legislative verloren geht, denn die Tätigkeit der beauftragten Anwälte befindet sich zu weit in der staatlichen Sphäre. Das Rechtspflegeorgan „Rechtsanwalt" hat seine Betrachterrolle verloren und wird zum Protagonisten. Selbst nach Abschluss der Auftragstätigkeit wirkt der Gemeinwohlverstoß nach: Bezüglich der Wahrnehmung von Mandaten, bei deren Bearbeitung eine Beratung bezüglich des selbst erstellten Gesetzes notwendig ist, wird zwingend entweder das Vertrauensverhältnis zum staatlichen Auftraggeber verletzt oder die Interessen des Mandanten finden nicht in hinreichender Weise Berücksichtigung.

Weiterhin ist ein Verstoß gegen den Funktionsvorbehalt des Art. 33 Abs. 4 GG festzustellen, denn auch dem Erstellen eines Gesetzentwurfs durch die Exekutive im Rahmen des „inneren Gesetzgebungsverfahrens" kann die Grundrechtsrelevanz nicht abgesprochen werden. Die Erstellung eines Gesetzentwurfs

---

462 Vgl. oben B. I. 2. b).

463 Vgl. soeben B. II.

muss demnach grundsätzlich von regierungsinternen Mitarbeitern vorgenommen werden.

C. Lösungsansätze *de lege lata*

Im Folgenden soll weiter erörtert werden, ob eine Lösung der gerade aufgeworfenen verfassungsrechtlichen Probleme nach geltendem Recht möglich erscheint.

I. Vergaberechtlicher Lösungsansatz

In Betracht kommt zunächst eine vergaberechtliche Lösung durch Ausschreibung der Leistungen einerseits und Gewährung von Rechtsschutz bei Nichtbeachtung des Verfahrens andererseits.

1. Ausschreibung der Leistungen

Dazu müsste der Anwendungsbereich des Vergaberechts in Bezug auf die anwaltliche Tätigkeit eröffnet sein. Da die Regelungen zum deutschen Vergaberecht sich nicht auf ein Regelwerk beschränken, sondern sich aus verschiedenen Rechtsquellen ergeben, müssen diese Rechtsquellen daraufhin untersucht werden, ob sich aus ihnen eine Pflicht zur Durchführung eines Vergabeverfahrens ergibt. Zunächst ist zu untersuchen, welche Normen vorrangig heranzuziehen sind. Teilweise bedarf es für eine Anwendbarkeit einer Norm der Überschreitung bestimmter Schwellenwerte, teilweise sind die Regelungen auch unterschiedslos auf alle Aufträge anzuwenden. Die Vorgaben variieren außerdem nach der Art der Auftragsvergabe.

Im Folgenden soll deshalb zunächst die Auftragsart für die Vergabe einer anwaltlichen Beratertätigkeit eingeordnet werden, um die grundsätzlich anwendbaren Regelungen festzustellen. In einem zweiten Schritt ist dann nach dem Auftragswert zu unterscheiden und festzustellen, welche Regelungen für den oberschwelligen, welche für den unterschwelligen Bereich der rechtlichen Beratung bestehen.

a) Vergaberechtlicher Regelungsaufbau

Es gilt das sogenannte *Kaskadenprinzip*.[464] Durch § 97 Abs. 6 GWB wird die Bundesregierung ermächtigt, „durch Rechtsverordnung mit Zustimmung des Bundesrates nähere Bestimmungen über das bei der Vergabe einzuhaltende Ver-

464 Dietlein/Fandrey, in: Byok/Jaeger, Vergaberecht, Einl., Rn. 35; Hailbronner, in: Grabitz/Hilf, Das Recht der Europäischen Union, Sekundärrecht, B3, Rn. 34; Kühnen, in: Kapellmann/Messerschmidt, VOB Teile A und B, Einleitung, Rn. 10 f.; Hertwig, Praxis der öffentlichen Auftragsvergabe, Rn. 31, 38 ff.; ders., DStR 2001, 172.

fahren zu treffen“. Diese Rechtsverordnung wird als Vergabeverordnung (VgV) bezeichnet und dient als Bindeglied zwischen dem GWB und den nationalen Verdingungsordnungen, namentlich der Vergabe- und Vertragsordnung für Bauleistungen (VOB), der Vergabe- und Vertragsordnung für Leistungen (VOL) sowie der Vergabeordnung für freiberufliche Leistungen (VOF).[465] Die VOB und die VOL bestehen aus zwei Abschnitten, den Paragraphen, die die Vergabe im nationalen Bereich regeln, sowie den Paragraphen im Anwendungsbereich der europäischen Richtlinien.[466] Die VOF besteht dagegen aus nur einem Abschnitt, da hier eine Unterteilung der Anwendbarkeit nicht stattfindet. Sie beansprucht nach § 1 Abs. 1 VOF lediglich Geltung, „sofern der geschätzte Auftragswert die Schwellenwerte für Dienstleistungen oder Wettbewerbe ohne Umsatzsteuer nach § 2 der Vergabeverordnung erreicht oder überschreitet.“ Unterhalb dieser Schwellenwerte kommt eine Anwendung nicht in Betracht. Die derzeit geltenden Schwellenwerte betragen dabei 125.000 Euro für Liefer- und Dienstleistungsaufträge der obersten oder oberen Bundesbehörden sowie vergleichbarer Bundeseinrichtungen (§ 2 Nr. 1 VgV), 193.000 Euro für alle anderen Liefer- und Dienstleistungsaufträge (§ 2 Nr. 2 VgV) sowie 4.845.000 Euro für Bauaufträge.

Für die Vergabe innerhalb bestimmter Sektoren gelten dagegen nicht die Verdingungsordnungen, sondern die Sektorenverordnung (SektVO)[467], die zentral die Vergabe von Aufträgen im Bereich des Verkehrs, der Trinkwasserversorgung und der Energieversorgung regelt.

Die Frage nach der rechtlichen Geltung der Verdingungsordnungen kann nach mittlerweile herrschender Meinung dahingehend beantwortet werden, dass ihnen zwar allein betrachtet kein Rechtsnormcharakter zukommt. Durch den Verweis in §§ 4-6 VgV wird ihnen aber der Charakter einer Rechtsverordnung und damit Außenwirkung verliehen.[468]

Die Folge dieser Regelungskaskade ist die Zweiteilung der vergaberechtlichen Regelungen in einen „unterschwelligen“ und einen „oberschwelligen“ Raum und deren unterschiedliche Behandlung allein aufgrund des wirtschaftlichen Wertes des Auftrags.[469]

---

465 Hertwig, DStR 2001, 172; Wagner, in: Langen/Bunte, KartR I, Vor § 97 GWB, Rn. 53.

466 Müller-Wrede, in: ders., VOL/A, Einleitung, Rn. 9. Zum alten System vgl. noch Hertwig, DStR 2001, 172; Prieß, in: Motzke/Pietzcker/Prieß, VOB Teil A, Vorbemerkung Abschnitt 1, Rn. 1 f. (Basisparagraphen); Prieß, in: Motzke/Pietzcker/Prieß, VOB Teil A, Vorbemerkung Abschnitt 2, Rn. 2 ff. (a-Paragraphen).

467 Verordnung über die Vergabe von Aufträgen im Bereich des Verkehrs, der Trinkwasserversorgung und der Energieversorgung (SektVO) vom 23.09.2009, BGBl. I, S. 3110.

468 Vgl. oben A. II. 2. b) aa) sowie zur Frage der Außenwirkung zuletzt Knauff, NZBau 2010, 657, 658, mit Bezug auf Müller-Wrede, in: ders., VOL/A, Einleitung, Rn. 6.

469 Boesen, Vergaberecht, Einleitung, Rn. 157.

b) Differenzierung nach der Art des Auftrags: Rechtliche Beratung

Bevor die im Einzelfall anwendbaren Vorschriften bestimmt werden können, muss festgelegt werden, in welche Verdingungsordnung die in Frage stehende Materie einzuordnen ist. Das Gesetzgebungsoutsourcing stellt eine besonders intensive Ausprägung der rechtlichen Beratung dar, so dass der Bereich der „*Rechtsberatung*" als Oberbegriff heranzuziehen ist.

Die Rechtsberatung ist als Dienstleistung im Sinne des Leistungsbegriffs der VOL zu qualifizieren.[470] Eine Definition findet sich in § 99 Abs. 4 GWB, wonach Dienstleistungen „Verträge über die Erbringung von Leistungen [sind], die nicht unter Abs. 2 oder 3 fallen und keine Auslobungsverfahren sind." Offensichtlich liegt mit der anwaltlichen Beratung weder ein Lieferauftrag (Abs. 2) noch ein Bauauftrag (Abs. 3) vor, so dass die Subsidiarität gegenüber diesen Aufträgen zu verneinen ist.

Mit der Annahme eines Dienstleistungsauftrages ist einerseits eine Einordnung in die VOL möglich, andererseits aber auch in die VOF. Liegt eine freiberufliche Leistung vor, so wäre die VOF nach § 5 Abs. 1 VgV vorrangig heranzuziehen, es sei denn, es handelt sich um „Dienstleistungen, deren Gegenstand eine Aufgabe ist, deren Lösung vorab eindeutig und erschöpfend beschrieben werden kann" (§ 5 Abs. 2 VgV). In diesem Falle bliebe die VOL anwendbar.[471]

aa) Freiberufliche Leistung

Eine Zuordnung der Rechtsberatung zur VOF setzt somit zunächst eine freiberufliche Leistung voraus.

Der Begriff der freiberuflichen Leistung wird weder in der VgV noch in der VOF selbst definiert, so dass auf andere Vorschriften zurückgegriffen werden muss. Herangezogen werden kann zum einen die steuerrechtliche Definition des § 18 Abs. 1 Nr. 1 Einkommenssteuergesetz (EStG), die beispielhaft einige freie Berufe aufzählt, unter anderem auch die Tätigkeit des Rechtsanwalts.

Zum anderen kann auf § 1 Abs. 2 Partnerschaftsgesellschaftsgesetz (PartGG) abgestellt werden,[472] nach dem freie Berufe „im allgemeinen auf der Grundlage besonderer beruflicher Qualifikation oder schöpferischer Begabung" beruhen und „die persönliche, eigenverantwortliche und fachlich unabhängige

---

470 Vgl. zum Leistungsbegriff Wieddekind, in: Willenbruch/Wieddekind, Vergaberecht, § 1 VOL/A, Rn. 2.

471 Winnes, in: Pünder/Schellenberg, Vergaberecht, § 1 VOF, Rn. 16; v. Wietersheim/Schranner, Das neue Vergaberecht, S. 96.

472 Zeiss, in: Heiermann, Vergaberecht, § 5 VgV, Rn. 9; Wieddekind, in: Willenbruch/Wieddekind, Vergaberecht, § 1 VOL/A, Rn. 10. Zur alten Fassung der VOF Voppel, VOF, § 1, Rn. 3 f.

Erbringung von Dienstleistungen höherer Art im Interesse der Auftraggeber und der Allgemeinheit zum Inhalt“ haben.

Die Voraussetzung der besonderen beruflichen Qualifikation erfüllt der Rechtsanwalt durch die Ablegung zweier Staatsexamina und die dadurch erworbene Befähigung zum Richteramt.[473] Weiterhin beruht seine Tätigkeit auf Eigenverantwortlichkeit und fachlicher Unabhängigkeit, wobei er aber immer im Interesse seines Mandanten zu handeln verpflichtet ist.[474]

Durch diese Voraussetzung wird das Vertrauensverhältnis des Angehörigen der freien Berufe zu seinem Auftraggeber herausgestellt, welches dem Gewinnstreben des Einzelnen vorgehen soll.[475] In diesem Zusammenhang steht weiterhin auch die Forderung nach der persönlichen Erbringung der Tätigkeit,[476] welche im Beruf des Anwalts ebenfalls offensichtlich ist. Dabei schadet die Beteiligung qualifizierter Mitarbeiter dem Persönlichkeitserfordernis nicht, solange die Leitung dem Rechtsanwalt selbst obliegt.[477]

Mit der Erfüllung all dieser Kriterien wird offenbar, dass die Rechtsberatung dem Begriff der freiberuflichen Leistung und mithin der VOF unterfällt. Dies stellt die Verdingungsordnung auch selbst noch einmal klar, indem sie die Rechtsberatung in Anhang I Teil B Kategorie 21 einordnet und somit als *nachrangige Dienstleistung* qualifiziert.[478]

bb) Keine vorab eindeutig und erschöpfend zu beschreibende Lösung

Weiterhin muss nach § 5 Abs. 2 VgV sichergestellt sein, dass es sich bei der Tätigkeit nicht um eine solche handelt, deren Lösung bereits vorab eindeutig und erschöpfend beschrieben werden kann. In diesem Fall wäre die Anwendung der VOF ausgeschlossen mit der Folge, dass auf die VOL/A zurückgegriffen werden müsste.[479]

---

473 Zur Erforderlichkeit der besonderen beruflichen Qualifikation vgl. BVerfGE 17, 232, 239; E 37, 38, 49; E 46, 224, 240.

474 Vgl. zur Wahrung der Mandanteninteressen schon oben die Ausführungen zum anwaltlichen Berufsrecht, B. II. 2. a).

475 Für den Beruf des Apothekers durch das Bundesverfassungsgericht entschieden, vgl. BVerfGE 17, 232, 239. Für die anwaltliche Tätigkeit muss diesbezüglich auf die Einordnung als unabhängiges Organ der Rechtspflege zurückgegriffen werden, vgl. §§ 1, 43a Abs. 1 BRAO.

476 BVerfGE 46, 224, 242; Wieddekind, in: Willenbruch/Wieddekind, Vergaberecht, § 1 VOL/A, Rn. 10.

477 Noch zur alten Fassung der VOF Voppel, VOF, § 1, Rn. 10.

478 Zum Begriff der Nachrangigkeit Buck, Die Vergabe sogenannter nachrangiger Dienstleistungsaufträge, S. 53 ff.

479 Müller-Wrede, in: ders., VOF, § 2, Rn. 63; Wieddekind, in: Willenbruch/Wieddekind, Vergaberecht, § 5 VgV, Rn. 2.

Eine eindeutig zu beschreibende Leistung liegt nur dann vor, wenn der sie Ausführende vom Auftraggeber derart enge Vorgaben erhalten hat, dass ihm für eigene Überlegungen kein Raum mehr bleibt.[480] Dies ist regelmäßig der Fall bei Analysen sowie technischen Prüfungen, aber auch bei der reinen Übertragung bereits vorgefertigter Pläne.[481]

Auch für die Erarbeitung eines Gesetzentwurfs erhalten die beauftragten Rechtsanwälte Vorgaben durch das zuständige Ministerium. Bei der Auslagerung der Arbeiten nimmt das Ministerium jedoch nicht nur Beratungsleistungen zu einer genau beschreibbaren Materie in Anspruch, sondern überträgt den Anwälten gleichsam die Verantwortung für die Gesetzesvorlage. Von einer bloßen Umsetzung genauer Vorgaben kann beim Gesetzgebungsoutsourcing also nicht die Rede sein. Würde es sich nur um eine solche Umsetzung handeln, bestünde im Übrigen nicht die Notwendigkeit der Beauftragung, da die reine Umsetzung der Vorgaben auch von internen Mitarbeitern übernommen werden kann. Die Berufung auf deren fehlende fachliche Kompetenz[482] spricht vielmehr dafür, dass den Kanzleien bei der Erstellung der Vorlage ein recht weiter Umsetzungsspielraum zusteht.

Im Ergebnis liegt somit eine freiberufliche Leistung vor, die nicht bereits vorab eindeutig und erschöpfend bestimmt werden kann. Die auf das Gesetzgebungsoutsourcing anwendbare Verdingungsordnung ist somit die VOF.

c) Differenzierung nach dem Wert des Auftrags

Nach der Bestimmung der Auftragsart kommt es weiterhin noch auf den Wert des Auftrags an, da sich die anwendbaren Regelungen oberhalb der Schwellenwerte von denen im Unterschwellenbereich unterscheiden.

aa) Oberschwellige Vergabe

Oberhalb der Schwellenwerte des § 2 VgV gilt das Wettbewerbsvergaberecht[483] für alle Aufträge, die eine Binnenmarktrelevanz aufweisen. Die europarechtlichen Bestimmungen zur Auftragsvergabe, insbesondere die Allgemeine Vergaberichtlinie und die neue Sektorenrichtlinie, verlangen nach nationaler Umsetzung, welche aufgrund der Verordnungsermächtigung der Art. 80 Abs. 1 S. 1 GG, §§ 97 Abs. 6, 127 GWB in der Neufassung der VgV sowie der SektVO durchgeführt wurde.

---

480 Müller, in: Daub/Eberstein, VOL/A, § 1, Rn. 16. Für eine Bestimmung des Begriffs nur unter Berücksichtigung der Einzelfallumstände Marx, in: Kulartz, VOL/A, § 1, Rn. 65.

481 Vgl. hierzu die Beispiele bei Zeiss, in: Heiermann, Vergaberecht, § 5 VgV, Rn. 16.

482 Vgl. BT-Drs. 16/13983 v. 04.09.2009, S. 2, BT-Drs. 16/14022 v. 08.09.2009, S. 1, und BT-Drs. 16/14133 v. 26.10.2009, S. 5.

483 Zum Begriff Ax/Schneider/Siewert, Auftragsvergabe, Rn. 100.

(1) Vorgaben des sekundären Unionsrechts

Das sekundäre Unionsrecht in Gestalt der Vergaberichtlinien gibt den Umgang mit der Materie der Auftragsvergabe für die Gesetzgeber der Mitgliedstaaten vor.

Die ehemals große Regelungsvielfalt an europäischen Richtlinien[484] ist nach der Vergaberechtsreform im Jahre 2009 in zwei Richtlinien zusammengefasst worden, und zwar in der Vergabekoordinierungsrichtlinie (VKR)[485] sowie der Sektorenkoordinierungsrichtlinie (SKR)[486]. Die nachrangige Dienstleistung der Rechtsberatung wird ausdrücklich von der Vergabekoordinierungsrichtlinie umfasst, heißt es doch in deren Begründung: „Bei öffentlichen Dienstleistungsaufträgen dürfen die Zuschlagskriterien nicht die Anwendung nationaler Bestimmungen beeinträchtigen, die die Vergütung bestimmter Dienstleistungen, wie beispielsweise die Vergütung von [...] Rechtsanwälten, regeln [...].“[487]

(a) Beschränkte Anwendbarkeit auf rechtliche Beratung

Die Rechtsberatung ist eingeordnet in Anhang II Teil B Kategorie 21 der VKR und hat somit den Charakter einer nachrangigen Dienstleistung.

Für solche Leistungen schreibt die VKR nur die Anwendbarkeit bestimmter Vorschriften und nicht der gesamten Richtlinie vor: Gemäß Art. 21 VKR unterliegen diese Dienstleistungen nur den Regelungen der Art. 23 und 35 Abs. 4 VKR.

Art. 23 VKR regelt die technischen Spezifikationen im Sinne des Anhangs VI, die in den Auftragsunterlagen enthalten sein und für alle Bieter allgemein zugänglich sein müssen.[488]

---

484 Baukoordinierungsrichtlinie, Lieferkoordinierungsrichtlinie, Dienstleistungsrichtlinie sowie die Sektorenrichtlinie (1998).

485 RL 2004/18/EG, zuletzt geändert durch Art. 2 ÄndVO (EG) 1177/2009 vom 30. 11. 2009 (ABl. Nr. L 314 S. 64).

486 RL 2004/17/EG, zuletzt geändert durch Art. 1 ÄndVO (EG) 1177/2009 vom 30. 11. 2009 (ABl. Nr. L 314 S. 64).

487 Erwägung 47 zu RL 2004/18/EG.

488 Nr. 1 lit. b Anhang VI VKR: „Spezifikationen, die in einem Schriftstück enthalten sind, das Merkmale für ein Erzeugnis oder eine Dienstleistung vorschreibt, wie Qualitätsstufen, Umweltleistungsstufen, die Konzeption für alle Verwendungsarten („Design for all“) (einschließlich des Zugangs von Behinderten) sowie Konformitätsbewertung, Vorgaben für Gebrauchstauglichkeit, Verwendung, Sicherheit oder Abmessungen des Erzeugnisses, einschließlich der Vorschriften über Verkaufsbezeichnung, Terminologie, Symbole, Prüfungen und Prüfverfahren, Verpackung, Kennzeichnung und Beschriftung, Gebrauchsanleitung, Produktionsprozesse und -methoden sowie über Konformitätsbewertungsverfahren.“

Für die Erstellung eines Gesetzentwurfs durch eine von einem Ministerium beauftragte Rechtsanwaltskanzlei ist die Festlegung technischer Spezifikationen allerdings kaum von Relevanz. Für die Rechtsanwälte existieren vielmehr ausschließlich die Vorgaben, die ihnen durch den Auftraggeber auferlegt werden. Es handelt sich schließlich nicht um einen technischen Vorgang, sondern um eine rechtliche Beratung im weiteren Sinne.

Schließlich regelt Art. 35 Abs. 4 VKR die Art der Bekanntmachung einer Vergabe von nachrangigen Dienstleistungen. Diese erfolgt an das Amt für Veröffentlichungen der Europäischen Union.[489] Danach „[sendet] ein öffentlicher Auftraggeber, der einen öffentlichen Auftrag vergeben oder eine Rahmenvereinbarung geschlossen hat, [...] spätestens 48 Tage nach der Vergabe des Auftrags beziehungsweise nach Abschluss der Rahmenvereinbarung eine Bekanntmachung mit den Ergebnissen des Vergabeverfahrens ab."

Für diese Dienstleistung besteht weiterhin die Pflicht einer Stellungnahme des Auftraggebers, ob er mit einer Veröffentlichung einverstanden ist.

Beauftragt das Ministerium also eine Sozietät mit der Erstellung eines Gesetzentwurfs, so verpflichtet das europäische Sekundärrecht es durch den Zwang der Anwendung dieser Norm keineswegs zur Durchführung eines förmlichen Vergabeverfahrens, sondern ausschließlich zur *nachträglichen* Information über die Auftragsvergabe.

Selbst der Inhalt der Bekanntmachung muss nicht in jedem Fall vollständig veröffentlicht werden. Nach Art. 35 Abs. 4 S. 8 VKR kann von einer Veröffentlichung abgesehen werden, „wenn die Offenlegung dieser Angaben den Gesetzesvollzug behindern, dem öffentlichen Interesse zuwiderlaufen, die berechtigten geschäftlichen Interessen öffentlicher oder privater Wirtschaftsteilnehmer schädigen oder den lauteren Wettbewerb zwischen ihnen beeinträchtigen würde."

Bezüglich der Herausgabe von Informationen über den Ablauf des Gesetzgebungsoutsourcings beruft sich die Bundesregierung regelmäßig auf die Verletzung von Betriebs- und Geschäftsgeheimnissen des Auftragnehmers, welche eine Offenlegung von Informationen verbiete.[490] Ein Absehen von der Veröffentlichung ist damit nach Art. 35 Abs. 4 S. 8 VKR möglich.

(b) Umsetzungspflicht der Mitgliedstaaten

Richtlinien besitzen hinsichtlich ihrer Ziele nach Art. 288 Abs. 3 AEUV (ex-Art. 249 EG) Verbindlichkeit für die Mitgliedstaaten der Europäischen Union. In der Wahl der Umsetzungsform sowie den Mitteln der Umsetzung sind die

489 Buck, Die Vergabe sogenannter nachrangiger Dienstleistungsaufträge, S. 67.

490 Bezüglich der Offenlegung des Vertragsentgelts so dargelegt in BT-Drs. 16/12547 v. 31.03.2009; BT-Drs. 16/13983 v. 04.09.2009, S. 3; BT-Drs. 16/14022 v. 08.09.2009, S. 1; BT-Drs. 16/14133 v. 26.10.2009, S. 3.

Mitgliedstaaten frei. Diese Kombination aus Verbindlichkeit und Umsetzungsspielraum wird als *gestufte Verbindlichkeit* bezeichnet und unterscheidet die Richtlinie von der in allen Punkten verbindlichen Verordnung (vgl. Art. 288 Abs. 2 AEUV).[491] In jedem Fall ist jedoch die Wirksamkeit einer Richtlinie derart zu gewährleisten, dass dem Gebot des *effet utile* entsprochen wird.[492] Dies begrenzt die tatsächliche Umsetzungsfreiheit der Mitgliedstaaten. [493] Nach dem EuGH muss die Umsetzungsregelung mindestens den Rang des vorher im Mitgliedstaat geltenden Rechts haben,[494] was praktisch zu einem Rechtsnormvorbehalt führt.[495]

Die Vorgaben der Vergaberichtlinie hat der deutsche Gesetzgeber vornehmlich im GWB, aber auch in den Verdingungsordnungen umgesetzt, so dass hierauf im Weiteren zurückzugreifen ist. Zusätzlich gilt im nationalen Bereich außerdem das europäische Primärrecht.

(2) Vorgaben des GWB

Die Vorgaben der europäischen Richtlinien werden im vierten Teil des GWB umgesetzt. Dieser regelt die Vergabe öffentlicher Aufträge, Bestimmungen zum Vergabeverfahren finden sich im ersten Abschnitt des vierten Teils.

Um den weiteren Anwendungsbereich dieser Vorschriften auf das Gesetzgebungsoutsourcing zu eröffnen, ist auch im Falle der nachrangigen Dienstleistungen zunächst die Erfüllung der Voraussetzung der §§ 97 ff. GWB erforderlich.

(a) Öffentlicher Auftrag

Der sachliche Anwendungsbereich des vierten Teils des GWB ist nur unter zwei Bedingungen eröffnet.

Erstens ist nach § 100 Abs. 1 GWB eine Überschreitung der Schwellenwerte nach § 2 VgV erforderlich.

Zweitens bedarf es in der Sache eines öffentlichen Auftrags.[496] Solche Aufträge werden in § 99 Abs. 1 GWB als „entgeltliche Verträge von öffentlichen

491 Streinz, Europarecht, Rn. 433.

492 So schon der EuGH im Jahre 1976 zu Art. 189 EWG, EuGH, Rs. C-48/75 (Royer), Rn. 69/73 a. E. Dazu Ruffert, in: Calliess/Ruffert, EUV/AEUV, Art. 288 AEUV, Rn. 26 ff.; Streinz, Europarecht, Rn. 440. Noch zur alten Rechtslage Nettesheim, in: Grabitz/Hilf, Das Recht der Europäischen Union, EUV/EGV, Art. 249 EGV, Rn. 139 f.

493 Dazu Ruffert, in: Calliess/Ruffert, EUV/AEUV, Art. 288 AEUV, Rn. 29.

494 Vgl. EuGH, Rs. C-116/86 (Kommission/Italien), Rn. 14.

495 Streinz, Europarecht, Rn. 440. Zu den möglichen Umsetzungsmitteln vgl. Ruffert, in: Calliess/Ruffert, EUV/AEUV, Art. 288 AEUV, Rn. 32 ff.

496 Ax/Schneider/Siewert, Auftragsvergabe, Rn. 83, 88 ff.; Hertwig, Praxis der öffentlichen Auftragsvergabe, Rn. 82 ff.

Auftraggebern mit Unternehmen über die Beschaffung von Leistungen, die Liefer-, Bau- oder Dienstleistungen zum Gegenstand haben, Baukonzessionen und Auslobungsverfahren, die zu Dienstleistungsaufträgen führen sollen" definiert.

Die Erarbeitung eines Gesetzentwurfs durch eine Rechtsanwaltskanzlei für das zuständige Ministerium stellt eine Dienstleistung nach Anhang I Teil B Kategorie 21 der VOF dar.[497] Auch erfolgt sie entgeltlich. Allerdings müsste sie auch an ein „Unternehmen" vergeben worden sein,[498] so dass dieser Begriff auch auf die „gesetzgebende" Rechtsanwaltskanzlei anzuwenden sein müsste. Hierbei ist eine rein funktionale Betrachtungsweise geboten, auf die Organisationsstrukturen kommt es dabei nicht an.[499] Nach dem EuGH ist ein Unternehmen „jede Einheit unabhängig von ihrer Rechtsform und der Art ihrer Finanzierung, die eine wirtschaftliche Tätigkeit ausübt."[500] Weiter führt der Gerichtshof aus: „Eine wirtschaftliche Tätigkeit ist jede Tätigkeit, die darin besteht, Güter oder Dienstleistungen auf einem bestimmten Markt anzubieten."[501]

Die beauftragte Rechtsanwaltskanzlei müsste also eine wirtschaftliche Tätigkeit ausüben. Zur Wahrung ihrer Wirtschaftlichkeit ist es das Ziel der Anwälte, ihren Mandantenstamm nicht nur konstant zu halten, sondern im besten Falle zu vergrößern. Deshalb gehört einerseits die Interessenvertretung bereits gewonnener Mandanten zu ihren Tätigkeiten, andererseits bieten sie auch potentiellen neuen Mandanten ihre Rechtsberatungsleistungen an.

Somit sind die vom EuGH aufgestellten Voraussetzungen zur Wirtschaftlichkeit erfüllt. Rechtsanwaltskanzleien stellen Unternehmen im funktionalen Sinn dar.

Teilweise wird vertreten, als unbestimmte Voraussetzung für die Eröffnung des sachlichen Anwendungsbereiches sei ein öffentlich-rechtlicher Zweck der Vergabe erforderlich,[502] der bei lediglich finanziellem Hintergrund fehlt. Für die Erstellung eines Gesetzentwurfs durch Rechtsanwälte kann eine Diskussion dieses Streitstandes jedoch dahinstehen, da eine solche Erstellung jedenfalls der effektiven Aufgabenerfüllung durch den Staat und somit einem öffentlichen Zweck dient.[503]

---

497 Dazu sogleich C. I. 1. c) aa) (4).

498 Vgl. Willenbruch, in: Willenbruch/Wieddekind, Vergaberecht, § 99 GWB, Rn. 47; Marx, NZBau 2002, 311.

499 So Hertwig, Praxis der öffentlichen Auftragsvergabe, Rn. 65, 83.

500 EuGH, Rs. C-475/99 (Ambulanz Glöckner), Rn. 19. Vgl. auch EuGH, Rs. C-180/98 bis C-184/98 (Pavlov u. a.), Rn. 74.

501 EuGH, Rs. C-475/99 (Ambulanz Glöckner), Rn. 19. Vgl. ebenfalls EuGH, Rs. C-180/98 bis C-184/98 (Pavlov u. a.), Rn. 75.

502 So OLG Düsseldorf, NZBau 2000, 155, 157.

503 Vgl. noch einmal die Begründung der Bundesregierung zur Übertragung der Entwurfserstellung auf Rechtsanwaltskanzleien: BT-Drs. 16/13983 v. 04.09.2009, S. 2: „dringender Handlungsbedarf bestand"; BT-Drs. 16/14022 v. 08.09.2009, S. 2: „dringender

Die Erteilung des Auftrags des für die Erstellung eines Gesetzentwurfs zuständigen Ministeriums an eine Anwaltskanzlei zur Ausarbeitung dieses Entwurfs stellt somit einen öffentlichen Auftrag dar.

Zu klären bleibt somit im Folgenden lediglich, ob die Vergabe der Dienstleistung durch einen öffentlichen Auftraggeber erfolgt.[504]

(b) Öffentlicher Auftraggeber

Der Begriff des öffentlichen Auftraggebers wird abschließend definiert in § 98 GWB. Danach sind umfasst:

> „1. Gebietskörperschaften sowie deren Sondervermögen,
> 2. andere juristische Personen des öffentlichen und des privaten Rechts, die zu dem besonderen Zweck gegründet wurden, im Allgemeininteresse liegende Aufgaben nichtgewerblicher Art zu erfüllen, [...]
> 3. Verbände, deren Mitglieder unter Nummer 1 oder 2 fallen,
> 4. natürliche oder juristische Personen des privaten Rechts, die auf dem Gebiet der Trinkwasser- oder Energieversorgung oder des Verkehrs tätig sind, [...]
> 5. natürliche oder juristische Personen des privaten Rechts sowie juristische Personen des öffentlichen Rechts, soweit sie nicht unter Nummer 2 fallen, [...]
> 6. natürliche oder juristische Personen des privaten Rechts, die mit Stellen, die unter die Nummern 1 bis 3 fallen, einen Vertrag über eine Baukonzession abgeschlossen haben, hinsichtlich der Aufträge an Dritte."

Das zuständige Bundesministerium müsste aufgrund der abschließenden Natur der Aufzählung[505] einer dieser Kategorien zugeordnet werden können. Maßgeblich ist die funktionelle Zuordnung.[506]

Insbesondere kommt eine Einordnung als klassischer Auftraggeber nach § 98 Nr. 1 GWB in Betracht. Zunächst umfasst der Begriff zwar nur Gebietskörperschaften, das heißt als Verpflichtete werden der Bund sowie die Länder und Kommunen angesehen.[507] Das Ministerium als bloßes Organteil des Bundes erscheint hiervon auf den ersten Blick nicht erfasst. Eine Verpflichtung lässt sich jedoch aus zwei Erwägungen begründen:

Handlungsbedarf bestand"; BT-Drs. 16/14133 v. 26.10.2009, S. 5: „spezielle Fachkenntnisse [...] benötigt werden".

504 Ax/Schneider/Siewert, Auftragsvergabe, Rn. 84 ff.; Hertwig, Praxis der öffentlichen Auftragsvergabe, Rn. 50 ff.

505 Hierzu Leinemann, Die Vergabe öffentlicher Aufträge, Rn. 99.

506 Dreher, in: Immenga/Mestmäcker, GWB, § 98, Rn. 6; Bungenberg, in: Loewenheim/Meessen/Riesenkampff, Kartellrecht, § 98 GWB, Rn. 3.

507 Dreher, in: Immenga/Mestmäcker, GWB, § 98, Rn. 16; Bungenberg, in: Loewenheim/Meessen/Riesenkampff, Kartellrecht, § 98 GWB, Rn. 6.

Zum einen sind selbst unselbständige Eigenbetriebe und sonstige Einheiten der Gebietskörperschaften von dem Begriff mit umfasst,[508] so dass Organteile einer Gebietskörperschaft erst recht die Auftraggebereigenschaft aufweisen müssen.

Zum anderen sind 18 Bundesministerien in Anhang IV der Vergabekoordinierungsrichtlinie als zentrale Regierungsbehörden ausdrücklich als Auftraggeber bezeichnet.[509] Nach dem Willen des europäischen Gesetzgebers ist also auch das eine Rechtsanwaltskanzlei beauftragende Ministerium als öffentlicher Auftraggeber anzusehen.

(c) Prinzipien des Vergaberechts

Nach der Eröffnung des Anwendungsbereiches ist zunächst festzustellen, dass eine Verpflichtung des auftraggebenden Ministeriums zur Berücksichtigung des materiellen Vergaberechts besteht. Im Weiteren ist nun zu erörtern, ob das nationale Recht im oberschwelligen Bereich die Durchführung eines Vergabeverfahrens für das Gesetzgebungsoutsourcing vorschreibt.

Die einzelnen Grundsätze zur Regelung des Vergabeverfahrens finden sich in erster Linie in den Verdingungsordnungen, im vorliegenden Fall somit in der VOF. Allerdings gibt auch das GWB verschiedene allgemeine Prinzipien vor, welche unabhängig von den einschlägigen Verfahrensvorschriften zu beachten sind.

(aa) Wettbewerbsgrundsatz

§ 97 Abs. 1 GWB nennt als ersten Grundsatz die Beschaffung von „Waren, Bau- und Dienstleistungen nach Maßgabe der folgenden Vorschriften im Wettbewerb“. Das Wettbewerbsprinzip ist die oberste Regel im Vergaberecht, auch wenn es in den Vergaberichtlinien selbst nur indirekt genannt wird.[510] Es liegt jedoch den weiteren Vergabevorschriften zugrunde.[511]

Eine Ausprägung des Wettbewerbsprinzips findet sich auch in der hier relevanten VOF: In § 2 VOF ist das Wettbewerbsprinzip zwar in Anlehnung an die europäischen Richtlinien nicht ausdrücklich genannt, der wettbewerbliche Cha-

508 Dreher, in: Immenga/Mestmäcker, GWB, § 98, Rn. 16; Bungenberg, in: Loewenheim/Meessen/Riesenkampff, Kartellrecht, § 98 GWB, Rn. 7.

509 Anhang IV neu gefasst mit Wirkung v. 1. 1. 2009 durch Entscheidung v. 9. 12. 2008 (ABl. Nr. L 349 S. 1).

510 Vgl. Art. 2 VKR, Art. 10 SKR, die auf die „Wirtschaftsteilnehmer“ Bezug nehmen.

511 Dies entspricht auch der Rspr. des EuGH zu den Zielen der ursprünglichen Richtlinien (RL 92/50 EWG und RL 93/37/EWG): EuGH, Rs. C-92/00 (Hospital Ingenieure/Stadt Wien), Rn. 43 f.; Rs. C-399/98 (Ordine degli Architetti u. a.) Rn. 52, 75; verb. Rs. C-285/99 und C-286/99 (Lombardini u.a.), Rn. 34 f.

rakter ist jedoch auch für die Vergabe von freiberuflichen Leistungen grundlegend.[512] Bezüglich des anzuwendenden Verfahrens ergibt sich eine Ausnahme von der Regel, dass öffentliche Auftraggeber das offene Verfahren anzuwenden haben. Denn dieses setzt eine abschließende Leistungsbeschreibung voraus, die für freiberufliche Leistungen gerade nicht möglich ist (vgl. § 1 Abs. 1 VOF a.E.).[513]

Das stattdessen in § 3 Abs. 1 VOF festgelegte Verhandlungsverfahren mit vorgelagertem Teilnahmewettbewerb stellt nach dem offenen Verfahren dasjenige dar, welches am ehesten dem Wettbewerbsprinzip entspricht.[514] Dieses ist auch für die Beauftragung von Rechtsanwälten mit der Erstellung von Gesetzentwürfen durchzuführen.

(bb) Transparenzgebot

§ 97 Abs. 1 GWB postuliert zweitens den Grundsatz der Transparenz, der sich auf nationaler Ebene bereits aus dem Demokratieprinzip ergibt.[515] Seine Bedeutung hat auch der europäische Gesetzgeber erkannt und in der VKR besonders herausgestellt, indem er in § 2 die transparente Vorgehensweise bei der Vergabe an den Anfang des Regelungswerkes gesetzt hat.

Der Grundsatz richtet sich an die öffentlichen Auftraggeber, nicht aber an die Bieter, die miteinander um den Zuschlag konkurrieren.[516] Er steht in einem engen Zusammenhang mit der Vorgabe der Schaffung eines Wettbewerbs sowie der Chancengleichheit.[517]

Inhaltlich bedeutet die Vorgabe des Transparenzgebots, dass die Öffentlichkeit der Vergabe für jeden Bieter sicherzustellen ist.[518]

Diese Öffentlichkeit bezieht sich zunächst auf die *Absicht der Vergabe*, was bedeutet, dass grundsätzlich eine Bekanntmachung der Einleitung eines Vergabeverfahrens zu erfolgen hat.[519] Diese muss jedoch nicht immer in einer Ausschreibung bestehen, da sich das Transparenzgebot auf alle Verfahrensarten bezieht und eine Ausschreibung nicht in jedem Fall durchgeführt werden muss.

---

512 Fehling, in: Pünder/Schellenberg, Vergaberecht, § 2 VOF, Rn. 9.

513 Vgl. hierzu Müller-Wrede, in: ders., VOF, § 5, Rn. 1.

514 Pünder, in: Pünder/Schellenberg, Vergaberecht, § 3 VOF, Rn. 6.

515 Siehe bereits oben B. I. 2. b) bb) (2) (c).

516 Fehling, in: Pünder/Schellenberg, Vergaberecht, § 97 GWB, Rn. 65.

517 So auch EuGH, Rs. C-275/98 (Unitron Scandinavia A/S u.a.), Rn. 31; Rs. C-470/99 (Universal-Bau AG), Rn. 91 f.; Rs. C-19/00 (SIAC Construction), Rn. 41 ff.

518 EuGH, Rs. C-324/98 (Telaustria u. Telefonadress), Rn. 62; Rs. C-470/99 (Universal-Bau AG), Rn. 92; Frenz, in: Willenbruch/Wieddekind, Vergaberecht, § 97 GWB, Rn. 5.

519 Frenz, in: Willenbruch/Wieddekind, Vergaberecht, § 97 GWB, Rn. 6.

Erforderlich ist vielmehr, dass allen Bietern *angemessene Informationen* über den Ausschreibungsgegenstand zugänglich gemacht werden.[520]

Eine diesen Anforderungen genügende Bekanntmachung ist diejenige im Amtsblatt der Europäischen Union, wobei die Verwendung von Musterbekanntmachungen zulässig ist.[521] Die nur rein nationale Vergabebekanntmachung ist nicht ausreichend, da sich der Informationszugang für EU-Ausländer schwieriger gestalten würde als für Inländer. Auch EU-Ausländern kann im Grundsatz ein zumindest potentielles Interesse am Auftragsgegenstand nicht abgesprochen werden.[522] Diese Forderung trifft auch auf den Auftragsgegenstand der Rechtsberatungsleistungen zu. Insbesondere ist zu berücksichtigen, dass die regelmäßig von den Ministerien beauftragten Großkanzleien als Gesellschaften organisiert sind, die ihren Sitz im europäischen Ausland haben.[523] Da ihr Tätigkeitsfeld nicht nur auf ein Land beschränkt ist, sondern sie global tätig werden, haben sie regelmäßig ein Interesse am Erhalt eines Auftrags zur Erstellung eines Gesetzentwurfs.

Eine Veröffentlichung der Absicht der Auftragsvergabe im Amtsblatt der Europäischen Union ist somit grundsätzlich angezeigt.

Auch der *Ablauf des Vergabeverfahrens* ist transparent zu gestalten. Er muss für die Teilnehmer verständlich und übersichtlich sein.[524] Welche Transparenzanforderungen im Einzelnen zu stellen sind, richtet sich nach dem anzuwendenden Vergabeverfahren:

Mit der Einordnung der Rechtsberatungsleistungen in den Bereich der freiberuflichen Leistungen richtet sich das Vergabeverfahren für den Vorgang des Gesetzgebungsoutsourcings nach den Regelungen der VOF, welche in § 3 Abs. 1 grundsätzlich das Verhandlungsverfahren mit vorherigem Teilnahmewettbewerb vorschreibt. Dessen Einschlägigkeit wurde in den praktischen Fällen des Gesetzgebungsoutsourcing teilweise nicht erkannt: Die Beauftragung der Kanzlei Linklaters durch das Bundesministerium für Wirtschaft und Technologie[525] geschah nach eigenen Angaben nach den Bestimmungen der VOF und somit in

---

520 EuGH, Rs. 231/03 (Coname), Rn. 21; Rs. C-507/03 (An Post), Rn. 32. Zum Inhalt der Bekanntmachung im Einzelnen Dreher, in: Immenga/Mestmäcker, GWB, § 97, Rn. 48 ff.; Fehling, in: Pünder/Schellenberg, Vergaberecht, § 97 GWB, Rn. 68 ff.

521 Dreher, in: Immenga/Mestmäcker, GWB, § 97, Rn. 40. Für die Bekanntmachung einer Konzessionsvergabe Hattig/Ruhland, NZBau 2005, 626, 630.

522 Vgl. zur fehlenden Transparenz bei de-facto Vergabe auch für Aufträge, die nicht unter die sekundärrechtlichen Richtlinien fallen, EuGH, Rs. 231/03 (Coname), Rn. 17.

523 Clifford Chance: Sitz in 10 Upper Bank Street, London E14 5JJ; Freshfields Bruckhaus Deringer: Sitz in 65 Fleet Street, London EC4Y 1HS; Linklaters: Sitz in One Silk Street, London EC2Y 8HQ.

524 Fehling, in: Pünder/Schellenberg, Vergaberecht, § 97 GWB, Rn. 65.

525 Vgl. zu den Einzelheiten bereits oben A. I.

der korrekten Verfahrensart.[526] Die Beratungsaufträge im Rahmen der Finanzmarktgesetzgebung wurden jedoch nach Angaben der Bundesregierung nach der VOL/A durch freihändige Vergabe vergeben.[527] Da die Leistung jedoch nicht eindeutig und erschöpfend beschreibbar war, stellte dies die für die Beratungsleistung falsche Vergabeart dar.

Auch im Verhandlungsverfahren mit vorherigem Teilnahmewettbewerb hat vor der Erteilung des Zuschlags gem. § 101a Abs. 1 S. 1 GWB unverzüglich eine Benachrichtigung der unterlegenen Bieter „über den Namen des Unternehmens, dessen Angebot angenommen werden soll, über die Gründe der vorgesehenen Nichtberücksichtigung ihrer Angebote und über den frühesten Zeitpunkt des Vertragsschlusses" zu erfolgen.[528] Ein Entfallen diese Vorabinformationspflicht ist nach § 101a Abs. 2 GWB nur „in Fällen, in denen das Verhandlungsverfahren ohne vorherige Bekanntmachung wegen besonderer Dringlichkeit gerechtfertigt ist", möglich.

Schließlich unterliegt die Vergabestelle neben der transparenten Gestaltung des Verfahrens selbst auch umfangreichen Dokumentationspflichten sowohl über den Ablauf als auch über die Entscheidungen im Verfahren.[529]

Diese Verbesserung der Rechtsschutzmöglichkeiten durch die Vorabinformation kann sich jedoch nur dann positiv auswirken, wenn tatsächlich andere „Bieter" vorhanden sind, ihnen die Informationen somit zugänglich gemacht wurden.

Dies ist bei der Beauftragung einer Kanzlei mit der Erstellung eines Gesetzentwurfs durch das zuständige Ministerium nicht ersichtlich. Regelmäßig werden lediglich Gespräche mit derjenigen Kanzlei geführt werden, die schließlich den Ausformulierungsauftrag erhalten soll; dass mehrere Kanzleien in die Auswahl einbezogen werden, dürfte dagegen eher eine Ausnahme darstellen.

Sind also keine anderen potentiellen „Bieter" im Verfahren ersichtlich, können diese auch keinen Rechtsschutz gegen die ergangene Entscheidung geltend machen.[530]

---

526 BT-Drs. 16/13983 vom 04.09.2009, S. 2.

527 BT-Drs. 16/12547 vom 31.03.2009, S. 2: „Für die Vergabe der Beratungsaufträge wurde – entsprechend dem Auftragsgegenstand – das Vergabeverfahren nach der Verdingungsordnung für Leistungen (VOL/A) ‚Freihändige Vergabe' gewählt."

528 Zur Neuregelung der Vorabinformationspflicht in § 101a GWB vgl. Mentzinis, in: Pünder/Schellenberg, Vergaberecht, § 101a GWB; Fett, in: Willenbruch/Wieddekind, Vergaberecht, § 101a GWB.

529 Dreher, in: Immenga/Mestmäcker, GWB, § 97, Rn. 45 ff.; Frenz, in: Willenbruch/Wieddekind, Vergaberecht, § 97 GWB, Rn. 14.

530 Zur Möglichkeit der Geltendmachung zumindest sekundären Rechtsschutzes vgl. für den oberschwelligen Bereich C. I. 2. a) und für den unterschwelligen Bereich C. I. 2. b).

(cc) Gleichbehandlung im Wettbewerb

In § 97 Abs. 2 GWB ist drittens der Grundsatz der Gleichbehandlung geregelt. Ebenso wie auch das Transparenzprinzip wird er von Art. 2 VKR besonders hervorgehoben.

Ein besonderer Zusammenhang des Gleichheitsprinzips besteht auch mit dem Wettbewerbsprinzip, da sich beide Prinzipien gegenseitig bedingen. Es geht um die Chancengleichheit im Wettbewerb.[531]

Adressaten des Gleichbehandlungsgebots sind zunächst die tatsächlich am Vergabeverfahren partizipierenden Bieter.[532] Dieses Verständnis lässt sich zum einen dem Wortlaut des § 97 Abs. 2 GWB entnehmen,[533] zum anderen ist dies in der Rechtsprechung allgemein anerkannt.[534] Hierdurch wird allerdings die Tatsache vernachlässigt, dass auch bei einer rechtswidrigen de-facto Vergabe nicht berücksichtigte Interessenten einer Ungleichbehandlung unterliegen können. Auch diese müssen dem persönlichen Anwendungsbereich des Gleichbehandlungsgebots zugerechnet werden, denn unbestritten sind sie geschützt, wenn das falsche Vergabeverfahren gewählt wurde.[535] Erst recht muss ihnen Schutz gewährt werden, wenn ein Vergabeverfahren trotz seiner Notwendigkeit überhaupt nicht durchgeführt worden ist.[536] Dieser erweiterten Auffassung folgt auch der EuGH, der eine Diskriminierung schon bei potentiellem Interesse eines Unternehmens am Auftragsgegenstand annimmt.[537] Daraus folgt, dass auch potentielle Teilnehmer an einem durchzuführenden Vergabeverfahren in den Anwendungsbereich des Gleichbehandlungsgrundsatzes einzuschließen sind.[538]

In diesen „persönlichen Anwendungsbereich" fallen auch Anwaltskanzleien, die ein Interesse an der Beauftragung durch das für die Erstellung eines Gesetzentwurfs zuständige Ministerium haben. Beabsichtigt dieses Ministerium tatsächlich, eine Rechtsanwaltskanzlei mit der Erstellung eines Gesetzes zu beauftragen, muss es bei der Auswahl der Kanzleien den Gleichheitsgrundsatz als eines der Prinzipien des Vergaberechts berücksichtigen. Bezieht es dagegen von vornherein nur eine Kanzlei in die Arbeiten ein, so liegt ein Verstoß gegen dieses Prinzip vor, welches den benachteiligten Sozietäten Rechtsschutzmöglichkeiten eröffnet.

---

531 Fehling, in: Pünder/Schellenberg, Vergaberecht, § 97 GWB, Rn. 54, 74.

532 Fehling, in: Pünder/Schellenberg, Vergaberecht, § 97 GWB, Rn. 76

533 „Die Teilnehmer an einem Vergabeverfahren sind gleich zu behandeln [...]".

534 OLG Jena, NZBau 2005, 476, 479.

535 BGH, NZBau 2005, 290, 295.

536 Kus, in: Kulartz, GWB, § 97, Rn. 32; Fehling, in: Pünder/Schellenberg, Vergaberecht, § 97 GWB, Rn. 76.

537 EuGH, Rs. C-231/03 (Coname), EuZW 2005, 529, 530.

538 So auch Kus, in: Kulartz, GWB, § 97, Rn. 33; Bungenberg, in: Loewenheim/Meessen/Riesenkampff, Kartellrecht, § 97 GWB, Rn. 24.

Grundsätzlich beschränkt sich der persönliche Anwendungsbereich dabei nicht auf inländische Teilnehmer am Vergabeverfahren, sondern umfasst auch europäische Unternehmen sowie schließlich auch potentielle Bieter aus Drittstaaten außerhalb der Europäischen Union.[539]

In *sachlicher* Hinsicht enthält § 97 Abs. 2 GWB ein umfassendes Diskriminierungs*verbot* sowie ein Gleichbehandlungs*gebot*, welches sich auf das gesamte Vergabeverfahren mit all seinen Abschnitten bezieht.[540] Erfasst werden dabei offene und versteckte Diskriminierungen gleichermaßen, das heißt nicht nur solche, die gezielt einen Bieter aus Gründen der Staatsangehörigkeit benachteiligen, sondern auch solche, „die durch die Anwendung anderer Unterscheidungsmerkmale tatsächlich zu dem gleichen Ergebnis führen".[541]

Aufgrund der beschränkten Übertragungsmöglichkeiten hoheitlicher Aufgaben auf ausländische Einrichtungen muss für die Praxis des Gesetzgebungsoutsourcings wiederum eine Sonderregelung gelten: Hier wird es nicht so sehr auf Diskriminierungen aufgrund der Staatsangehörigkeit ankommen, weil notwendig nur inländische Kanzleien überhaupt mit der Erstellung eines Gesetzes beauftragt werden können.

Verletzt wäre der *Gleichbehandlungsgrundsatz* beim Gesetzgebungsoutsourcing, wenn der Auftraggeber nicht allen potentiellen Interessenten die gleichen Informationen zur Verfügung stellte.[542] Im Einzelnen bedeutet dies die Information über den Ablauf des Verfahrens[543] sowie über die Wertungskriterien, die im Einzelnen herangezogen werden sollen.[544] Da regelmäßig bei der Beauftragung von Rechtsanwälten keine Ausschreibung stattfindet, kann es auf Informationen über eine solche Ausschreibung dagegen nicht ankommen.[545]

Soll eine Beteiligung von regelmäßigen Beratern des öffentlichen Auftraggebers (sogenannte Projektanten) am Vergabeverfahren stattfinden, so ist si-

---

539 Hailbronner, in: Byok/Jaeger, Vergaberecht, § 97 GWB, Rn. 54; Bungenberg, in: Loewenheim/Meessen/Riesenkampff, Kartellrecht, § 97 GWB, Rn. 24.

540 Dreher, in: Immenga/Mestmäcker, GWB, § 97, Rn. 60; Bungenberg, in: Loewenheim/Meessen/Riesenkampff, Kartellrecht, § 97 GWB, Rn. 24; Fehling, in: Pünder/Schellenberg, Vergaberecht, § 97 GWB, Rn. 79.

541 EuGH, Rs. C-3/88 (Kommission/Italienische Republik), Rn. 8. Ein Verbot der mittelbaren Diskriminierungen enthielt bereits Rs. C-22/80 (Boussac Saint-Frères), Rn. 9.

542 Dreher, in: Immenga/Mestmäcker, GWB, § 97, Rn. 84 f.; Bungenberg, in: Loewenheim/Meessen/Riesenkampff, Kartellrecht, § 97 GWB, Rn. 26; Fehling, in: Pünder/Schellenberg, Vergaberecht, § 97 GWB, Rn. 81.

543 Bungenberg, in: Loewenheim/Meessen/Riesenkampff, Kartellrecht, § 97 GWB, Rn. 26.

544 Zur Änderung der Bewertungskriterien als Verstoß gegen den Gleichheitsgrundsatz KG, NZBau 2000, 209, 210 f.

545 Regelmäßig sind Informationen hierüber jedoch auch zugänglich zu machen, vgl. Bungenberg, in: Loewenheim/Meessen/Riesenkampff, Kartellrecht, § 97 GWB, Rn. 26; Hattig/Ruhland, NZBau 2005, 626, 630.

cherzustellen, dass deren überlegenes Wissen gegenüber den anderen potentiellen Bietern ausgeglichen wird. Außerdem muss dem Projektant die Möglichkeit gegeben werden, einen durch seine Beteiligung möglichen Interessenkonflikt zu widerlegen.[546] Ein solcher kann sich insbesondere aus seiner vergangen Tätigkeit ergeben, da die bereits gewonnene Erfahrung möglicherweise geeignet ist, den Wettbewerb zu verfälschen.[547] Ist dies nicht mehr möglich, so ist der Ausschluss der Berater aus Gründen der Gleichbehandlung zwingend.[548]

Hieraus lässt sich die grundsätzliche Zulässigkeit anwaltlicher Beratung auch bezüglich der Ministerialarbeit ableiten. Gleichzeitig ergeben sich jedoch Zweifel, ob bezüglich der Beauftragung nicht solche Kanzleien notwendig auszuschließen sind, die bereits vorher beratende Tätigkeiten wahrgenommen haben. Gelingt es der betroffenen Sozietät nicht, den Nachweis über den Ausschluss eines möglichen Interessenkonflikts zu führen, wird dies wohl zu bejahen sein.

In der Vergabeordnung für freiberufliche Leistungen ist das *Diskriminierungsverbot* in § 2 Abs. 2 geregelt, seine Geltung ist aber vorbehaltlich anders lautender Regelungen eingeschränkt. Durch § 97 Abs. 4 S. 3 GWB zugelassene „weitergehende Anforderungen", die vom Ministerium in Form von besonderen Vorgaben an Inhalt und Gestaltung des Gesetzentwurfs an die Rechtsanwaltskanzleien gestellt werden können, sind keine solchen abweichenden Regelungen:[549] Liegen besondere Anforderungen vor, können diese zwar zunächst durchaus als Ungleichbehandlung zu verstehen sein. Jedoch kommt eine Rechtfertigung durch sachliche Gründe in Betracht,[550] so dass keine Notwendigkeit zur Einschränkung des Diskriminierungsverbotes besteht. Eine solche Rechtfertigung besteht in der notwendigen Eigenverantwortlichkeit, mit der das Ministerium seine Aufgaben auszuüben hat und deren Übertragung einen Verstoß gegen das Demokratieprinzip begründet.[551]

Das Prinzip der Gleichbehandlung gilt im Ergebnis auch für die Erstellung eines Gesetzentwurfs durch Rechtsanwälte zunächst uneingeschränkt.

(dd) Berücksichtigung mittelständischer Interessen

Ein weiteres Prinzip des Vergaberechts ist die vornehmliche Berücksichtigung mittelständischer Interessen nach § 97 Abs. 3 GWB. Ein Mittel zur Erreichung dieser Vorgabe nennt die Norm selbst, nämlich die Aufteilung der Leistungen

---

546 EuGH, verb. Rs. C-21/03 und C-34/03 (Fabricom), Rn. 36.

547 EuGH, verb. Rs. C-21/03 und C-34/03 (Fabricom), Rn. 36.

548 Dreher, in: Immenga/Mestmäcker, GWB, § 97, Rn. 70; Fehling, in: Pünder/Schellenberg, Vergaberecht, § 97 GWB, Rn. 81.

549 Dafür aber Kus, in: Kulartz, GWB, § 97, Rn. 47.

550 Vgl. zur Möglichkeit der Rechtfertigung aus sachlichen Gründen auch Fehling, in: Pünder/Schellenberg, Vergaberecht, § 97 GWB, Rn. 75.

551 Vgl. hierzu bereits B. I. 2. b) aa).

nach der Menge (Teillose) sowie nach dem Fachgebiet (Fachlose). Das dahinter stehende Ziel ist die Förderung gerade kleinerer und mittelgroßer Unternehmen, die in der Konkurrenz zu großen Unternehmen nicht bestehen könnten.[552] Das Vorliegen eines solchen Unternehmens wird in der Regel angenommen, wenn es nicht mehr als 250 Mitarbeiter beschäftigt und der Jahresumsatz 50 Millionen Euro nicht übersteigt.[553] Daraus lässt sich im Umkehrschluss aber nicht folgern, dass mittelständische Unternehmen bevorzugt zu behandeln wären. Dies würde nämlich eine Verletzung des Gleichbehandlungsgrundsatzes zulasten größerer Unternehmen darstellen.[554]

Im Grundsatz ist die Berücksichtigung mittelständischer Interessen für die Auftragsvergabe von hoher Relevanz, da dieses Prinzip ein effektives Mittel zur Schaffung eines Ausgleichs zwischen Unternehmen verschiedener Größe bietet. Die Praxis des Gesetzgebungsoutsourcings stellt aber auch diesbezüglich einen Spezialfall dar: Die Auftragsvergabe verfolgt hier den Zweck einer effektiven und zeitnahen staatlichen Aufgabenerfüllung. Eine Regulierung des Marktes soll dagegen nicht stattfinden. Somit kann es bei der Auswahl des Auftragnehmers auch nicht darauf ankommen, mittelgroße Kanzleien zu fördern, da diese in der Regel ebenso wenig über die notwendigen personellen und zeitlichen Ressourcen verfügen wie das Ministerium selbst.

(ee) Vergabe an fachkundige, leistungsfähige, gesetzestreue und zuverlässige Unternehmen

§ 97 Abs. 4 S. 1 GWB regelt die Eignungskriterien, die ein Bieter im Vergabeverfahren aufweisen muss. Bei den Anforderungen handelt es sich um unbestimmte Rechtsbegriffe, die dem Einschätzungsspielraum des Auftraggebers unterliegen.[555]

Für die Teilnehmer bedeutet die Vorgabe solcher Kriterien zum einen Klarheit über die heranzuziehenden Mindestanforderungen. Zum anderen wird auch den öffentlichen Auftraggebern die Heranziehung vergabefremder, insbesondere politischer Zwecke erschwert.[556] Im Einzelnen müssen die Bieter folgende Eigenschaften aufweisen:

---

552 Bungenberg, in: Loewenheim/Meessen/Riesenkampff, Kartellrecht, § 97 GWB, Rn. 34.

553 Dreher, in: Immenga/Mestmäcker, GWB, § 97, Rn. 104 ff.; Bungenberg, in: Loewenheim/Meessen/Riesenkampff, Kartellrecht, § 97 GWB, Rn. 35.

554 Frenz, in: Willenbruch/Wieddekind, Vergaberecht, § 97 GWB, Rn. 23.

555 Bungenberg, in: Loewenheim/Meessen/Riesenkampff, Kartellrecht, § 97 GWB, Rn. 42.

556 Dreher, in: Immenga/Mestmäcker, GWB, § 97, Rn. 132; Bungenberg, in: Loewenheim/Meessen/Riesenkampff, Kartellrecht, § 97 GWB, Rn. 41.

Sie müssen erstens *fachkundig* sein. Fachkunde bedeutet dabei, dass der Bieter die zur Erbringung der Leistung notwendigen Kenntnisse aufweisen muss.[557] Diese Anforderung betrifft also die persönlichen Fähigkeiten des Bieters.[558] Einen Anhaltspunkt zur Feststellung dieser Fähigkeiten bietet die Erfahrung, die der Bieter bereits mit der Erbringung ähnlicher Leistungen sammeln konnte.[559] Dabei dürfen aber Marktneulinge nicht allein deshalb aus der Bewertung fallen, weil sie noch nicht die Gelegenheit hatten, eine ähnliche wie die geforderte Leistung zu erbringen.[560]

Die Erfahrung, die Rechtsanwälte regelmäßig mit der Rechtsmaterie haben, auf die sie sich spezialisiert haben, begründet in der Regel die Entscheidung des Ministeriums, die Erstellung eines Gesetzentwurfs der Anwaltskanzlei zu übertragen.[561] Wenn „kurzfristig keine ausreichenden personellen Ressourcen mit praktischen Kenntnissen und Erfahrung"[562] zur Verfügung stehen, greifen die Ministerien deshalb auf die Rechtsanwaltskanzleien zurück, weil diese regelmäßig über große Erfahrung auf dem zu regelnden Rechtsgebiet verfügen, ebenso wie über den zur Erstellung eines solchen Regelungswerkes notwendigen Sachverstand.

Zweitens wird die *Leistungsfähigkeit* des Unternehmens gefordert. Diese bezieht sich auf die kaufmännischen, finanziellen, personellen und technischen Kapazitäten des Bieters.[563] Er muss also nicht nur in der Lage sein, alle anzuwendenden Abrechnungsstandards zu beherrschen, sondern er muss darüber hinaus über hinreichendes Betriebskapital verfügen und qualifizierte Mitarbeiter beschäftigen. Schließlich müssen in seinem Betrieb die Geräte, die für die Auftragsdurchführung erforderlich sind, verfügbar sein.[564] Im Gegensatz zur Fach-

---

557 Dreher, in: Immenga/Mestmäcker, GWB, § 97, Rn. 170; Bungenberg, in: Loewenheim/Meessen/Riesenkampff, Kartellrecht, § 97 GWB, Rn. 46; Fehling, in: Pünder/Schellenberg, Vergaberecht, § 97 GWB, Rn. 113.

558 Bungenberg, in: Loewenheim/Meessen/Riesenkampff, Kartellrecht, § 97 GWB, Rn. 46; Fehling, in: Pünder/Schellenberg, Vergaberecht, § 97 GWB, Rn. 114.

559 Stickler, in: Stickler/Reidt/Glahs, GWB, § 97, Rn. 66 f.

560 OLG Celle, Beschl. v. 8. 5. 2002, 13 Verg 5/02; Dreher, in: Immenga/Mestmäcker, GWB, § 97, Rn. 170; Bungenberg, in: Loewenheim/Meessen/Riesenkampff, Kartellrecht, § 97 GWB, Rn. 46. So wohl auch Fehling, in: Pünder/Schellenberg, Vergaberecht, § 97 GWB, Rn. 115, der eine gewisse Benachteiligung sogenannter „Newcomer" aber als dem Kriterium immanent ansieht.

561 Vgl. die Begründung der Bundesregierung in BT-Drs. 16/13983 vom 04.09.2009, S. 2; BT-Drs. 16/14133 vom 26.10.2009, S. 5.

562 BT-Drs. 16/13983 vom 04.09.2009, S. 2.

563 Bungenberg, in: Loewenheim/Meessen/Riesenkampff, Kartellrecht, § 97 GWB, Rn. 47; Dreher, in: Immenga/Mestmäcker, GWB, § 97, Rn. 171.

564 Zu den einzelnen Voraussetzungen umfassend Bungenberg, in: Loewenheim/Meessen/Riesenkampff, Kartellrecht, § 97 GWB, Rn. 48 ff.; Fehling, in: Pünder/Schellenberg, Vergaberecht, § 97 GWB, Rn. 116.

kunde betrifft die Leistungsfähigkeit also die betriebsbezogene Leistung und ist nicht auf den Bieter selbst zu beziehen.[565]

Bei der Beauftragung einer Kanzlei kommt es weniger auf die Beherrschung von Abrechnungsstandards an, sondern vielmehr auf die personellen Kapazitäten. Geeignet für die Erfüllung des Wunsches des auftraggebenden Ministeriums sind daher nur Großkanzleien, die genügend fachlich qualifizierte Rechtsanwälte für die zeitnahe Erstellung eines Gesetzentwurfs beschäftigen. Nur durch die Zusammenarbeit vieler mit der Materie vertrauter Personen ist die Fertigstellung in der gewünschten Zeit (die meist nur einige Tage beträgt) zu verwirklichen.

Schließlich wird Gesetzestreue und Zuverlässigkeit von den Bietern verlangt.

Die *Gesetzestreue* ist dabei nur eine erneute Betonung der Tatsache, dass nur Unternehmen, die sich unterschiedslos an die nationalen Gesetze halten, in einem Vergabeverfahren berücksichtigt werden sollen.[566] „Die Aufzählung der Gesamtheit der einzuhaltenden Regeln im Gesetz ist weder möglich noch nötig. Es geht um alle Regeln, an die sich alle Unternehmen, die eine entsprechende Tätigkeit ausüben, halten müssen [...].“[567]

Grundsätzlich ist davon auszugehen, dass die beauftragten Kanzleien gesetzestreu agieren, die Verletzung formeller Gesetze ist nicht zu erwarten. Problematisch stellt sich die Situation jedoch dar, wenn Interessenkonflikte zur sonstigen Tätigkeit der Rechtsanwälte bestehen. Die Vorgabe, solche Konflikte zu vermeiden, stellt zwar keine formelle Regelung dar. Es entspricht jedoch den Vorgaben des Gemeinwohls, dass keine Beratung gegen das (spätere) Gesetz stattfinden darf. Selbst die Beratung in Bezug auf das Gesetz erscheint problematisch.[568]

Liegt eine Interessenkollision tatsächlich vor, ist die betreffende Kanzlei zwingend aus dem Vergabeverfahren auszuschließen, ein Auftrag darf in diesem Falle nicht erteilt werden.

Die *Zuverlässigkeit* entspricht dem Begriff aus dem Gewerberecht. Nach der Rechtsprechung ist ein Bieter „zuverlässig [...], der seinen gesamten gesetzlichen Verpflichtungen nachgekommen ist, so dass er, auch aufgrund der Erfüllung früherer Verträge, eine einwandfreie Ausführung des [A]uftrages einschließlich der Erbringung von Gewährleistungen erwarten lässt.“[569] Im Gegensatz zu der fachlichen Eignung sowie der Leistungsfähigkeit handelt es sich bei der Zuverlässigkeit mithin um ein Kriterium, das nicht auf den gegenwärtigen Zustand abstellt, sondern in die Zukunft gerichtet ist. Bei der Beurteilung kann

565 Bungenberg, in: Loewenheim/Meessen/Riesenkampff, Kartellrecht, § 97 GWB, Rn. 47; Fehling, in: Pünder/Schellenberg, Vergaberecht, § 97 GWB, Rn. 118.

566 BT-Drs. 16/11428 v. 17.12.2008, S. 33.

567 BT-Drs. 16/11428 v. 17.12.2008, S. 33.

568 Vgl zu einem möglichen Distanzverlust bereits oben B. II. 3.

569 OLG Düsseldorf, Beschl. v. 15.12.2004, VII-Verg 48/04, Rn. 18.

aber auch die Lage in der Vergangenheit sowie in der Gegenwart berücksichtigt werden.[570]

Da eine Bindung des Rechtsanwalts an den Willen des Mandanten gegeben ist, bestehen keine Zweifel an dessen Zuverlässigkeit.

(ff) Erteilung des Zuschlags auf das wirtschaftlichste Angebot

In § 97 Abs. 5 GWB schließlich ist die Erteilung des Zuschlags auf das wirtschaftlichste Angebot geregelt. Die Wirtschaftlichkeit wird hierbei durch die Vergaberichtlinien bestimmt: Nach Art. 53 Abs. 1 VKR kann als entscheidender Faktor entweder das wirtschaftlich günstigste Angebot herangezogen werden und damit verbunden Kriterien wie Qualität und Zweckmäßigkeit. Alternativ kann aber auch ausschließlich auf den niedrigsten Preis abgestellt werden.

In der nationalen Umsetzung der Richtlinien findet sich nur erstere Alternative wieder, der niedrigste Preis allein soll gerade nicht entscheidend sein.[571] Stattdessen kommt es nach deutschem Verständnis auf die Relation zwischen Preis und Leistung an.[572]

Die Beurteilung der Wirtschaftlichkeit hat unter Berücksichtigung nur derjenigen Kriterien zu erfolgen, die bereits vorab in der Bekanntmachung der Ausschreibung oder in den Verdingungsunterlagen den Bietern zugänglich gemacht worden sind.[573] Selbst wenn dort keine Angaben gemacht wurden, soll nach richtiger Ansicht nicht allein auf den Preis abgestellt werden, denn dies stellt eine Umgehung des Transparenzgebots dar.[574] Die Abwägung der Angebote nach Preis und Leistung durch den öffentlichen Auftraggeber könnte unterbleiben, wenn er durch die bloße Unterlassung der Bekanntmachung von Wertungskriterien die Möglichkeit hätte, den Zuschlag auf das preisgünstigste Angebot zu erteilen. Vielmehr ist bei einem solchen Vorgehen das Verfahren im Ganzen aufzuheben.[575]

---

570 Bungenberg, in: Loewenheim/Meessen/Riesenkampff, Kartellrecht, § 97 GWB, Rn. 52; Fehling, in: Pünder/Schellenberg, Vergaberecht, § 97 GWB, Rn. 120.

571 Vgl. § 16 Abs. 6 Nr. 3 VOB/A, §§ 18 Abs. 1, 21 EG Abs. 1 VOL/A; für den hier relevanten Fall der freiberuflichen Dienstleistungen § 11 Abs. 6 VOF.

572 Regierungsbegründung zum Vergaberechtsänderungsgesetz BT-Drs. 13/9340 v. 03.12.1997, S. 14.

573 OLG Stuttgart, Beschl. v. 12.4.2000, 2 Verg 3/00, Rn. 43; Bungenberg, in: Loewenheim/Meessen/Riesenkampff, Kartellrecht, § 97 GWB, Rn. 64; Fehling, in: Pünder/Schellenberg, Vergaberecht, § 97 GWB, Rn. 181.

574 Fehling, in: Pünder/Schellenberg, Vergaberecht, § 97 GWB, Rn. 181. A.A. Bungenberg, in: Loewenheim/Meessen/Riesenkampff, Kartellrecht, § 97 GWB, Rn. 67.

575 Fehling, in: Pünder/Schellenberg, Vergaberecht, § 97 GWB, Rn. 181.

Dies gilt nach der Rechtsprechung auch für die nachrangigen Dienstleistungen, da sich hier keine Umgehungsmöglichkeiten für die öffentlichen Auftraggeber ergeben sollen.[576]

Für die Beauftragung einer Rechtsanwaltskanzlei durch ein Ministerium ist die Wirtschaftlichkeit jedoch nur schwer zu bestimmen, da die Kanzlei in der Regel nicht aufgrund der Abgabe eines *Angebots* beauftragt wird, sondern aufgrund im Vorfeld durchgeführter *Verhandlungen*. Liegt ein Angebot also zulässigerweise nicht vor, muss dieser Vergabegrundsatz außer Betracht bleiben.

(3) Vorgaben des primären Unionsrechts

Vorrangig regeln die europäischen Richtlinien den Bereich der Vergabe nachrangiger Dienstleistungen. Zu klären bleibt, inwieweit daneben noch die Anwendung des primären Unionsrechts in Betracht kommt.

(a) Anwendbarkeit des Primärrechts

Die Anwendbarkeit des europäischen Primärrechts setzt voraus, dass das Sekundärrecht keine abschließenden Regelungen bezüglich der Vergabe nachrangiger Dienstleistungen enthält. Wie bereits oben erkennbar ist, enthalten die Vergaberichtlinien nur einige ausgewählte Regelungen für die Vergabe solcher Aufträge, die sich auf technische Spezifikationen und Bekanntmachungen beziehen.[577] Die Beschränkung der Anwendbarkeit auf diese Punkte könnte dafür sprechen, dass eine genauere Kodifikation der Materie nicht erwünscht war und hierauf begrenzt sein sollte. Der europäische Gesetzgeber hat jedoch ausdrücklich in der zweiten Erwägung zur Vergabekoordinierungsrichtlinie niedergelegt, dass die Grundsätze der Europäischen Union bei der öffentlichen Auftragsvergabe gelten sollen.[578]

Problematisch erscheint indes, dass sich diese Erwägung nur auf die öffentliche Auftragsvergabe als Ganzes bezieht, für die Vergabe nachrangiger Dienstleistungsaufträge und somit für den Bereich der Rechtsberatung aber keine gesonderte Regelung getroffen wird. Deshalb wird teilweise überlegt, ob es zumindest für diesen Teil der Auftragsvergabe bei den sekundärrechtlichen Rege-

576 OLG Brandenburg, Beschl. v. 15.5.2007, Verg W 2/07, VergabeR 2008, 242 ff.

577 Vgl. bereits oben C. I. 1. c) aa) (1) (a).

578 2. Erwägung zur VKR: „Die Vergabe von Aufträgen in den Mitgliedstaaten auf Rechnung des Staates, der Gebietskörperschaften und anderer Einrichtungen des öffentlichen Rechts ist an die Einhaltung der im Vertrag niedergelegten Grundsätze gebunden, insbesondere des Grundsatzes des freien Warenverkehrs, des Grundsatzes der Niederlassungsfreiheit und des Grundsatzes der Dienstleistungsfreiheit sowie der davon abgeleiteten Grundsätze wie z.B. des Grundsatzes der Gleichbehandlung, des Grundsatzes der Nichtdiskriminierung, des Grundsatzes der gegenseitigen Anerkennung, des Grundsatzes der Verhältnismäßigkeit und des Grundsatzes der Transparenz.“

lungen bleiben sollte und somit eine Sperrwirkung dieser gegenüber der Anwendbarkeit des primären Unionsrechts besteht.[579] Sowohl in der Rechtsprechung als auch in der Literatur wird die Konsequenz der Sperrwirkung im Ergebnis aber nicht gezogen.[580]

Begründet werden kann dies damit, dass die Anwendbarkeit des europäischen Primärrechts auch auf nachrangige Dienstleistungen die bruchstückhaften Regelungen im Sekundärrecht lediglich ergänzt. Ein Zuwiderlaufen ist nicht erkennbar, da die Grundsätze des Primärrechts nach dem Willen des Gesetzgebers unterschiedslos für alle Arten der Vergabe gelten; sekundärrechtlich werden im Einzelnen nur weitere Sonderregelungen festgelegt.[581]

(b) Binnenmarktrelevanz der Vergabe

Voraussetzung für die Anwendbarkeit des Primärrechts ist im Weiteren die Binnenmarktrelevanz der Auftragsvergabe. Diese ist nur gegeben, wenn ein grenzüberschreitender Bezug des jeweiligen Sachverhalts vorliegt, es darf sich nicht ausschließlich um nationale Zusammenhänge handeln.[582]

Wie der EuGH im Urteil „An Post“[583] feststellt, ging der Gemeinschaftsgesetzgeber bezüglich der nachrangigen Dienstleistungen davon aus, dass: „Aufträgen über solche Dienstleistungen wegen ihres spezifischen Charakters a priori keine grenzüberschreitende Bedeutung zukommt, die es rechtfertigen kann, dass sie in einem Ausschreibungsverfahren vergeben werden [...]“.[584] Dies wird in der Literatur dahingehend gedeutet, dass selbst die Überschreitung der Schwellenwerte eine Binnenmarktrelevanz nicht begründen könne, da dies mit der Natur der nachrangigen Dienstleistungen grundsätzlich nicht zu vereinbaren sei.[585] Das ausnahmsweise Vorliegen eines grenzüberschreitenden Bezugs müsse vielmehr in jedem Verfahren durch den Kläger im Einzelnen bewiesen werden.

579 So andeutungsweise bei Stix-Hackl, Schlussanträge zu Rs. C-507/03 (An Post), Rn. 52 ff.; EuGH, Rs. C-234/03 (Contse), Rn. 49; Bitterich, EuZW 2008, 14, 15.

580 EuGH, EuZW 2008, 23, 25; Bitterich, EuZW 2008, 14, 15; Hübner, VergabeR 2008, 58, 59.

581 Zutreffend Buck, Die Vergabe sogenannter nachrangiger Dienstleistungsaufträge, S. 189.

582 Leible/Streinz, in: Grabitz/Hilf/Nettesheim, Das Recht der Europäischen Union, EUV/AEUV, Art. 34 AEUV, Rn. 33; Ehlers, in: ders., Europäische Grundrechte und Grundfreiheiten, § 7, Rn. 23.

583 EuGH, Rs. C-507/03 (An Post).

584 EuGH, Rs. C-507/03 (An Post), Rn. 25.

585 Bitterich, EuZW 2008, 14, 17. Eine übersichtliche Darstellung des Meinungsstandes findet sich bei Buck, Die Vergabe sogenannter nachrangiger Dienstleistungsaufträge, S. 190 ff.

Diese Beweisführung wird im Regelfall durch die Kommission erfolgen, da sie die Verletzung des Unionsrechts als Klägerin rügen wird.[586] Zunächst wird zu fordern sein, dass der in Frage stehende Sachverhalt eine irgendwie geartete Verbindung zum Unionsrecht aufweist.[587] Diese kann auf vielfältige Weise gegeben sein, etwa auch durch die Erbringung von Dienstleistungen innerhalb der Europäischen Union.[588]

In der „Coname"-Entscheidung hat der EuGH außerdem festgestellt, dass selbst an einem de-facto vergebenen Auftrag, dessen Gegenstand nicht unter die sekundärrechtlichen Richtlinien fällt, Angehörige anderer Mitgliedstaaten ein Interesse haben können. Allein aus diesem Grund wurde dort bereits die Binnenmarktrelevanz bejaht.[589] Dieses Interesse kann nach den Aussagen des EuGH sogar unabhängig vom Erreichen der Schwellenwerte bestehen.[590]

Ein mögliches Interesse von in anderen europäischen Mitgliedstaaten ansässigen Rechtsanwälten an der Erstellung eines nationalen Gesetzentwurfs kann nicht von vornherein ausgeschlossen werden, so dass nach dieser Argumentation eine Binnenmarktrelevanz anzunehmen wäre. Hierfür spricht schon allein die Tatsache, dass die meisten „Großkanzleien", die zumeist vom zuständigen Ministerium bevorzugt beauftragt werden, international tätig sind und ihren Sitz selten in Deutschland haben.[591]

Dafür spricht weiter, dass der EuGH selbst in der „An Post" Entscheidung eine Anwendung der „fundamentalen Regeln des Unionsrechts"[592] und damit eine Binnenmarktrelevanz auch nachrangiger Dienstleistungen bejaht hat.[593]

Jedenfalls oberhalb der Schwellenwerte ist eine Binnenmarktrelevanz zu bejahen, da zwischen nachrangigen und vorrangigen Dienstleistungen keine derartigen Unterschiede bestehen, die eine unterschiedliche Behandlung in Bezug auf das europäische Primärrecht rechtfertigen könnten.[594]

---

586 Buck, Die Vergabe sogenannter nachrangiger Dienstleistungsaufträge, S. 191 (Fn. 904).

587 Dies forderte der EuGH schon in der Rs. 293/83 (Gravier) im Jahre 1983, Rn. 19.

588 Dienstleistungsfreiheit, Art. 56 AEUV (ex-Art. 49 EGV).

589 EuGH, Rs. C-231/03 (Coname), EuZW 2005, 529, 530.

590 Buck, Die Vergabe sogenannter nachrangiger Dienstleistungsaufträge, S. 193.

591 Clifford Chance: Sitz in 10 Upper Bank Street, London E14 5JJ; Freshfields Bruckhaus Deringer: Sitz in 65 Fleet Street, London EC4Y 1HS; Linklaters: Sitz in One Silk Street, London EC2Y 8HQ; White and Case: Sitz in 1155 Avenue of the Americas, New York. Ihren Sitz in Deutschland haben dagegen Beiten Burkhardt (München) und Hengeler Müller (Berlin).

592 EuGH, Rs. C-507/03 (An Post), Rn. 26.

593 EuGH, Rs. C-324/98 (Telaustria u. Telefonadress), Rn. 60 f.; Rs. C-507/03 (An Post), Rn. 30.

594 Zutreffend Buck, Die Vergabe sogenannter nachrangiger Dienstleistungsaufträge, S. 199.

(c) Anwendung der Grundfreiheiten

Eine Bindung der öffentlichen Auftraggeber besteht einerseits an die besonderen Diskriminierungsverbote des Unionsrechts. In erster Linie zählen hierzu die Grundfreiheiten des Vertrages über der Arbeitsweise der Europäischen Union (AEUV), die das allgemeine Diskriminierungsverbot des Art. 18 AEUV (ex-Art. 12 EGV) konkretisieren.[595]

(aa) Schutzbereich der Dienstleistungsfreiheit

Für den Bereich der nachrangigen Dienstleistungen, insbesondere der Rechtsberatung, kommt nur die Dienstleistungsfreiheit gemäß Art. 56 AEUV in Betracht. Im Gegensatz zur Niederlassungsfreiheit, die eine dauerhafte Ortsveränderung innerhalb der Europäischen Union voraussetzt,[596] umfasst die Dienstleistungsfreiheit auch lediglich vorübergehende grenzüberschreitende Tätigkeiten.[597] Der Begriff der Dienstleistung ist in Art. 57 AEUV definiert. Danach sind „Dienstleistungen im Sinne der Verträge [...] Leistungen, die in der Regel gegen Entgelt erbracht werden, soweit sie nicht den Vorschriften über den freien Waren- und Kapitalverkehr und über die Freizügigkeit der Personen unterliegen." Eine Anwendung dieser spezielleren Grundfreiheiten kommt vorliegend nicht in Betracht. Durch die Einordnung der Rechtsberatung in Anhang II Teil B Kategorie 21 der VKR ist weiterhin sekundärrechtlich festgelegt, dass es sich um eine Dienstleistung handelt mit der Folge, dass nur die Dienstleistungsfreiheit einschlägig ist.

Inhaltlich ist dabei nicht nur die Erbringung einer Dienstleistung umfasst, sondern zugleich bereits das Angebot einer solchen,[598] so dass die Dienstleistungsfreiheit auch in sachlicher Hinsicht auf die Vergabe öffentlicher Aufträge Anwendung findet.

Erforderlich ist jedoch auch für die Anwendung der Dienstleistungsfreiheit eine Binnenmarktrelevanz der zu vergebenden Leistung, rein innerstaatliche Dienstleistungen sollen aus dem Anwendungsbereich ausgeschlossen sein.[599] Im

595 EuGH, Rs. C-3/88 (Kommission/Italien), Rn. 8; Rs. C-458/03 (Parking Brixen); Rn. 48; Ehlers, in: ders., Europäische Grundrechte und Grundfreiheiten, § 7, Rn. 23.

596 EuGH, Rs. C-221/89 (Factortame II), Rn. 20; Rs. C-70/95 (Sodemare), Rn. 24: „stetig und dauerhaft"; Bröhmer, in: Calliess/Ruffert, EUV/AEUV, Art. 49 AEUV, Rn. 13; Frenz, Hb. Europarecht I, Kap. 8, § 2, Rn. 1928.

597 EuGH, Rs. C-55/94 (Gebhard), Rn. 26; Bröhmer, in: Calliess/Ruffert, EUV/AEUV, Art. 49 AEUV, Rn. 13; Kluth, in: Calliess/Ruffert, EUV/AEUV, Art. 56/ 57 AEUV, Rn. 1.

598 EuGH, Rs. C-384/93 (Alpine Investment), Rn. 24; Rs. C-454/06 (pressetext), Rn. 33; Kluth, in: Calliess/Ruffert, EUV/AEUV, Art. 56/57, Rn. 28.

599 EuGH, Rs. C-198/89, Rn. 9 (Kommission/Griechenland).

Falle der Dienstleistungsfreiheit werden drei mögliche grenzüberschreitende Sachverhalte unterschieden:

Bei der aktiven Dienstleistungsfreiheit überschreitet der Erbringer der Dienstleistung die Grenze.[600] Bei der passiven Dienstleistungsfreiheit geschieht der Grenzübertritt durch den Dienstleistungsempfänger zum Empfang des Leistungsangebots.[601] Im Falle der Korrespondenzdienstleistungsfreiheit, wird schließlich durch den Grenzübertritt der Leistung selbst die Binnenmarktrelevanz begründet.[602]

Vom Anwendungsbereich der Dienstleistungsfreiheit ausgeschlossen ist dagegen die von Art. 62 AEUV (ex-Art. 55 EGV) i.V.m. Art. 51 AEUV (ex-Art. 45 EGV) normierte Bereichsausnahme: „Auf Tätigkeiten, die in einem Mitgliedstaat dauernd oder zeitweise mit der Ausübung öffentlicher Gewalt verbunden sind, findet dieses Kapitel in dem betreffenden Mitgliedstaat keine Anwendung."

Das Kriterium der Ausübung öffentlicher Gewalt bezieht sich dabei auf die „unmittelbare und spezifische Teilnahme an der Ausübung öffentlicher Gewalt".[603] Rein beratende Tätigkeiten unterfallen der Bereichsausnahme somit nicht.

Problematisch ist bezüglich der Praxis des Gesetzgebungsoutsourcings jedoch, dass sich die Arbeit der Rechtsanwälte nicht ausschließlich auf die Beratung des Ministeriums beschränkt. Vielmehr übernehmen sie dessen Aufgabe zur Erstellung des Gesetzentwurfs, üben also originär staatliche Tätigkeiten aus, so dass der Fall der Übernahme von dem Staat obliegenden Entscheidungen vorliegen könnte, welcher durchaus im Anwendungsbereich der Ausnahmeregelung liegt.[604] Obwohl faktisch eine solche Übernahme vorzuliegen scheint, besteht trotzdem noch ein gewichtiger Unterschied zwischen dem Gesetzgebungsoutsourcing und der Übernahme staatlicher Entscheidungen: Das Ministerium übernimmt nach außen die Verantwortung für den fertigen Gesetzentwurf, die Bundesregierung bringt ihn in den Bundestag ein. Ob nun die Beteiligung an hoheitlichen Aufgaben für die Annahme der Bereichsausnahme ausreichend ist, hängt von deren Auslegung ab:

---

600 Kluth, in: Calliess/Ruffert, EUV/AEUV, Art. 56/57 AEUV, Rn. 27; Pache, in: Ehlers, Europäische Grundrechte und Grundfreiheiten, § 11, Rn. 37.

601 Kluth, in: Calliess/Ruffert, EUV/AEUV, Art. 56/57 AEUV, Rn. 30; Pache, in: Ehlers, Europäische Grundrechte und Grundfreiheiten, § 11, Rn. 38.

602 Kluth, in: Calliess/Ruffert, EUV/AEUV, Art. 56/57 AEUV, Rn. 32 f.; Pache, in: Ehlers, Europäische Grundrechte und Grundfreiheiten, § 11, Rn. 39.

603 EuGH, Rs. C-3/88 (EDV-Systeme), Rn. 13. So bereits in Rs. C-2/74 (Reyners), Rn. 44/45.

604 Vgl. zu dieser Problematik, allerdings im Zusammenhang mit technischen Zuarbeiten Holoubek, in: Schwarze, EU-Kommentar, Art. 56/57AEUV, Rn. 45.

Zunächst ist festzustellen, dass sich die Bereichsausnahme nicht auf ein Tätigkeitsfeld im Ganzen beziehen kann,[605] die anwaltliche Beratung des Staates als solche ist somit nicht problematisch. Vorliegend geht es jedoch nur um die spezifische Tätigkeit des Erstellens von Gesetzentwürfen, nicht aber um bloße anwaltliche Beratung.

Zum Begriff der öffentlichen Gewalt gehört außerdem die Befugnis, gegenüber dem Bürger Sonderrechte geltend zu machen bzw. Zwang auszuüben.[606] Solche Rechte werden jedoch durch die von den beauftragten Rechtsanwälten wahrgenommenen Tätigkeiten nicht begründet, was den Anwendungsbereich der Bereichsausnahme auf das Gesetzgebungsoutsourcing ausschließt.

In der Folge muss jedoch noch erörtert werden, inwiefern durch das Gesetzgebungsoutsourcing ein Grenzübertritt überhaupt stattfinden kann. Regelmäßig handelt es sich bei Gesetzentwürfen um solche von nationalem Interesse, wenn auch grundsätzlich ein internationaler Bezug nicht auszuschließen ist. Von besonderer Relevanz ist insofern die Gesetzgebung zur Finanzmarktstabilisierung.[607]

Das auftraggebende Ministerium wird keinen Grenzübertritt vornehmen. In Betracht kommt für die Begründung der Binnenmarktrelevanz somit wiederum nur das mögliche Interesse von Kanzleien, die ihren Hauptsitz im europäischen Ausland haben, am durch das Ministerium zu vergebenden Auftrag. Dies reicht für die Annahme der Binnenmarktrelevanz aus.[608]

Inhaltlich können aus der Eröffnung des Schutzbereiches eine Reihe von Vorgaben entnommen werden:

Das Vergabeverfahren selbst ist in nichtdiskriminierender Weise zu gestalten.[609] Dies kann grundsätzlich eine öffentliche Ausschreibung erforderlich machen, wenn nur so gewährleistet werden kann, dass alle potentiellen Bieter die gleichen Informationen über den Auftrag erlangen.[610] Da aber ein bestimmtes Verfahren nicht vorgeschrieben ist, kann auf der Durchführung eines förmlichen Vergabeverfahrens nicht beharrt werden, solange eine diskriminierungsfreie Vergabe sichergestellt ist.[611] Notwendig für eine solche Diskriminierungsfreiheit wird allerdings die Angabe angemessen langer Bewerbungsfristen sein, um allen

605 Bröhmer, in: Calliess/Ruffert, EUV/AEUV, Art. 51 AEUV, Rn. 2.

606 Mayras, Schlussantr. zu EuGH, Rs. C-2/74 (Reyners), Slg. 1974, 665.

607 Vgl. zu der Begründung der Bundesregierung für deren Auslagerung BT-Drs. 16/12547 vom 31.03.2009.

608 Vgl. noch einmal EuGH, Rs. C-324/98 (Telaustria u. Telefonadress), Rn. 60 f.; Rs. C-231/03 (Coname), EuZW 2005, 529, 530; Rs. C-507/03 (An Post), Rn. 30.

609 EuGH, Rs. C-340/89 (Vlassopoulou), Rn. 22.

610 So Buck, Die Vergabe sogenannter nachrangiger Dienstleistungsaufträge, S. 220 f.

611 Zutreffend Pietzcker, Die Zweiteilung des Vergaberechts, S. 75 ff., in Bezug auf die Mindestvorgaben der Richtlinien. A.A. Buck, Die Vergabe sogenannter nachrangiger Dienstleistungsaufträge, S. 221.

Bietern gleiche Chancen im Hinblick auf den Zuschlag gewähren zu können.[612] Anderenfalls könnte der Erfolg eines Interessenten beispielsweise von der Länge des Postwegs abhängig werden.[613]

Zur Gewährung gleichartigen Rechtsschutzes für alle Beteiligten verlangt Art. 56 AEUV weiterhin die Information über das Gewinnerangebot und damit die Absage an die nicht berücksichtigten Angebote vor Erteilung des Zuschlags (Vorabinformationspflicht).[614] Nach Zuschlagserteilung scheidet die Erlangung primären Rechtsschutzes aus, der Bieter wird auf die Geltendmachung sekundärer Ansprüche beschränkt.[615]

(bb) Beeinträchtigung des Schutzbereichs

Aufgrund der Natur der Grundfreiheiten als Gleichheitsrechte kommen als Beeinträchtigung Diskriminierungen sowie sonstige Beschränkungen in Betracht. Art. 56, 57 AEUV enthalten ein umfassendes Beschränkungsverbot, auf welches der EuGH seit der Entscheidung *van Binsbergen* regelmäßig verweist.[616] Nach seiner Ansicht umfassen die Vorschriften die „Aufhebung aller Beschränkungen [...], wenn sie geeignet sind, die Tätigkeit des Dienstleistenden, der in einem anderen Mitgliedstaat ansässig ist und dort rechtmäßig ähnliche Dienstleistungen erbringt, zu unterbinden oder zu behindern."[617]

Um eine Ausuferung des Beschränkungsbegriffs zu verhindern, hat der EuGH in Bezug auf die Warenverkehrsfreiheit eine Einschränkung entwickelt: Nach der *Keck-Formel* sollten bloße Verkaufsmodalitäten, die nicht diskriminierend wirken, dem Beschränkungsbegriff nicht unterfallen.[618] Eine Übertragung auf die Dienstleistungsfreiheit fand bislang jedoch noch nicht statt, sie ist auch in naher Zukunft nicht zu erwarten. Der Gerichtshof entschied sich in seinen Ur-

---

612 Buck, Die Vergabe sogenannter nachrangiger Dienstleistungsaufträge, S. 224.

613 Wittig, Wettbewerbs- und verfassungsrechtliche Probleme des Vergaberechts, S. 26.

614 Buck, Die Vergabe sogenannter nachrangiger Dienstleistungsaufträge, S. 224.

615 Auf die Frage des Rechtsschutzes wird später noch eingegangen, siehe B. III. 2.

616 EuGH, Rs. C-33/74 (van Binsbergen), Rn. 10/12. Zur Entwicklung der Rechtsprechung des EuGH umfassend Randelzhofer/Forsthoff, in: Grabitz/Hilf/Nettesheim, Das Recht der Europäischen Union, EUV/AEUV, Art. 56/57 AEUV, Rn. 98 ff.

617 EuGH, Rs. C-76/90 (Säger), Rn. 12.

618 EuGH, Rs. C-267/91 (Keck), Rn. 16: „Demgegenüber ist entgegen der bisherigen Rechtsprechung die Anwendung nationaler Bestimmungen, die bestimmte Verkaufsmodalitäten beschränken oder verbieten, auf Erzeugnisse aus anderen Mitgliedstaaten nicht geeignet, den Handel zwischen den Mitgliedstaaten im Sinne des Urteils Dassonville (Rs. 8/74) unmittelbar oder mittelbar, tatsächlich oder potentiell zu behindern, sofern diese Bestimmungen für alle betroffenen Wirtschaftsteilnehmer gelten, die ihre Tätigkeit im Inland ausüben, und sofern sie den Absatz der inländischen Erzeugnisse und der Erzeugnisse aus anderen Mitgliedstaaten rechtlich wie tatsächlich in der gleichen Weise berühren."

teilen zur Dienstleistungsfreiheit mehrfach gegen eine Klärung der Frage,[619] während bezüglich der Warenverkehrsfreiheit gleichzeitig keine Notwendigkeit für die Zulassung weiterer Rückausnahmen von dem Beschränkungsbegriff gesehen wurde.[620]

Andererseits bestehen keine derartigen Unterschiede zwischen der Dienstleistungsfreiheit und der Warenverkehrsfreiheit, die eine unterschiedliche Behandlung bezüglich ihrer Beschränkungen rechtfertigen würden. Auch aus diesem Grund betrachtet die Literatur das Beschränkungsverbot mittlerweile nicht mehr als umfassend, sondern nimmt seine Bedeutung in Anlehnung der *Keck-Rechtsprechung* etwas zurück.[621] Statt allerdings den in dieser Rechtsprechung geprägten Begriff der „Verkaufsmodalitäten“[622] auf die bei der Dienstleistungsfreiheit möglichen „Verwendungsmodalitäten“[623] zu übertragen, erscheint es sinnvoller, auf materielle Kriterien wie den Zugang zum Markt abzustellen. Wird dieser für die betroffenen Marktteilnehmer gewährleistet und nicht in erhöhtem Maße erschwert, kann auch eine Beschränkung der Dienstleistungsfreiheit nicht angenommen werden.[624]

Eine Übertragung dieser Grundsätze auf das Gesetzgebungsoutsourcing erscheint jedoch schwierig. Insbesondere handelt es sich bei der Erstellung von Gesetzentwürfen nicht um eine Tätigkeit, bezüglich derer ein innerstaatlicher „Markt“ und somit ein Wettbewerb bestünde.

Jedoch entwickelt sich das Gesetzgebungsoutsourcing mit zunehmender Häufigkeit seines Vorkommens immer mehr zu einem Berufsfeld für Rechtsanwälte, so dass zwar noch kein „Markt“ im eigentlichen Sinne bestehen mag, jedoch die Existenz eines Wettbewerbs nicht mehr zu leugnen ist.[625] Aus diesem Wettbewerb sind insbesondere EU-ausländische Kanzleien ausgeschlossen, die bei der Vergabe eines Auftrags zur Erstellung eines Gesetzentwurfs durch das zuständige Ministerium nicht berücksichtigt wurden. Für sie dürfte es sich als

619 Beispielsweise in EuGH, Rs. C-384/93 (Alpine Investments), Rn. 33 – 38; verb. Rs. C-544/03 und C-545/03 (Mobistar), Rn. 31–34.

620 Randelzhofer/Forsthoff, in: Grabitz/Hilf/Nettesheim, Das Recht der Europäischen Union, EUV/AEUV, Art. 56/57 AEUV, Rn. 105.

621 Roth, in: Dauses, EU-Wirtschaftsrecht, E I, Rn. 170 ff.; Randelzhofer/Forsthoff, in: Grabitz/Hilf/Nettesheim, Das Recht der Europäischen Union, EUV/AEUV, Art. 56/57 AEUV, Rn. 107.

622 EuGH, Rs. C-267/91 (Keck), Rn. 16.

623 Randelzhofer/Forsthoff, in: Grabitz/Hilf/Nettesheim, Das Recht der Europäischen Union, EUV/AEUV, Art. 56/57 AEUV, Rn. 105.

624 EuGH, Rs. C-110/05 (Kommission/Italien), Rn. 37; Rs. C-355/00 (Freskot), Rn. 63; Roth, in: Dauses, EU-Wirtschaftsrecht, E I, Rn. 172. In diesem Sinne auch EuGH, Rs. C-67/98 (Zenatti), Rn. 26 f.

625 Vgl. zu der Frage, ob das Gesetzgebungsoutsourcing ein neues Berufsfeld für Rechtsanwälte eröffnet Filges, in: Kloepfer, Gesetzgebungsoutsourcing, S. 95 ff.

unverhältnismäßig schwierig darstellen, eine Möglichkeit zur Angebotsabgabe zu erhalten.

Darin kann eine Benachteiligung sonstiger Art gesehen werden; die Ausnahme der Keck-Rechtsprechung des EuGH dürfte hier nicht tragen.

(cc) Rechtfertigung

Ob eine Beeinträchtigung des Schutzbereichs der Dienstleistungsfreiheit gerechtfertigt werden kann, hängt von der Art der Beeinträchtigung ab. Bei der unterlassenen Berücksichtigung weiterer Kanzleien für die Vergabe eines Auftrags zur Erstellung eines Gesetzentwurfs handelt es sich jedenfalls um eine sonstige Beschränkung, die nur zulässig ist, wenn „zwingende Erfordernisse“[626] des Allgemeininteresses sie gebieten. In der *Cassis-Rechtsprechung* konkretisierte der EuGH diese Erfordernisse dahingehend, dass „insbesondere [...] eine[ ] wirksame[ ] steuerliche[ ] Kontrolle, de[r] Schutz[ ] der öffentlichen Gesundheit, [die] Lauterkeit des Handelsverkehrs und de[r] Verbraucherschutz[ ]“[627] gewährleistet werden sollen. Eine abschließende Regelung wurde jedoch nicht getroffen, so dass weitere Allgemeininteressen als ungeschriebene Rechtfertigungsgründe in Betracht kommen.[628]

Bezüglich der Erstellung von Gesetzentwürfen könnte ein nationales Interesse daran bestehen, dass eine Auslagerung ausschließlich auf innerstaatliche Kanzleien vorgenommen wird. So könnte die fachliche Qualifikation der Beauftragten sichergestellt werden, die ein bedeutendes Kriterium für die Entscheidung über das „ob“ einer Auslagerung darstellt.

Die interne Erarbeitung von Gesetzentwürfen liegt, obwohl sie für sich genommen ein bloßes nationales Interesse darstellt, auch im Allgemeininteresse, da die Funktionsfähigkeit der Europäischen Union in erster Linie von der Funktionsfähigkeit ihrer Mitgliedstaaten abhängt. Diese wiederum bemisst sich unter anderem nach der Qualität des Rechtssystems.

Andererseits ist die Versagung einer Teilnahmemöglichkeit am Vergabeverfahren für ausländische Kanzleien nicht „zwingend“, um die Qualität des Gesetzentwurfes sicherzustellen. Dies kann vielmehr auch auf andere Weise geschehen: Die Voraussetzung der ausreichenden Fachkenntnis lässt sich durch bereits wahrgenommene Mandate sowie besonders erworbene Fähigkeiten (bei-

---

626 EuGH, Rs. C- 120/78 (Cassis de Dijon), Rn. 8; Rs. C-33/74 (van Binsbergen), Rn. 10/12.

627 EuGH, Rs. C- 120/78 (Cassis de Dijon), Rn. 8.

628 Holoubek, in: Schwarze, EU-Kommentar, Art. 56/57 AEUV, Rn. 107. Vgl. zu einzelnen ungeschriebenen Rechtfertigungsgründen EuGH, Rs. C-34/95 (de Agostini), Rn. 53: „Lauterkeit des Handelsverkehrs und der Schutz der Verbraucher“, Rs. C-158/96 (Kohll), Rn. 41: „erhebliche Gefährdung des finanziellen Gleichgewichts des Systems der sozialen Sicherheit“.

spielsweise Fachanwaltslehrgänge) auch von im EU-Ausland ansässigen Anwälten nachweisen. Die Vorlegung solcher Nachweise stellte eine geringere Einschränkung ihrer Chancengleichheit dar, da sie in der Regel auch von innerstaatlichen Kanzleien zu erwarten wäre.

Auch die Begründung der Bundesregierung, die Auslagerung geschehe aufgrund von Zeitknappheit, kann kein zwingender Grund des Allgemeininteresses sein. Zwar mag es zutreffen, dass eine Abstimmung des Ministeriums mit allen Kanzleien und die Auswertung aller eingereichten Entwürfe in kurzer Zeit schwierig ist, entscheidet sich das Ministerium jedoch für die Auslagerung der Entwurfserstellung und gegen eine interne Erarbeitung, so können notwendige Verfahrensvorschriften nicht allein aus Zeitnot umgangen werden.

Zwingende Gründe des Allgemeininteresses können zwar in der Sicherung der Qualität der Gesetzentwürfe gesehen werden, jedoch wäre dieses Ziel durch die Einführung allgemeiner Qualitätsstandards ebenso effektiv zu erreichen mit der Folge, dass der Ausschluss ausländischer Kanzleien aus dem Vergabeverfahren einen Verstoß gegen die Dienstleistungsfreiheit darstellt. Mit dem Argument der nur knappen zur Verfügung stehenden Zeit lässt sich dagegen noch nicht einmal das Vorliegen eines zwingenden Gemeinwohlbelanges begründen.

(d) Anwendung der allgemeinen Grundsätze des Primärrechts

Neben der Dienstleistungsfreiheit kommt weiterhin eine Anwendung der allgemeinen Grundsätze des Primärrechts auf die Auslagerung der Gesetzentwurferstellung in Betracht. Insbesondere ist hier auf den allgemeinen Gleichheitsgrundsatz sowie das Transparenzprinzip näher einzugehen.

(aa) Gleichbehandlungsgebot

Das allgemeine Diskriminierungsverbot hat durch Art. 18 AEUV (ex-Art. 12 EGV) eine besondere Ausprägung im Primärrecht erfahren. Es besteht jedoch eine Subsidiarität zu den besonderen Diskriminierungsverboten der Grundfreiheiten, so dass Art. 18 AEUV nur Anwendung finden kann, wenn der Schutzbereich der Dienstleistungsfreiheit nicht eröffnet ist.[629] Die hier relevante Rechtsberatung fällt jedoch unstreitig unter den Dienstleistungsbegriff, so dass das allgemeine Diskriminierungsverbot grundsätzlich zurückzutreten hat.

---

629 Epiney, in: Calliess/Ruffert, EUV/AEUV, Art. 18 AEUV, Rn. 3 ff.; von Bogdandy, in: Grabitz/Hilf/Nettesheim, Das Recht der Europäischen Union, EUV/AEUV, Art. 18 AEUV, Rn. 4; Holoubek, in: Schwarze, EU-Kommentar, Art. 18 AEUV, Rn. 49.

(bb) Transparenzgebot

Der Grundsatz der Transparenz wurde ursprünglich aus dem Diskriminierungsverbot des Art. 18 AEUV abgeleitet.[630] Da dieses jedoch nur subsidiär zur Anwendung kommt, muss für die Herleitung des Transparenzprinzips auf die besonderen Diskriminierungsverbote der Grundfreiheiten abgestellt werden.[631] Inhaltlich ergeben sich aus dem allgemeinen unionsrechtlichen Transparenzgebot keine Unterschiede zu den Vorgaben der Vergaberichtlinien und das diese in nationales Recht umsetzende GWB, so dass insofern auf die dortigen Ausführungen verwiesen werden kann.[632] Im Unterschied zur dortigen Interpretation mit der Folge der Auswirkung des Transparenzgebots auf alle Verfahrensstufen ist auf primärrechtlicher Ebene allerdings zu beachten, dass die Forderung nach einer angemessenen Öffentlichkeit der Vergabe nur allgemein bestehen kann. Welche Auswirkungen sich hieraus für das jeweilige Vergabeverfahren ergeben, muss für den jeweiligen Einzelfall gesondert beurteilt werden.[633]

(4) Vorgaben der VOF

Nach der Festlegung der grundsätzlich zu berücksichtigenden unionsrechtlichen und nationalen gesetzlichen Vorgaben ist im Weiteren zu klären, wie das Vergabeverfahren *in concreto* für die Auslagerung von Gesetzentwürfen durchzuführen ist.

Aus § 1 Abs. 2 VOF ergibt sich zunächst, dass die VOF nur oberhalb des jeweiligen Schwellenwertes aus § 2 VgV angewendet werden kann. Dieser liegt nach seiner Absenkung nun gemäß § 2 Nr. 2 VgV bei 193.000 € für „alle anderen Dienstleistungen“, das bedeutet solche, die nicht von einer oberen oder obersten Bundebehörde in Auftrag gegeben wurden. Diesen Schwellenwert müsste der Wert des Auslagerungsauftrags überschreiten.

Zwar ist nicht davon auszugehen, dass dies für jede Auslagerung der Fall sein wird, an den veröffentlichten Zahlen der hier untersuchten Fälle ist aber abzulesen, dass regelmäßig ein Auftragswert im oberschwelligen Bereich zu veranschlagen sein wird: So wird das Honorar für die Erarbeitung eines Gesetzes zur Neuorganisation der Eisenbahnen des Bundes durch die Sozietät Hölters & Elsing mit 1.088.591 € angegeben. Das Entgelt für die Erstellung eines Finanzmarktstabilisierungsergänzungsgesetzes durch die Kanzlei Hengeler Müller belief sich zwar nur auf 137.743 €. Es ist aber davon auszugehen, dass die gezahlten Leistungen für die (Haupt-) Arbeiten im Bereich der Finanzmarktstabilisie-

630 EuGH, Rs. C-275/98 (Unitron Scandinavia), Rn. 31.

631 Zutreffend Buck, Die Vergabe sogenannter nachrangiger Dienstleistungsaufträge, S. 250.

632 Siehe oben C. I. 1. c) aa) (2) (c) (bb).

633 Siehe zu den Einflüssen des Transparenzprinzips auf die Verdingungsordnungen sogleich.

rung sowie des Kreditwesengesetzes die Schwellenwerte deutlich überschreiten. Die betreffenden Zahlen wurden jedoch als vertraulich eingestuft und in der Folge nicht veröffentlicht.

(a) Beschränkte Anwendbarkeit auf rechtliche Beratung

Die für die Praxis der Auslagerung von Gesetzentwürfen anwendbaren Vorschriften der VOF lassen sich aus § 5 VgV entnehmen: Der Bereich der Rechtsberatung fällt als nachrangige Dienstleistung unter Anhang I Teil B Kategorie 21 der VOF, was nach § 5 Abs. 1 Nr. 2 VgV bedeutet, dass – entsprechend der Regelung in den Vergaberichtlinien – auch die VOF nicht im Ganzen, sondern nur in Teilen anzuwenden ist. Konkret kommt vorliegend nur die Anwendbarkeit der Vorschriften des § 6 Abs. 2-7 sowie des § 14 in Betracht.[634]

(aa) Aufgabenbeschreibung

§ 6 VOF postuliert zunächst die Anforderungen an die Auftragsbeschreibung. In Umsetzung der Vorgaben der VKR ist Abs. 1, der die Pflicht zur klaren und eindeutigen Aufgabenbeschreibung enthält, jedoch nicht anwendbar. Stattdessen besteht in Abs. 2 lediglich ein Bezug zu den „technischen Anforderungen", die die Aufgabenbeschreibung enthalten muss. Diese können zum einen den in Anhang TS der VOF definierten „technischen Spezifikationen" entsprechen oder in Leistungs- oder Funktionsanforderungen bestehen, die so genau zu fassen sind, dass sie den Auftragsgegenstand für alle Bieter verständlich beschreiben.

Durch diese Verfahrensanforderung ist es dem auftraggebenden Ministerium möglich, die relevanten inhaltlichen Vorgaben für den zu erstellenden Gesetzentwurf auch mehreren als nur einem möglichen Vertragspartner zugänglich zu machen. Es besteht die zwingende Pflicht, sich auch schon vor der Auftragserteilung selbst mit den Inhalten der Gesetzesvorlage auseinanderzusetzen, was eine spätere Kooperation mit den beauftragten Rechtsanwälten erleichtert.

Außerdem besteht hier Raum für die Anforderung bestimmter Qualifikationsnachweise[635] wie die bereits angesprochenen vorherigen Mandatierungen oder ein Fachanwaltstitel nach der Fachanwaltsordnung (FAO). Dabei ist keine Diskriminierung ersichtlich, wenn ausländischen Bietern nationale Normen schlechter zugänglich sind, solange die Anforderungen selbst vollständig beschrieben werden.[636]

---

634 Vgl. zum Begriff der nachrangigen Dienstleistungen Buck, Die Vergabe sogenannter nachrangiger Dienstleistungsaufträge, S. 53 ff. Die grundsätzliche Anwendbarkeit des Vergaberechts auf nachrangige Dienstleistungen bejaht auch das OLG Stuttgart, NZBau 2004, 627, 628.

635 Franzius, in: Pünder/Schellenberg, Vergaberecht, § 6 VOF, Rn. 25.

636 So noch zur alten Fassung der VOF Voppel, VOF, § 8, Rn. 35.

(bb) Informationen über die Auftragserteilung

§ 14 VOF normiert im Folgenden, inwieweit Informationen über die Auftragserteilung zu veröffentlichen sind.

Die Umsetzung der Vorgaben der VKR wird auch hier offenbar. Nach der Auftragsvergabe besteht eine Bekanntmachungspflicht an das Amt für amtliche Veröffentlichungen der Europäischen Union, die Frist beträgt 48 Tage. Im Unterschied zur VKR wird durch die VOF die Verwendung eines Musters für die Bekanntmachung vorgeschrieben.[637]

Im Folgenden muss der Auftraggeber bei der Vergabe von nachrangigen Dienstleistungsaufträgen angeben, ob er der Veröffentlichung zustimmt (§ 14 Abs. 3 VOF).

Allerdings besteht hier über die Vorgaben der Richtlinie hinaus die Pflicht, den unterlegenen Bietern innerhalb einer Frist von 15 Tagen nach Eingang ihres Angebots die Gründe für die unterbliebene Berücksichtigung mitzuteilen (§ 14 Abs. 5 VOF).

Auch die Gründe der Einstellung eines Vergabeverfahrens und der somit unterbliebenen Zuschlagserteilung müssen den Bewerbern mitgeteilt werden (§ 14 Abs. 6 VOF).

§ 14 VOF könnte man dahingehend auslegen, dass die Anforderung der Bieterinformation nur dann sinnvoll ist, wenn es tatsächlich mehrere Bieter in einem Vergabeverfahren gibt, welche benachrichtigt werden können. § 14 VOF statuiert nach dieser Betrachtungsweise zwar nicht die Notwendigkeit eines Vergabeverfahrens, setzt ein solches aber gleichsam voraus. Andererseits lässt sich die Vorschrift auch so auslegen, dass nur die Bekanntmachung an das Amt für amtliche Veröffentlichungen der Europäischen Union verpflichtend ist, die Benachrichtigung der unterlegenen Bieter aber nur stattzufinden hat, falls sie tatsächlich existieren. Nach dieser Auslegung würde gerade kein Vergabeverfahren vorausgesetzt.

Im Gesamtzusammenhang mit den Vorgaben des Unionsrechts erscheint letztere Auslegungsweise vorzugswürdig. Da nur wenige Vorschriften der VOF ausdrücklich für anwendbar erklärt wurden, ist davon auszugehen, dass die übrigen Vorschriften über das Vergabeverfahren gerade nicht anwendbar sein sollten. Dass trotzdem kein vollkommen vergaberechtsfreier Bereich entsteht, garantiert die Notwendigkeit der Beachtung primären Unionsrechts sowie die Festlegung der Grundsätze des Vergaberechts im GWB.

Für die Auslagerung von Gesetzentwürfen bedeutet dies in der Folge, dass auch hier nur eine Pflicht zur Meldung an das Amt für amtliche Veröffentlichungen der Europäischen Union besteht, nicht aber in jedem Fall eine Ausschreibungspflicht begründet werden kann.

637 Anhang III zu VO 1565/2005/EG.

(b) Eindeutiges grenzüberschreitendes Interesse

Auch wenn die unionsrechtlichen Schwellenwerte des § 2 VgV überschritten wurden, ändert dies nichts an der Natur der Rechtsberatung als nachrangige Dienstleistung, deren Binnenmarktrelevanz häufig bestritten wird.[638] Nach neuerer Rechtsprechung des EuGH muss für ihre Annahme nunmehr ein „eindeutiges grenzüberschreitendes Interesse" an dem zu vergebenden Auftrag nachgewiesen werden.[639]

Seit der Coname-Entscheidung[640] im Jahre 2005 argumentiert der EuGH aber wie dargestellt, dass an dem Zuschlagserhalt auch andere Unternehmen ein Interesse haben könnten, die in einem anderen Mitgliedstaat niedergelassen sind.[641] Dies gelte selbst dann, wenn das das Verfahren rügende Unternehmen im gleichen Mitgliedstaat ansässig ist wie der Auftraggeber und somit originär keine Binnenmarkrelevanz besteht. Allein durch das potentielle Interesse ausländischer Unternehmen könne eine solche begründet werden.[642] Außerdem sei nicht ersichtlich, „dass wegen besonderer Umstände wie beispielsweise einer sehr geringfügigen wirtschaftlichen Bedeutung vernünftigerweise angenommen werden könnte, dass ein Unternehmen, das in einem anderen Mitgliedstaat als demjenigen niedergelassen ist, dem [der öffentliche Auftraggeber] angehört, kein Interesse an [dem in Rede stehenden Auftrag] hätte und dass die Auswirkungen auf die betreffenden Grundfreiheiten daher zu zufällig und zu unmittelbar wären, als dass auf eine Verletzung dieser Freiheiten geschlossen werden könnte."[643]

Diese Grundsätze lassen sich auch auf die Beauftragung einer Kanzlei mit der Erstellung eines Gesetzentwurfs übertragen:

Aus der bisherigen Praxis der Ministerien bei der Vergabe eines Auftrags zur Gesetzerstellung ergibt sich, dass deren bevorzugte Vertragspartner Großkanzleien sind, in deren Selbstverständnis vor allem die internationale Ausrichtung liegt. So befindet sich der Sitz der meisten dieser Sozietäten in London, Großbritannien; nur wenige Kanzleien der bevorzugten Größenordnung sind deutschen Ursprungs und auch tatsächlich noch an einem nationalen Standort

638 Buck, Die Vergabe sogenannter nachrangiger Dienstleistungsaufträge, S. 63 f.; Bitterich, EuZW 2008, 14, 17. Vgl. hierzu im Einzelnen schon oben C. I. 1. c) aa) (3) (b).

639 EuGH, EuZW 2008, 23, 25.

640 EuGH, Rs. C-231/03 (Coname), EuZW 2005, 529.

641 EuGH, Rs. C-231/03 (Coname), EuZW 2005, 529, 530.

642 Im fraglichen Fall nahm der EuGH bei der Klage eines italienischen Unternehmens gegen die unmittelbare Vergabe einer Dienstleistungskonzession durch eine italienische Gemeinde eine Binnenmarktrelevanz an, obwohl sich das Unternehmen aufgrund seines Sitzes im gleichen Mitgliedstaat wie der Auftraggeber nicht auf die Niederlassungsfreiheit oder Dienstleistungsfreiheit berufen konnte.

643 EuGH, Rs. C-231/03 (Coname), EuZW 2005, 529, 530. In diesem Sinne entschied der EuGH bereits früher, vgl. EuGH, EuZW 1990, 226 ff.; EuGH, EuZW 1999, 730 ff.

hauptsächlich ansässig.[644] Aufgrund ihrer internationalen Ausrichtung besteht regelmäßig eine Spezialisierung auf vielen Fachgebieten, was eine Heranziehung für die Ministerien attraktiv macht.

Auf der anderen Seite besteht ein hohes Interesse der Sozietäten am Erhalt eines Auftrags zur Erstellung eines Gesetzentwurfs, denn die Mitgestaltung der Gesetzgebung gehört zum erklärten Ziel der Kanzleien.[645] Dies gilt selbst für den Fall, in dem sich die Übernahme des Auftrags in ökonomischer Hinsicht als nicht lohnenswert erachtet, da die Vergrößerung des Bekanntheitsgrades auf dem betroffenen Rechtsgebiet im Vordergrund steht.

Aufgrund dieser bisherigen Beauftragungspraxis sowie dem korrespondierenden deutlichen Interesse der Kanzleien an dem Erhalt eines Auftrags ist das grenzüberschreitende Interesse für das Gesetzgebungsoutsourcing zu bejahen.

(5) Ergebnis

Rechtsberatung stellt im europäischen Recht sowie seiner nationalen Umsetzung eine nachrangige Dienstleistung dar, für die der Anwendungsbereich des Vergaberechts auf nur wenige Vorschriften begrenzt ist. Primär anwendbar sind nur die Vorschriften über technische Spezifikationen sowie über solche Bekanntmachungen, die nach dem Entschluss über die Beauftragung eines Interessenten veröffentlicht werden müssen. Ein bestimmtes Vergabeverfahren ist dabei jedoch nicht vorgeschrieben.

Unabhängig davon gelten die allgemeinen Grundsätze des Vergaberechts jedoch auch für die Vergabe von Rechtsberatungsleistungen und somit auch für die Beauftragung einer Kanzlei mit der Erstellung eines Gesetzentwurfs. Insbesondere das primäre Unionsrecht unterstellt das Gesetzgebungsoutsourcing einigen Voraussetzungen: Bei der Vergabe des Auftrags an eine Rechtsanwaltskanzlei darf zum einen nicht gegen die Dienstleistungsfreiheit verstoßen werden. Deren Anwendungsbereich ist eröffnet, da es sich bei der Ausarbeitung einer Gesetzesvorlage im privaten Bereich nicht um die „unmittelbare und spezifische Teilnahme an der Ausübung öffentlicher Gewalt" im Sinne der Bereichsausnahme der Art. 62 AEUV (ex-Art. 55 EGV) i.V.m. Art. 51 AEUV (ex-Art. 45 EGV) handelt. Dies folgt aus der Behandlung des Entwurfs durch das Ministerium, welches sich die Ausarbeitung aneignet. In der Folge bringt die Bundesregierung die Vorlage als Regierungsentwurf in den Bundestag ein und übernimmt die Verantwortung für das Handeln der Rechtsanwälte.

Verletzt wird die Dienstleistungsfreiheit durch eine de-facto Vergabe des Ministeriums, bei der nicht sichergestellt ist, dass auch andere (europäische) Sozietäten die Möglichkeit der Kenntnisnahme von der Einleitung eines Verfah-

---

644 Vgl. hierzu bereits Fn. 588.

645 Zur Eröffnung eines neuen Berufsfeldes für Rechtsanwälte durch das Gesetzgebungsoutsourcing vgl. Filges, in: Kloepfer, Gesetzgebungsoutsourcing, S. 95, 102 ff.

rens erhalten haben. Rechtfertigungsgründe im Sinne der „zwingenden Gründe des Allgemeinwohls" greifen für ein solches Verhalten nicht durch.

Weiterhin sind die allgemeinen Grundsätze der Transparenz und der Nichtdiskriminierung zu beachten, welche freilich bei Einschlägigkeit der Dienstleistungsfreiheit als nachrangig zurücktreten.

Im Ergebnis liegt durch eine de-facto Vergabe des Ministeriums ohne Berücksichtigung anderer Kanzleien regelmäßig sowohl eine Verletzung des aus verschiedenen Rechtsquellen abzuleitenden Transparenzgebots sowie der Dienstleistungsfreiheit vor.

bb) Unterschwellige Vergabe

Die Vergabe von Gesetzgebungsaufträgen bewegt sich nicht ausschließlich im Bereich oberhalb der Schwellenwerte. Aus den veröffentlichten Zahlen der Bundesregierung ist zu erkennen, dass der Auftrag zur Arbeit am Finanzmarktstabilisierungsergänzungsgesetz an die Kanzlei Hengeler Müller mit einem Honorar von 137.743 € verbunden war.[646] Dies unterschreitet den Schwellenwert der Vergabeverordnung. Weiterhin kann der Auflistung der Aufträge, die von den einzelnen Ministerien seit dem Jahre 1990 vergeben wurden, entnommen werden, dass die Zahlung höherer Summen häufig nicht für ein einzelnes Projekt erfolgte, sondern verschiedene Arbeiten umfasste.[647] So waren bei Arbeiten des BMU im Jahre 2009 in neun Fällen Externe beteiligt, die gezahlten Honorare beliefen sich insgesamt auf eine Summe von 209.253 €, befanden sich also eigentlich im oberschwelligen Bereich. Da aber nicht die Summe der Auftragswerte betrachtet werden kann, sondern nur der Wert jedes einzelnen Auftrags, ist davon auszugehen, dass insoweit der Schwellenwert nicht überschritten wurde.

Im Unterschwellenbereich ist die Dichte der Regelungen geringer als im Oberschwellenbereich, da solchen Vergaben eine Binnenmarktrelevanz grundsätzlich abzusprechen ist. In der Folge ist das Kartellvergaberecht auf unterschwellige Vergaben nicht anzuwenden, so dass in erster Linie die Anwendung haushaltsrechtlicher Regelungen in Betracht kommt. Fraglich ist darüber hinaus auch die Anwendbarkeit des primären Unionsrechts.

(1) Vorgaben des Haushaltsrechts

Unterhalb der Schwellenwerte gibt zunächst das Haushaltsrecht den Regelungsrahmen des Vergaberechts vor.

---

646 BT-Drs. 16/14133 vom 26.10.2009, S. 9 – Anlage 4.

647 Vgl. BT-Drs. 16/14133 vom 26.10.2009, S. 6 – Anlage 1 sowie S. 7 – Anlage 2.

(a) Anwendung der Verdingungsordnungen

Zu denken ist insbesondere an die Anwendung der Verdingungsordnungen, sofern sich diese als Teil des Haushaltsrechts qualifizieren lassen.

Problematisch ist in diesem Zusammenhang der Rechtscharakter der Verdingungsordnungen im Unterschwellenbereich und somit auch deren Verbindlichkeit für die öffentlichen Auftraggeber. Wie bereits festgestellt, haben die Verdingungsordnungen im oberschwelligen Bereich durch den Verweis in §§ 4-6 VgV den Charakter einer Rechtsverordnung.[648] Im unterschwelligen Bereich gilt die VgV jedoch nicht, so dass den Verdingungsordnungen hierdurch kein Rechtsnormcharakter verliehen werden kann.

Auf Bundesebene findet sich eine Verweisung in § 55 Bundeshaushaltsordnung (BHO). Nach § 55 Abs. 1 BHO muss dem Abschluss von Verträgen grundsätzlich eine öffentliche Ausschreibung vorausgehen. Nur im begründeten Ausnahmefall kann hiervon abgesehen werden.

Dieser Grundsatz findet sich in ähnlicher Weise in den Haushaltordnungen der Länder,[649] was auf die Grundsatzregelung des Haushaltsgrundsätzegesetzes (HGrG) zurückzuführen ist. Dieses statuiert in § 30 die Pflicht zur grundsätzlichen Durchführung eines Vergabeverfahrens. Die Pflicht zur Befolgung dieser Vorgabe ergibt sich für den Bund als auch für die Länder bereits aus Art. 91a Abs. 2, 109 Abs. 3 GG.

Zur Eröffnung des Anwendungsbereichs des § 55 BHO ist, ähnlich wie im GWB, das Vorliegen der Auftraggebereigenschaft maßgeblich. Abzustellen ist auf die Organisationsform, die öffentlich-rechtlich ausgestaltet sein muss, da der Auftraggeberbegriff des Haushaltsrechts enger ist als der des GWB.[650] Die einzelnen Bundesministerien stellen unproblematisch Organteile der Bundesregierung mit öffentlich-rechtlicher Organisationsform dar, so dass sich hier keine Hindernisse für die Anwendung der BHO ergeben.

Nach § 55 Abs. 2 BHO ist weiterhin nach einheitlichen Richtlinien vorzugehen, welche sich in den Verwaltungsvorschriften zur Bundeshaushaltsordnung (VV-BHO) finden.

Diese erklären in Nr. 2 Ziff. 2VV-BHO zu § 55 BHO (Sonstige Vergaben, die nicht dem vierten Teil des GWB unterliegen), bei der Vergabe von Lieferungen und Leistungen den jeweils ersten Abschnitt der VOB/A sowie der VOL/A für anwendbar. Die Anwendbarkeit der VOF scheidet dagegen unterhalb der Schwellenwerte aus.[651]

648 Siehe oben A. II. 2. b) aa).

649 Beispielsweise enthält in NRW § 55 Landeshaushaltsordnung (LHO) eine identische Regelung.

650 Pache, in: Pünder/Schellenberg, Vergaberecht, § 55 BHO, Rn. 97.

651 Vgl. § 1 Abs. 2 VOF.

Der Rechtscharakter der Verdingungsordnungen bestimmt sich auch im unterschwelligen Bereich nach dem der Verweisungsvorschriften, so dass zunächst der Rechtscharakter der VV-BHO zu bestimmen ist. Die VV-BHO dienen als Bestandteil des Haushaltsrechts ausschließlich der sparsamen und wirtschaftlichen Verwendung der Steuergelder und haben keine Außenwirkung,[652] weshalb auch den Verdingungsordnungen durch die Verweisung über Verwaltungsvorschriften eine solche nicht zukommen kann.[653] Für die dem Ministerium untergeordnete Verwaltung entfalten die Verdingungsordnungen als Verwaltungsvorschriften allerdings Bindungswirkung.[654]

Für das Gesetzgebungsoutsourcing, in dem die Rechtsberatung als Dienstleistung gegenständlich ist, müsste aufgrund der fehlenden Anwendbarkeit der VOF somit auf den ersten Abschnitt der VOL/A zurückgegriffen werden. Problematisch hieran ist, dass die VOL/A gemäß § 1 VOL/A nicht auf freiberufliche Leistungen angewendet werden kann. Insofern besteht eine Regelungslücke, die allerdings durch den Verweis auf die Haushaltsordnungen in § 1 S. 2 Spiegelstrich 2 S. 2 VOL/A geschlossen werden kann: Wenn die betreffenden Haushaltsordnungen dies anordnen, kann die VOL/A auch für freiberufliche Leistungen unterhalb der Schwellenwerte gelten.[655] Die BHO ordnet eine solche explizite Geltung jedoch nicht an. Nun könnte man eine analoge Anwendung der Verdingungsordnungen andenken. Diese muss aber allein deshalb schon ausscheiden, da eine Planwidrigkeit der Regelungslücke nicht zu erkennen ist. Die Regelungen zur Anwendbarkeit der VOF sowie der VOL/A sind dezidiert dargelegt worden, so dass die Anwendung auf den ausdrücklich ungeregelten Fall der freiberuflichen Leistungen unterhalb der Schwellenwerte, die nicht eindeutig und erschöpfend beschreibbar sind, ausscheiden muss. Somit besteht für die Beauftragung mit der Erstellung von Gesetzentwürfen eine begründete Ausnahme von der Ausschreibungspflicht im Sinne des § 55 Abs. 1 BHO.

Allerdings ist auch bei der freihändigen Vergabe darauf zu achten, dass der Vertragsschluss nicht willkürlich erfolgt. Vielmehr soll auch hier auf die Fachkunde, Leistungsfähigkeit und Zuverlässigkeit der Bieter geachtet werden. Außerdem sollte ausreichende Erfahrung sowie eine Gewähr für die wirtschaftliche Ausführung des Auftrags gegeben sein.[656]

---

652 Rudolf, in: Byok/Jaeger, Vergaberecht, Einl., Rn. 99; Ruthig/Storr, Öffentliches Wirtschaftsrecht, § 10, Rn. 992.

653 BGHZ 116, 149,151; Pietzcker, in: Festschrift für Konrad Redeker zum 70. Geburtstag, S. 501, 503.

654 Gallwas, VergabeR 2001, 2; Ziekow, Öffentliches Wirtschaftsrecht, § 9, Rn. 10.

655 Winnes, in: Pünder/Schellenberg, Vergaberecht, § 1 VOL/A, Rn. 4.

656 Bekanntmachung der Neufassung der VOL/A, Bundesanzeiger Nr. 100a, ausgegeben am 30.5.2006, S. 123.

(b) Grundsätze des Haushaltsrechts

Zur Sicherstellung dieser Anforderungen kann zunächst die Einhaltung der übrigen Grundsätze des Haushaltsrechts verlangt werden.

(aa) Gebot der Sparsamkeit

Insbesondere kommt es dabei auf die Erfüllung des Gebots der Sparsamkeit an. Dieses wird bereits für die Aufstellung des Haushaltsplans gesetzlich normiert, §§ 6 Abs. 1 HGrG, 7 Abs. 1 BHO. Da der Haushaltsplan den Beginn aller Mittelverwendung des Bundes darstellt, muss richtiger Weise das Sparsamkeitsgebot auch auf die tatsächliche Mittelverwendung übertragen werden.[657] Nur so kann die effektive Durchsetzung des sparsamen Umgangs mit Haushaltsgeldern in allen Phasen der Ausgabenwirtschaft sichergestellt werden.

Auch beim Gesetzgebungsoutsourcing kann es trotz der Unanwendbarkeit der Verdingungsordnungen dem Gebot der Sparsamkeit entsprechen, die Absicht der Auftragsvergabe öffentlich bekannt zu machen. Dies liegt nicht nur im Interesse der potentiell interessierten Bieter, die durch eine solche Bekanntmachung die Möglichkeit der Abgabe eines Angebots erhalten, sie ermöglicht es außerdem dem auftraggebenden Ministerium, eine Übersicht über die am Markt vorhandenen Leistungen einzuholen und so das günstigste Angebot zu erhalten.[658] Dies ist gerade im Hinblick darauf von Bedeutung, dass sich der Staat regelmäßig nicht im Wettbewerb bewegt, so dass ihm die für die Beurteilung der Angebote notwendige Übersicht fehlt.

Durch die Einholung mehrerer Angebote erhält das Ministerium Informationen über die fachliche Eignung, sowie die Leistungsfähigkeit und Erfahrung der jeweiligen Kanzleien, so dass die Auswahl des Bestqualifizierten leichter fällt. Dies trägt in der Folge zu einem Entstehen des Gesetzentwurfs im Sinne des Ministeriums bei.

(bb) Gebot der Öffentlichkeit

Weiterhin ist dem Grundsatz der Öffentlichkeit Rechnung zu tragen. Zwar ist dieser im Gegensatz zum Sparsamkeitsgebot nicht ausdrücklich im Haushaltsrecht niedergelegt, er lässt sich jedoch aus verschiedenen Vorschriften der BHO herleiten. § 10 Abs. 2 BHO legt erstens die Pflicht der Bundesregierung fest, den Bundestag sowie den Bundesrat über „erhebliche Änderungen der Haushaltsentwicklung und deren Auswirkung auf die Finanzplanung“ zu unterrichten. Auch dem Finanzministerium, welches innerhalb der Bundesregierung für die Erstellung des Haushaltsplans zuständig ist, obliegen gemäß § 31 BHO Informa-

657 Pache, in: Pünder/Schellenberg, Vergaberecht, § 55 BHO, Rn. 2.
658 Pache, in: Pünder/Schellenberg, Vergaberecht, § 55 BHO, Rn. 4.

tionspflichten. Die Öffentlichkeitsforderung bezieht sich dabei auf den Ablauf des gesamten Verfahrens.[659]

Es bleibt zu klären, ob die Übertragung dieses Grundsatzes auch auf die Vorgänge, die das Gesetzgebungsoutsourcing betreffen, möglich ist. Dass die BHO nur ausgewählte Fälle regelt, könnte bedeuten, dass für andere Vorgänge das haushaltsrechtliche Öffentlichkeitsprinzip nicht gelten solle.

Allerdings wird nur zur Herleitung dieses Prinzips auf die BHO Bezug genommen, es ist nicht ersichtlich, dass das allgemeine Öffentlichkeitsprinzip ausschließlich für die dort genannten Fälle gelten solle. Auf die dort beschriebenen Voraussetzungen kann es im Einzelfall also gerade nicht ankommen.

Entsprechend der Vorgaben der BHO kann jedoch auch aus diesem Grundsatz nicht die Pflicht zur öffentlichen Ausschreibung hergeleitet werden; dies würde eine Umgehung der geltenden Vorschriften darstellen.

Die Öffentlichkeit der Auftragserteilung trägt jedoch dazu bei, dass der Zuschlag nur dem leistungsfähigsten Bieter mit Erfahrung auf dem in Frage stehenden Rechtsgebiet erteilt wird. Denn Öffentlichkeit bedeutet die Aufnahme von Verhandlungen mit mehr als nur einem Beteiligten, so dass ein Wettbewerb zwischen den Beteiligten entstehen kann.

(2) Vorgaben des primären Unionsrechts

Während das europäische Sekundärrecht nur für Vergaben oberhalb der Schwellenwerte aus §§ 100 GWB, 2 VgV gilt, kann das Primärrecht auch auf unterschwellige Vergaben unmittelbare Anwendung finden, da es nicht vom Erreichen dieser Schwellenwerte abhängig ist.[660] Hier dient es unmittelbar der Regulierung der Auftragsvergabe während im Oberschwellenbereich lediglich eine nachrangige Anwendung nach dem sekundären Unionsrecht in Betracht kommt.[661]

Einschränkend ist allerdings zu bedenken, dass die Anwendung des primären Unionsrechts eine Binnenmarktrelevanz voraussetzt, die bei unterschwelligen Vergaben in der Regel nicht vorliegt. Gerade der Vergabe nachrangiger Dienstleistungen wie der Rechtsberatung, wird das Vorliegen der Binnenmarktrelevanz regelmäßig abgesprochen.[662]

---

659 Pache, in: Pünder/Schellenberg, Vergaberecht, § 55 BHO, Rn. 5.

660 Hailbronner, in: Grabitz/Hilf, Das Recht der Europäischen Union, Sekundärrecht, B 2, Rn. 9; Pache, in: Pünder/Schellenberg, Vergaberecht, § 55 BHO, Rn. 18.

661 Zur Anwendbarkeit des Primärrechts außerhalb des Anwendungsbereichs der europäischen Richtlinien EuGH, Urt. v. 18. 11. 1999, C-275/98 (Unitron Scandinavia), EuZW 2000, 248, 250.; EuGH, Urt. v. 7. 12. 2000, Rs. C-324/98 (Telaustria u. Telefonadress), Rn. 60 ff.; EuGH, Urt. v. 3. 12. 2001, Rs. C-59/00 (Vestergaard), Slg. 2001, I-9505, 9514, Rn. 20.

662 EuGH, Rs. C-507/03 (An Post), Rn. 25; Bitterich, EuZW 2008, 14, 17.

Das Interesse an einem Auftrag ist aber nicht notwendig vom Auftragswert abhängig, auch unterhalb der Schwellenwerte kann es nicht prinzipiell für alle potentiellen Bieter ausgeschlossen werden.[663] Begründen lässt sich dies zum einen mit der Aussage der Erwägungsgründe zur VKR: Die Schwellenwerte finden hier lediglich Eingang im 17. Erwägungsgrund, wonach sie in erster Linie zur „Einhaltung der im Übereinkommen [WTO-Übereinkommen über das öffentliche Beschaffungswesen, Anm. d. Verf.] genannten Schwellenwerte" dienen. Nach der 2. Erwägung zur VKR ist „[d]ie Vergabe von Aufträgen in den Mitgliedstaaten auf Rechnung des Staates, der Gebietskörperschaften und anderer Einrichtungen des öffentlichen Rechts [...] an die Einhaltung der im Vertrag niedergelegten Grundsätze gebunden". Eine Bindung an die Erreichung der Schwellenwerte wird jedoch nicht festgelegt.

Dass ein binnenmarktrelevanter Auftrag auch unterhalb der Schwellenwerte möglich sein kann, zeigt sich nicht zuletzt auch durch die Hinweise des nordrhein-westfälischen Finanzministeriums zur Vergabe öffentlicher Aufträge vom 23.12.2010.[664] Hier wird in Nr. 6.1. festgelegt, dass „[b]ei sog. Binnenmarktrelevanz der Vergaben der öffentlichen Auftraggeber [...] auch unterhalb der EU-Schwellenwerte grundsätzlich die sog. Europäischen Grundfreiheiten der Gleichbehandlung, Nichtdiskriminierung und Transparenz zu beachten [sind]." Zwar gelten diese Hinweise nur für die Auftragsvergabe durch nordrhein-westfälische Auftraggeber, allerdings können sie auch auf Bundesebene als Indiz für die Möglichkeit eines grenzüberschreitenden Interesses angeführt werden.

Auch die Kommission der Europäischen Union hat sich in einer Mitteilung mit der Binnenmarktrelevanz der unterschwelligen Vergabe befasst.[665] Danach haben öffentliche Auftraggeber bei der Vergabe gewisse Grundanforderungen zu beachten, die sich aus dem europäischen Primärrecht ergeben. Insbesondere gibt die Kommission die Beachtung des Transparenzprinzips sowie des Öffentlichkeitsprinzips vor.[666] Hieraus ergibt sich die Notwendigkeit einer hinreichen-

663 Dies erkennt der EuGH erst seit dem Vestergaard-Beschluss an: Rs. C-59/00 (Vestergaard), Slg. 2001, I-9505, 9513, Rn. 19 ff.; verb. Rs. C-147/06 und C-148/06 (SECAP und Santorso), Rn. 26. Aus der Literatur zutreffend Huerkamp, Gleichbehandlung und Transparenz, S. 76.

664 Hinw. d. Finanzministeriums des Landes Nordrhein-Westfalen v. 23.12.2010 – I C 2 – 0055-3/H 4030-1-IV A 3 – (MBl. NRW. 2011 S. 86).

665 Mitteilung der Kommission zu Auslegungsfragen in Bezug auf das Gemeinschaftsrecht, das für die Vergabe öffentlicher Aufträge gilt, die nicht oder nur teilweise unter die Vergaberichtlinien fallen, ABl. C 179, S. 2.

666 Mitteilung der Kommission zu Auslegungsfragen in Bezug auf das Gemeinschaftsrecht, das für die Vergabe öffentlicher Aufträge gilt, die nicht oder nur teilweise unter die Vergaberichtlinien fallen, ABl. C 179, S. 2, 3.

den Bekanntmachung,[667] der diskriminierungsfreien Beschreibung des Auftragsgegenstands,[668] sowie der gleichen Behandlung aller Verfahrensteilnehmer im Hinblick auf den Zugang zum Verfahren und die Beurteilung ihrer Befähigung.[669]

Auch die Kommission trifft aber keine Entscheidung über die Fälle, in denen im unterschwelligen Bereich eine Binnenmarktrelevanz gegeben sein kann, sondern überlässt die Beurteilung dem öffentlichen Auftraggeber.[670]

Im Ergebnis muss die Binnenmarktrelevanz eines Auftrags also auch unterhalb der vergaberechtlichen Schwellenwerte für jeden Einzelfall gesondert beurteilt werden.

Bezüglich der Erteilung eines Auftrags zur Erstellung eines Gesetzentwurfs erscheint die Annahme der Binnenrelevanz naheliegend. Die veröffentlichten Zahlen der Bundesregierung belegen, dass sich der Auftragswert bei der Praxis des Gesetzgebungsoutsourcings keinesfalls immer oberhalb der Schwellenwerte bewegt.[671] Gleichzeitig besteht auf Seiten der Kanzleien ein ungebrochenes Interesse am Erhalt eines solchen Auftrags. Der Anspruch der Kanzleien, Einfluss auf die Gesetzgebung auszuüben, besteht unabhängig von dem Ziel der größtmöglichen Gewinnerzielung.[672]

Inhaltlich sind auch unterhalb der Schwellenwerte die Vorgaben der Dienstleistungsfreiheit nach Art. 56 AEUV sowie subsidiär das Gleichbehandlungs- und Transparenzgebot aus Art. 18 AEUV zu beachten.

(3) Ergebnis

Im Ergebnis lässt sich auch ein Vertrag zwischen Ministerium und Rechtsanwaltskanzlei mit dem Inhalt, dass ein Gesetzentwurf erstellt werden soll, nicht ohne die vorherige Durchführung eines Vergabeverfahrens schließen. Zwar statuiert weder das Haushaltsrecht, noch das primäre Unionsrecht eine Ausschrei-

---

667 Mitteilung der Kommission zu Auslegungsfragen in Bezug auf das Gemeinschaftsrecht, das für die Vergabe öffentlicher Aufträge gilt, die nicht oder nur teilweise unter die Vergaberichtlinien fallen, ABl. C 179, S. 2, 3 f.

668 Mitteilung der Kommission zu Auslegungsfragen in Bezug auf das Gemeinschaftsrecht, das für die Vergabe öffentlicher Aufträge gilt, die nicht oder nur teilweise unter die Vergaberichtlinien fallen, ABl. C 179, S. 2, 5.

669 Mitteilung der Kommission zu Auslegungsfragen in Bezug auf das Gemeinschaftsrecht, das für die Vergabe öffentlicher Aufträge gilt, die nicht oder nur teilweise unter die Vergaberichtlinien fallen, ABl. C 179, S. 2, 6.

670 Mitteilung der Kommission zu Auslegungsfragen in Bezug auf das Gemeinschaftsrecht, das für die Vergabe öffentlicher Aufträge gilt, die nicht oder nur teilweise unter die Vergaberichtlinien fallen, ABl. C 179, S. 2, 3.

671 Vgl. BT-Drs. 16/14133 vom 26.10.2009, S. 6 – Anlage 1 sowie S. 7 – Anlage 2.

672 Zur Notwendigkeit der Erbringung „guter“ Gesetzgebungsberatung unabhängig vom Honorar Hertel, in: Kloepfer, Gesetzgebungsoutsourcing, S. 153, 160.

bungspflicht, so dass die Vergabe freihändig erfolgen kann. Aus den Erläuterungen zur VOL/A ergibt sich jedoch, dass trotzdem nur leistungsfähige und zuverlässige Bieter mit ausreichender Eignung und Erfahrung beauftragt werden dürfen.[673]

Die Erfüllung dieser Anforderung kann zum einen durch die Beachtung der allgemeinen haushaltsrechtlichen Grundsätze der Sparsamkeit und der Öffentlichkeit vorangetrieben werden. Andererseits gibt die dem europäischen Primärrecht zugehörige Dienstleistungsfreiheit das Verbot jeder nicht gerechtfertigten Diskriminierung oder sonstigen Beschränkungen des europäischen Dienstleistungsverkehrs vor.

2. Rechtsschutzmöglichkeiten benachteiligter Anwaltssozietäten

Wird ein Verstoß gegen die Vorgaben des Vergaberechts festgestellt, so muss den Betroffenen unstreitig Rechtsschutz gewährt werden. In welcher Intensität dieser zu gewährleisten ist, hängt einerseits von dem Auftragswert ab, andererseits von dem Zeitpunkt seiner Geltendmachung.

a) Rechtsschutz oberhalb der Schwellenwerte

Oberhalb der Schwellenwerte ist zu unterscheiden, ob das Vergabeverfahren sich noch im Ablauf befindet oder bereits durch die Erteilung des Zuschlags beendet wurde. Nur in ersterem Falle kann primärer Rechtsschutz angestrengt werden, da dieser auf das Verbot der Zuschlagserteilung an die Konkurrenten gerichtet ist.[674] Nach der Zuschlagserteilung kann dagegen aufgrund der wegen ihrer beschränkten Nachprüfbarkeit nicht rückgängig zu machenden Entscheidung nur noch Sekundärrechtsschutz gewährt werden.[675]

aa) Primärer Rechtsschutz

Grundsätzlich richten sich die primären Rechtsschutzmöglichkeiten nach §§ 102 ff. GWB: Es ist ein Nachprüfungsverfahren durchzuführen. Hinsichtlich des Rechtswegs enthält § 104 Abs. 2 GWB eine abdrängende Sonderzuweisung, die

---

673 Bekanntmachung der Neufassung der VOL/A, Bundesanzeiger Nr. 100a, ausgegeben am 30.5.2006, S. 123.

674 Dreher, in: Immenga/Mestmäcker, Wettbewerbsrecht, GWB, Vorbemerkung vor § 97 ff., Rn. 74; T. Schneider, Primärrechtsschutz nach Zuschlagserteilung, S. 67.

675 Dreher, in: Immenga/Mestmäcker, Wettbewerbsrecht, GWB, Vorbemerkung vor § 97 ff., Rn. 74.

das Verfahren vor den Verwaltungsgerichten ausschließt und den Rechtsweg zu den Zivilgerichten eröffnet.

Zu erörtern bleibt aber, ob dieser Grundsatz auch für die nachrangigen Dienstleistungen und damit auch für Vergaben von Aufträgen über die Erstellung eines Gesetzentwurfs heranzuziehen ist. § 102 GWB gibt insofern keine Anhaltspunkte, als er „die Vergabe öffentlicher Aufträge" allgemein unter die Aufsicht der Vergabekammern stellt, „unbeschadet der Prüfungsmöglichkeiten von Aufsichtsbehörden". Nachrangige Dienstleistungen werden hier weder von der Regelung ausgenommen noch ihr ausdrücklich unterstellt. Daraus wird teilweise geschlossen, dass das GWB in Anlehnung an die Vergaberichtlinien derart ausgelegt werden müsse, dass das Nachprüfungsverfahren nicht auf nachrangige Dienstleistungen anwendbar sei.[676]

Allerdings kann man den pauschalen Verweis auf die „öffentlichen Aufträge" auch in anderer Weise verstehen. Dienstleistungen fallen nach § 99 Abs. 4 GWB unter den Auftragsbegriff, wobei eine Unterscheidung zwischen den Unterarten der vorrangigen sowie der nachrangigen Dienstleistungen nicht vorgenommen wird. Dem Willen des Gesetzgebers scheint demnach eher eine Gleichbehandlung der beiden Auftragsarten zu entsprechen.[677]

Außerdem lässt sich aus der begrenzten Anwendbarkeit der Vergaberichtlinien auf nachrangige Dienstleistungen nicht gleichzeitig der Schluss der Nichtanwendbarkeit der §§ 102 ff. GWB ziehen. Die fehlende Verfahrensregulierung bedeutet nicht notwendig, dass die betroffenen Bieter rechtsschutzlos gestellt werden sollen, so dass das Nachprüfungsverfahren anzuwenden ist.[678]

Voraussetzung für dessen Einleitung ist nach § 107 Abs. 1 GWB ein Antrag des Rechtsschutzsuchenden bei der zuständigen Vergabekammer.[679] Bei der drohenden Beauftragung einer Rechtsanwaltskanzlei mit der Erstellung eines Gesetzentwurfs durch das zuständige Ministerium kommen all diejenigen Rechtsanwälte als Rechtsschutzsuchende in Betracht, die ebenfalls am Erhalt des Auftrags interessiert sind und ihr Angebot als nicht ausreichend berücksichtigt empfinden. Neben dem Antragserfordernis ist weiterhin das Vorliegen einer Antragsbefugnis nach § 107 Abs. 2 GWB erforderlich. Diese setzt voraus, dass

676 VK Baden-Württemberg, Beschl. v. 4.5.2004, 1 VK 16/04, S. 4 f.

677 Zutreffend Buck, Die Vergabe sogenannter nachrangiger Dienstleistungsaufträge, S. 265; Prieß/Niestedt, Rechtsschutz im Vergaberecht, S. 39 f.

678 H.M. in der Rspr., vgl. OLG Brandenburg, Beschl. v. 15.5.2007, Verg W 2/07, Rn. 49; OLG Düsseldorf, Beschl. v. 23.3.2005, VII-Verg 77/04, BauRB 2005, 237; OLG Stuttgart, Beschl. v. 7.6.2004, 2 Verg 4/04, Rn. 7, NZBau 2004, 627, 628. Auch der deutsche Gesetzgeber hat eine solche Restriktion des Anwendungsbereichs des GWB nicht vorgesehen, vgl. BT-Drs. 13/9340 v. 03.12.1997, S. 14 f., da er Probleme bei der Gewährleistung effektiven Rechtsschutzes sah.

679 Heuvels, in: Loewenheim/Meessen/Riesenkampff, Kartellrecht, § 107 GWB, Rn. 2; Nowak, in: Pünder/Schellenberg, Vergaberecht, § 107 GWB, Rn. 21.

ein Unternehmen ein Interesse am Auftragserhalt sowie die Verletzung seiner Rechte aus § 97 Abs. 7 GWB geltend macht.[680] Schließlich muss durch den Verstoß gegen Vergabevorschriften ein Schaden entstanden sein oder seine Entstehung zumindest drohen.[681]

Zwar sind auf die Praxis des Gesetzgebungsoutsourcings die Vorschriften über das Vergabeverfahren nur sehr eingeschränkt anwendbar, da bei der Erstellung eines Gesetzentwurfs im weiteren Sinne eine Rechtsberatung und somit eine nachrangige Dienstleistung im Sinne des Anhangs II Teil B Kategorie 21 der VKR vorliegt. Die Verletzung von Verfahrensregeln kann jedoch unabhängig von der Regelungsdichte gerügt werden, so dass eine Rechtsverletzung nicht ausgeschlossen ist.

Bestritten werden kann freilich bereits das Bestehen eines Schadens auf Seiten der benachteiligten Rechtsanwälte.[682]

bb) Sekundärer Rechtsschutz

Sekundärer Rechtsschutz ist im Gegensatz zu primärem Rechtsschutz nicht mehr auf die Erlangung des Auftrags gerichtet. Vielmehr können nach erfolgter Erteilung des Zuschlags an einen Konkurrenten nur noch Schadensersatzansprüche geltend gemacht werden. Da es mit der Zuschlagserteilung durch den öffentlichen Auftraggeber gleichsam in dessen Hand liegt, die Geltendmachung primären Rechtsschutzes zu verhindern, stellt sich die Frage, ob der Ausschluss des Primärrechtsschutzes nach Zuschlagserteilung nicht gegen das Recht auf effektiven Rechtsschutz aus Art. 19 Abs. 4 GG verstößt. Hiervon ist jedoch nur die effektive Geltendmachung subjektiv-öffentlicher Rechte gegenüber der öffentlichen Gewalt umfasst.[683]

Bei der in Frage stehenden Durchsetzung *zivilrechtlicher* Ansprüche muss dagegen auf den objektiven Verfassungsgrundsatz des Justizgewährungsan-

---

680 Dreher, in: Immenga/Mestmäcker, GWB, § 107, Rn. 7; Heuvels, in: Loewenheim/Meessen/Riesenkampff, Kartellrecht, § 107 GWB, Rn. 4; Nowak, in: Pünder/Schellenberg, Vergaberecht, § 107 GWB, Rn. 27.

681 Nowak, in: Pünder/Schellenberg, Vergaberecht, § 107 GWB, Rn. 27.

682 Dies wird im Hinblick auf die eigene Aussage der Kanzleien, die Annahme eines solchen Auftrags zur Erstellung eines Gesetzentwurfs sei wirtschaftlich nicht lohnend (vgl. Hertel, in: Kloepfer, Gesetzgebungsoutsourcing, S. 153. 160), aus der Praxis des Gesetzgebungsoutsourcings eröffne sich aber ein neues Berufsfeld für Rechtsanwälte (vgl. hierzu Filges, in: Kloepfer, Gesetzgebungsoutsourcing, S. 95, 102 ff.) eher abzulehnen sein.

683 BVerfGE 10, 264, 267; 35, 382, 401; E 81, 347, 356; Schulze-Fielitz, in: Dreier, GG I, Art. 19 Abs. 4, Rn. 41; Huber, in: v. Mangoldt/Klein/Starck, GG I, Art. 19 Abs. 4, Rn. 341, 353.

spruchs abgestellt werden.[684] Geschützt wird dabei der Zugang zu den Gerichten, die Durchführung eines Gerichtsverfahrens sowie die verbindliche Entscheidung über den Streitgegenstand.[685] Nicht geschützt ist allerdings die Wahl eines bestimmten Verfahrens; ebenso wenig schreibt der Justizgewährungsanspruch die Durchführung des primären Rechtsschutzes vor der Geltendmachung sekundären Rechtsschutzes vor. Letzterer reicht somit für die effektive Gewährleistung des Rechtsschutzes aus.[686]

(1) Schadensersatzanspruch aus § 126 GWB

Insbesondere ist ein möglicher Schadensersatzanspruch benachteiligter Kanzleien aus § 126 GWB zu untersuchen. Dieser ist nicht lediglich eine Ausprägung vorvertraglicher Anspruchsgrundlagen aus dem Bürgerlichen Gesetzbuch, sondern vielmehr eine eigenständige Anspruchsgrundlage,[687] die für die Geltendmachung von Schadensersatzansprüchen durch Rechtsanwaltskanzleien zunächst in Betracht kommt.

Fraglich ist, ob sich die Subsidiarität des Sekundärrechtsschutzes dahingehend auswirkt, dass vor der Geltendmachung von Schadensersatz zunächst das Nachprüfungsverfahren gemäß §§ 102 ff. GWB durchzuführen ist. Dagegen spricht aber zum einen, dass die europäischen Richtlinien ein solches Vorgehen nicht vorsehen. Weiterhin bringt die vorherige Inanspruchnahme von primärem Rechtsschutz Formalitäten und Kosten mit sich, die vermeidbar wären, weil die Interessen des Rechtsschutzsuchenden hierauf nicht gerichtet sind.[688]

Gerichtet ist der Anspruch nach § 126 GWB auf das negative Interesse, also den Schaden, der durch das Vertrauen des Bieters in den ordnungsgemäßen Ablauf des Verfahrens entsteht.[689] Regelmäßig sind hiervon die Kosten der Angebotserstellung umfasst.[690] Diese Beschränkung der Rechtsfolge begrenzt gleichzeitig den Kreis der potentiellen Anspruchsteller auf diejenigen, die tatsächlich

---

684 Zur Anwendbarkeit in Bezug auf zivilrechtliche Ansprüche vgl. BVerfGE 54, 277, 291; E 80, 103, 107; E 85, 337, 345; E 108, 341, 347 f.

685 BVerfGE 108, 341, 347.

686 BVerfGE 116, 135, 158. In der Sache auch E 116, 1, 18: „Die grundgesetzliche Garantie wirkungsvollen Rechtsschutzes schließt Einschränkungen nicht aus".

687 Alexander, in: Pünder/Schellenberg, Vergaberecht, § 126 GWB, Rn. 5; Stockmann, in: Immenga/Mestmäcker, GWB, § 126, Rn. 2; Bungenberg, in: Loewenheim/Meessen/Riesenkampff, Kartellrecht, § 126 GWB, Rn. 3; Prieß/Niestedt, Rechtsschutz im Vergaberecht, S. 164.

688 Alexander, in: Pünder/Schellenberg, Vergaberecht, § 126 GWB, Rn. 7; Stockmann, in: Immenga/Mestmäcker, GWB, § 126, Rn. 5.

689 Prieß/Niestedt, Rechtsschutz im Vergaberecht, S. 164 f.; Buck, Die Vergabe sogenannter nachrangiger Dienstleistungsaufträge, S. 287.

690 Prieß/Niestedt, Rechtsschutz im Vergaberecht, S. 164 f.; Buck, Die Vergabe sogenannter nachrangiger Dienstleistungsaufträge, S. 287.

ein Angebot erstellt haben.[691] Potentiell interessierte Bieter, die aufgrund einer unterlassenen Ausschreibung keine Möglichkeit auf Erhalt des Zuschlags erhielten, sind vom Anwendungsbereich ausgeschlossen. Dies ergibt sich auch aus der Formulierung des Gesetzes: Anspruchsberechtigt ist nach § 126 S. 1 GWB nämlich nur, wer eine „echte Chance" auf den Erhalt des Zuschlags hatte. Dieses Merkmal ist dahingehend auszulegen, dass der Auftraggeber zumindest Kenntnis von dem Angebot des Bieters erhalten haben musste und dieses somit in seine Wertung einbeziehen konnte.[692] Veröffentlichte das für die Erstellung eines Gesetzentwurfs zuständige Ministerium also keine Informationen, sondern beschränkte sich auf die Verhandlung mit nur einer Rechtsanwaltskanzlei, so bleibt anderen interessierten Kanzleien, die die Gelegenheit zur Erstellung eines Angebots nicht erhalten haben, der Schadensersatzanspruch nach § 126 GWB verschlossen.

(2) Schadensersatzanspruch aus §§ 33, 20 Abs. 1 GWB

Zu untersuchen ist weiter ein Schadensersatzanspruch aus §§ 33, 20 Abs. 1 GWB. Gemäß § 33 Abs. 1 GWB besteht eine Pflicht desjenigen, der gegen eine Vorschrift „dieses Gesetzes" verstößt, gegenüber „dem Betroffenen zur Beseitigung und bei Wiederholungsgefahr zur Unterlassung". Eine Schutzvorschrift, auf die sich § 33 GWB bezieht, findet sich in § 20 Abs. 1 GWB. Hiernach dürfen „[m]arktbeherrschende Unternehmen, [...] ein anderes Unternehmen in einem Geschäftsverkehr, der gleichartigen Unternehmen üblicherweise zugänglich ist, weder unmittelbar noch mittelbar unbillig behindern oder gegenüber gleichartigen Unternehmen ohne sachlich gerechtfertigten Grund unmittelbar oder mittelbar unterschiedlich behandeln."

Voraussetzung für die Entstehung eines Anspruchs ist somit zunächst die marktbeherrschende Stellung eines Unternehmens. Diese ist nach § 19 Abs. 2 S. 1 GWB dann anzunehmen, „soweit es als Anbieter oder Nachfrager einer bestimmten Art von Waren oder gewerblichen Leistungen auf dem sachlich und räumlich relevanten Markt 1. ohne Wettbewerber ist oder keinem wesentlichen Wettbewerb ausgesetzt ist oder 2. eine im Verhältnis zu seinen Wettbewerbern überragende Marktstellung hat."

In den hier relevanten Fällen der Rechtsberatung scheidet der erste Fall aus. Verschiedene Rechtsanwaltskanzleien stehen miteinander im Wettbewerb, ein Monopol auf einem bestimmten Rechtsgebiet kann aufgrund der großen Anzahl der Kanzleien nicht angenommen werden.

In Betracht ziehen könnte man somit nur das Kriterium der überragenden Marktstellung. Diese könnte im Verhältnis einer Großkanzlei zu mittelständischen bis kleinen Sozietäten bestehen. Selbst wenn man dies aber annehmen

691 Prieß/Niestedt, Rechtsschutz im Vergaberecht, S. 166.

692 Alexander, in: Pünder/Schellenberg, Vergaberecht, § 126 GWB, Rn. 22 f.

möchte, so ist weiter Voraussetzung das Vorliegen einer „unbilligen Behinderung“. Die Feststellung einer solchen beruht nicht auf objektiven Vorgaben, sondern kann nur aufgrund einer Interessenabwägung erfolgen, so dass auf den jeweiligen Einzelfall abgestellt werden muss.[693] Für die Erstellung eines Gesetzentwurfs ist bereits das Interesse einer kleinen Sozietät fraglich, da diese regelmäßig nicht die personelle Leistungsfähigkeit besitzt, um ein solches Unternehmen in der verlangten Zeit zu bewältigen. Unabhängig hiervon kann eine Unbilligkeit im Wettbewerb zwischen mehreren Bietern in der Regel bereits schon deshalb nicht bejaht werden, da „das Unterbieten des Konkurrenzpreises [...] für sich genommen keine unbillige Behinderung dar[stellt]“.[694]

Ein Anspruch aus §§ 33, 20 Abs. 1 GWB muss deshalb im Ergebnis ausscheiden.

(3) Anspruch aus §§ 280 Abs. 1, 311 Abs. 2, 241 Abs. 2 BGB (*culpa in contrahendo*)

Nach § 126 S. 2 GWB bleiben weitere Ansprüche unberührt, so dass die nicht berücksichtigten Kanzleien möglicherweise andere sekundärrechtliche Ansprüche geltend machen können. In Betracht kommen insoweit vor allem Ansprüche aus dem Bürgerlichen Gesetzbuch, insbesondere ist an einen Schadensersatzanspruch aus vorvertraglichem Schuldverhältnis (*culpa in contrahendo*) zu denken.

Dieser umfasst über den Ersatz des negativen Interesses hinaus auch denjenigen des positiven Interesses, das heißt den entgangenen Gewinn des unterlegenen Bieters. Voraussetzung ist allerdings, dass der Bieter bei ordnungsgemäßem Ablauf des Verfahrens davon ausgehen konnte, den Auftrag zu erhalten.[695]

Erforderlich für das Bestehen des Anspruchs ist zunächst die Existenz eines vorvertraglichen Schuldverhältnisses. Ein solches kann gemäß § 311 Abs. 2 BGB durch die Aufnahme von Vertragsverhandlungen (Nr. 1), durch die Anbahnung eines Vertrages (Nr. 2) oder durch ähnliche geschäftliche Kontakte (Nr. 3) entstehen.

Durch die Beteiligung eines Bieters an einem Vergabeverfahren kann jedenfalls das Bestehen ähnlicher geschäftlicher Kontakte bejaht werden, denn wenn das Vergabeverfahren zwar noch nicht auf den Abschluss eines Vertrages abzielt, so entsteht doch ein Vertrauensverhältnis des Bieters zum öffentlichen

---

693 OLG Stuttgart, Beschl. v. 10.10.1980, 2 Kart 3/80 (Stuttgarter Wochenblatt), WuW/E OLG 2386, 2388; BGH, Urt. v. 10.12.1985, KZR 22/85 (Abwehrblatt II), Rn. 25 f.; OLG Düsseldorf, Beschl. v. 16.1.2008, VI-Kart 11/06 (V), Rn. 34 ff.; Loewenheim, in: Loewenheim/Meessen/Riesenkampff, Kartellrecht, § 20 GWB, Rn. 69.

694 BGH, Urt. v. 10.12.1985, KZR 22/85 (Abwehrblatt II), Rn. 26.

695 Prieß/Niestedt, Rechtsschutz im Vergaberecht, S. 170; Horn/Graef, NZBau 2005, 505, 507.

Auftraggeber.[696] Da dieses aber erst durch die Eröffnung eines Vergabeverfahrens begründet wird, kann ohne Ausschreibung ein Vertrauensverhältnis und folglich auch ein vorvertragliches Schuldverhältnis nicht entstehen;[697] eine Rechtsschutzmöglichkeit anderer an dem Erstellungsauftrag interessierter Rechtsanwälte scheidet somit wiederum aus.

(4) Ansprüche aus Deliktsrecht

Auch bei fehlender Ausschreibung und somit bei fehlendem Schuldverhältnis anwendbar sind jedoch deliktische Ansprüche, auf welche die übergangenen Rechtsanwälte verwiesen sein könnten.

(a) Schadensersatzanspruch aus § 823 Abs. 1 BGB

Voraussetzung für einen Anspruch aus § 823 Abs. 1 BGB ist zunächst die Verletzung der im Gesetz aufgezählten Rechtsgüter. Die Betroffenheit absoluter Rechtsgüter kommt bei einem Verstoß gegen das vorgeschriebene Vergabeverfahren von vornherein nicht in Betracht.[698] Jedoch ist die Aufzählung der von § 823 Abs. 1 BGB geschützten Rechtsgüter nicht abschließend, auch die Verletzung „sonstiger Rechte" kann eine unerlaubte Handlung im Sinne des § 823 Abs. 1 BGB darstellen. Da sich das Interesse der klagenden Rechtsanwaltskanzlei wohl auf Ersatz des entgangenen Gewinns richten wird, kommen als sonstige Rechtsgüter hier nur das Vermögen sowie der eingerichtete und ausgeübte Gewerbebetrieb in Betracht.

Der Vermögensschutz wird nach einhelliger Meinung in Rechtsprechung und Literatur aber nicht vom Anwendungsbereich des § 823 Abs. 1 BGB erfasst,[699] so dass einzig ein Eingriff in den eingerichteten und ausgeübten Gewerbebetrieb in Betracht kommt. Dieses Rechtsgut ist als sonstiges Recht im Sinne des § 823 Abs. 1 BGB anerkannt, allerdings wird ein unmittelbarer und betriebsbezogener Eingriff gefordert,[700] der bei Fehlern im Vergabeverfahren nicht angenommen werden kann. Ein Anspruch aus § 823 Abs. 1 BGB muss daher ausscheiden.

---

696 St. Rspr., BGH, NJW 1998, 3640, 3641 f.; BGH, NZBau 2002, 344; BGH, NZBau 2004, 517.

697 Horn/Graef, NZBau 2005, 505, 507

698 Zu den einzelnen Rechtsgütern ausführlich Wagner, in: Münchener Kommentar zum BGB V, § 823, Rn. 65 ff.; Sprau, in: Palandt, BGB, § 823, Rn. 2 ff.

699 RGZ 51, 92, 93; 58, 24, 28; 102, 223, 225; BGHZ 41, 123, 127. Aus der Literatur Wagner, in: Münchener Kommentar zum BGB V, § 823, Rn. 184; Sprau, in: Palandt, BGB, § 823, Rn. 11.

700 RGZ 102, 223, 225; Wagner, in: Münchener Kommentar zum BGB V, § 823, Rn. 194; Sprau, in: Palandt, BGB, § 823, Rn. 126 ff.

(b) Schadensersatzanspruch aus § 823 Abs. 2 BGB

Zu denken ist aber an die Anwendung des § 823 Abs. 2 BGB, wenn sich ein Schutzgesetz findet, das durch die fehlende Ausschreibung verletzt wird. Im Gegensatz zu Verbotsgesetzen müssen Schutzgesetze dabei keine formellen Gesetze sein, vielmehr kommen alle Gesetze im materiellen Sinn in Betracht, die drittschützend wirken.[701] In Bezug auf das Vergaberecht ist dies dann der Fall, wenn sie subjektive Rechte im Sinne des § 97 Abs. 7 GWB enthalten.[702]

(aa) Verdingungsordnungen als Schutzgesetze

Oberhalb der Schwellenwerte kommt der für die Vergabe von freiberuflichen Leistungen einschlägigen VOF durch den Verweis in § 5 VgV Außenwirkung zu[703], so dass sie als Schutzgesetze insofern in Betracht kommt, als sie subjektive Rechte enthält.[704]

Allerdings sind nur wenige Vorschriften der VOF auf die Dienstleistung der Rechtsberatung anwendbar.[705] Die in Betracht kommenden §§ 6 und 14 VOF und die darin beschriebenen Anforderungen an die Aufgabenbeschreitung und Informationen über die Auftragserteilung sind nicht zum Schutze der Rechte dritter bestimmt, so dass ihnen die Bedeutung subjektiver Rechte nicht zugemessen werden kann. Für die Praxis des Gesetzgebungsoutsourcings stellt die VOF im Ergebnis kein Schutzgesetz dar.

(bb) Grundrechte als Schutzgesetze

Als Schutzgesetze kommen aber die Grundrechte, vor allem die Eigentumsfreiheit aus Art. 14 GG, die Berufsfreiheit aus Art. 12 GG und der allgemeine Gleichheitssatz aus Art. 3 GG in Betracht. Zwar gelten die Grundrechte im Privatrecht nicht unmittelbar, § 823 Abs. 2 BGB stellt jedoch eine ihren Anwendungsbereich eröffnende Generalklausel dar.[706]

---

701 Wagner, in: Münchener Kommentar zum BGB V, § 823, Rn. 332; Sprau, in: Palandt, BGB, § 823, Rn. 56a.

702 Bungenberg, in: Loewenheim/Meessen/Riesenkampff, Kartellrecht, § 126 GWB, Rn. 21.

703 Zur Frage der Außenwirkung der Verdingungsordnungen Knauff, NZBau 2010, 657, 658 mit Bezug auf Müller-Wrede, in: ders., VOL/A, Einleitung, Rn. 6.

704 Vgl. KG Berlin, Urt. v. 27.11.2003, 2 U 174/02, Rn. 14 ff., VergabeR 2004, 490.

705 Vgl. hierzu bereits C. I. 1. c) aa) (4) (a).

706 Looschelders, Schuldrecht BT, § 62, Rn. 1279; Medicus, Schuldrecht II, § 149, Rn. 1316.

Art. 14 GG schützt das Eigentum, welches als die Summe aller vermögenswerten Rechte definiert wird.[707] Ob hierzu auch der Eigentumsschutz von Unternehmen gehört, ist streitig.[708] Eine endgültige Entscheidung kann jedoch unterbleiben, da nur das Erworbene geschützt wird, nicht aber die Aussicht auf Erwerb.[709] Die vergaberechtlichen Anforderungen an eine Auftragsvergabe dienen aber der Möglichkeit der Auftragserlangung im Wettbewerb, und damit dem Erwerb der interessierten Kanzleien. Art. 14 GG kommt hier daher nicht als Schutzgesetz in Betracht.

Art. 12 GG schützt die Wahl und Ausübung eines Berufs, wobei als Beruf jede dauerhafte Tätigkeit zu verstehen ist, die der Schaffung und Erhaltung einer Lebensgrundlage dient.[710]

Problematisch ist einerseits die Frage, inwieweit der Schutz vor privater Konkurrenz vom Grundrecht der Berufsfreiheit garantiert wird. Andererseits ist der Schutz des Wettbewerbs an sich zu problematisieren.

Vor privater Konkurrenz schützt Art. 12 GG unstreitig nicht,[711] so dass Art. 12 GG für den Anspruch auf Unterlassung eines Vertragsschlusses mit einem Konkurrenten grundsätzlich nicht als Schutzgesetz in Betracht kommt. Denn tritt der Staat als Nachfrager im Wettbewerb zwischen den Bietern auf, so entspricht es gerade dem Ziel des Marktes, dass nur einer der Wettbewerber den Auftrag erhalten kann.[712] Daraus kann aber nicht *e contrario* geschlossen werden, dass der Wettbewerb an sich ein Schutzgut des Art. 12 GG ist. Zwar ist der freie Wettbewerb ein Bestandteil der Prinzipien des Unionsrechts (vgl. Art. 3 Abs. 3 EUV, Art. 119 Abs. 1 AEUV), welches Anwendungsvorrang vor nationalem Verfassungsrecht genießt.[713] Die verfassungsrechtliche Auslegung des Art. 12 GG hat sich deshalb an den Prinzipien des Unionsrechts zu orientieren. Bezüglich der Ausgestaltung der Berufsfreiheit hat der deutsche Verfassungge-

---

707 Wieland, in: Dreier, GG I, Art. 14, Rn. 38; Michael/Morlok, Grundrechte, Rn. 377; Pieroth/Schlink, Grundrechte, Rn. 981.

708 Dafür: Engel, AöR 118 (1993), 169, 190, 204 f.; a.A. Wieland, in: Dreier, GG I, Art. 14, Rn. 52.

709 BVerfGE 30, 292, 335; E 84, 133, 157; E 88, 366, 377. In Bezug auf das Kartellvergaberecht Gaier, NZBau 2008, 289, 290.

710 BVerfGE 7, 377, 397; E 105, 252, 265; E 115, 276, 300.

711 BVerfGE 46, 120, 137; E 86, 28, 37. Für die vergaberechtliche Zuschlagserteilung zustimmend Knöbl, Rechtsschutz bei der Vergabe von Aufträgen unterhalb der Schwellenwerte, S. 40.

712 BVerfGE 116, 135, 151 f.; Knöbl, Rechtsschutz bei der Vergabe von Aufträgen unterhalb der Schwellenwerte, S. 40; Gaier, NZBau 2008, 289, 291.

713 Zum Anwendungsvorrang des Unionsrechts vgl. EuGH, verb. Rs. C-10/97 bis C-22/97 (IN.CO.GE.'90), Slg. I-6324, I-6332, Rn. 20; Ruffert, in: Calliess/Ruffert, EUV/AEUV, Art. 1 AEUV, Rn. 18; Streinz/Ohler/Hermann, Der Vertrag von Lissabon, 3. Teil, § 10 VI; Michael/Morlok, Grundrechte, Rn. 94; Streinz, Europarecht, Rn. 222.

ber aber eine Konzeption gewählt, die sich vor allem auf den Schutz des Einzelnen bezieht, nicht dagegen auf den Schutz des Wettbewerbs an sich.[714] Die unionsrechtliche Wertigkeit des freien Wettbewerbs findet aber insofern Eingang in die Auslegung der Berufsfreiheit, als ein Eingriff in den Schutzbereich nur dann angenommen wird, wenn eine Wettbewerbsverzerrung infolge staatlichen Verhaltens zu einer spürbaren Berufsbeeinträchtigung führt.[715] Der Wettbewerb muss gleichsam entfallen sein.[716]

Durch die ausschließliche Verhandlung des beauftragenden Ministeriums mit einer Rechtsanwaltskanzlei werden andere potentiell interessierte Sozietäten von dem Erhalt des Auftrags ausgeschlossen. Auf der anderen Seite ist das Verhandlungsverfahren nach der VOF die richtige Verfahrensart, so dass die eingeschränkte Verhandlung sogar gesetzlich vorgesehen ist.

Art. 12 GG wird im Ergebnis nur dann als Schutzgesetz in Betracht kommen, wenn die Beeinträchtigung die Schärfe einer Wettbewerbsverzerrung erreicht.

Der allgemeine Gleichheitssatz gebietet, wesentlich Gleiches gleich und wesentlich Ungleiches ungleich zu behandeln.[717] Ungleichbehandlungen dürfen nicht willkürlich erfolgen, sondern bedürfen eines sachlichen Grundes.[718] Daraus folgt, dass öffentliche Auftraggeber allen Bietern gleichermaßen Zugang zum Verfahren gewähren müssen.[719] Ist dies nicht der Fall und liegt eine willkürliche Ungleichbehandlung vor, kommt Art. 3 I GG als Schutzgesetz in Betracht.[720]

In der Verhandlung mit nur einer Rechtsanwaltskanzlei über die Erstellung eines Gesetzentwurfs liegt jedenfalls eine Ungleichbehandlung; zu klären ist jedoch deren Willkürlichkeit. Diese ist auszuschließen, wenn ein sachlicher Grund für die Ungleichbehandlung gegeben ist.[721] Die Bundesregierung führt als Gründe für das Outsourcing von Gesetzentwürfen den Zeitmangel sowie Fachkräftemangel innerhalb der Ministerien an.[722] Beide Begründungen sind jedoch nicht geeignet, die vorgenommene Differenzierung zu erklären und stellen kein sachliches Kriterium zur Auswahl einer bestimmten Kanzlei dar. Somit muss eine willkürliche Ungleichbehandlung angenommen werden mit der Folge, dass Art. 3 GG als taugliches Schutzgesetz anzusehen ist und ein Schadensersatzan-

---

714 Vgl. Wieland, in: Dreier, GG I, Art. 12, Rn. 31; Manssen, in: v. Mangoldt/Klein/Starck, GG I, Art. 12, Rn. 4; Michael/Morlok, Grundrechte, Rn. 354.

715 Michael/Morlok, Grundrechte, Rn. 354.

716 BVerfGE 82, 209, 233 f.; Michael/Morlok, Grundrechte, Rn. 355.

717 BVerfGE 4, 144, 155; E 49, 148, 165; E 98, 365, 385.

718 Heun, in: Dreier, GG I, Art. 3, Rn. 31; Michael/Morlok, Grundrechte, Rn. 793.

719 BVerwGE 129, 9, 16; Huber, JZ 2000, 877, 880.

720 OLG Jena, NJW-Spezial 2009, 46, Rn. 30.

721 BVerfGE 1, 14, 52; E 12, 341, 348; E 17, 122, 130; E 29, 402, 411; E 42, 374, 388.

722 Vgl. hierzu schon A. I.

spruch aus § 823 Abs. 2 BGB bei Erfüllung der weiteren Voraussetzungen, insbesondere des Vorliegens eines Schadens, möglich erscheint.

(cc) Grundfreiheiten als Schutzgesetze

Die Grundfreiheiten verbieten in erster Linie Diskriminierungen aufgrund der Staatsangehörigkeit. Sie sind Spezialregelungen gegenüber dem allgemeinen Diskriminierungsverbot aus Art. 18 AEUV, das als nachrangig hinter ihnen zurücktritt.[723]

Ebenso wie die Grundrechte gelten wie bereits dargestellt auch die Grundfreiheiten im Privatrecht nur mittelbar. § 823 Abs. 2 BGB eröffnet jedoch den Anwendungsbereich, so dass für Vergaben mit Binnenmarktrelevanz die gleichen Prinzipien wie für die Grundrechte gelten müssen. Auch sie können also in ihrer Ausprägung als besondere Diskriminierungsverbote Schutzgesetze darstellen, da sie willkürliche Ungleichbehandlungen verbieten.[724]

In Betracht kommt die Dienstleistungsfreiheit nach Art. 56 AEUV. Diese ist verletzt, wenn das einen Gesetzentwurf planende Ministerium nicht die Zugänglichkeit mehrerer Kanzleien zu den Informationen bezüglich des Auftrags sicherstellt, da zwingende Gründe des Allgemeinwohls keine Rechtfertigung der vorliegenden Benachteiligung herbeiführen können.[725] Auch die Dienstleistungsfreiheit stellt daher ein Schutzgesetz im Sinne des § 823 Abs. 2 BGB dar.

(dd) Verschulden und Schaden

Auch wenn die Verletzung von Schutzgesetzen und damit ein Anspruch aus § 823 Abs. 2 BGB in Betracht kommen mag, so ist im Folgenden jedoch das Vorliegen eines Verschuldens und eines Schadens geltend zu machen. Beide Voraussetzungen können jedoch regelmäßig nicht erfüllt werden. Das Verschulden richtet sich nach § 276 BGB und kann in Gestalt von Vorsatz oder Fahrlässigkeit vorliegen.[726] Maßgeblich für die Beurteilung des Verschuldens ist der Zeitpunkt der Verletzungshandlung, also der Vertragsschluss.[727]

Ist also für den interessierten Bieter eine willkürliche Ungleichbehandlung mit einem Konkurrenten und damit eine Verletzung von der Dienstleistungsfreiheit aus Art. 56 AEUV oder des allgemeinen Gleichheitssatzes aus Art. 3 GG absehbar und macht er seinen Unterlassungsanspruch während des Verfahrens

723 Vgl. bereits oben C. I. 1. c) aa) (3) (d).

724 Für die Möglichkeit der Grundfreiheiten als Schutzgesetz Dreher, NZBau 2002, 419, 423.

725 Vgl. hierzu bereits oben C. I. 1. c) aa) (3) (c) (cc).

726 Wagner, in: Münchener Kommentar zum BGB V, § 823, Rn. 28 ff.; Sprau, in: Palandt, BGB, § 823, Rn. 60.

727 Sprau, in: Palandt, BGB, § 823, Rn. 60.

geltend, so weiß der Schadensersatzpflichtige bei Vertragsschluss um die Möglichkeit des Schadensersatzanspruches, wenn er gegen die Schutzgesetze verstößt. Er handelt dann vorsätzlich und hat die Schutzgesetzverletzung zu verschulden, so dass ein Anspruch auf Schadensersatz besteht. Hat der Bieter dagegen noch keinen Unterlassungsanspruch geltend gemacht, so kann das Verschulden des Auftraggebers, wenn ihm keine Fahrlässigkeit zur Last fällt, nicht unterstellt werden. Ein Schadensersatzanspruch lässt sich dann nicht begründen.

Ein Schaden kann regelmäßig nicht angenommen werden: Zwar sind viele Kanzleien interessiert am Erhalt eines Auftrags zur Erstellung eines Gesetzentwurfs, hierbei steht jedoch die Einflussnahme auf die Gesetzgebung im Vordergrund, nicht so sehr dagegen der wirtschaftliche Gewinn. Zur Ablehnung eines Schadens kann demzufolge auch die eigene Argumentation der Kanzleien herangezogen werden, die die Erstellung eines Gesetzentwurfs als wirtschaftlich nicht lohnend einstuft.[728]

(c) Schadensersatzanspruch aus § 826 BGB

In Betracht käme weiterhin ein Schadensersatzanspruch aus vorsätzlicher sittenwidriger Schädigung gemäß § 826 BGB, wenn in dem Vergaberechtsverstoß eine solche Sittenwidrigkeit zu erkennen wäre.

Dies ist nur dann der Fall, wenn das Verhalten des öffentlichen Auftraggebers dem „Anstandsgefühl aller billig und gerecht Denkenden"[729] zuwiderläuft, also ein Verstoß gegen die gesellschaftlichen Wertvorstellungen vorliegt. Aufgrund der schwierigen Anwendbarkeit dieses Kriteriums modifiziert es eine andere Ansicht in der Literatur dahingehend, dass es nicht auf diese ungeschriebenen Wertvorstellungen, sondern auf Werte und Prinzipien der Rechtsordnung ankommt.[730]

Handhabbar werden beide Kriterien dann, wenn man den Zweck des § 826 BGB hinzuzieht, auch unrechtmäßig zugefügte Vermögensschäden auszugleichen. Sind geschriebene und ungeschriebene Wertvorstellungen hierauf gerichtet, so kann mit beiden Ansichten die Sittenwidrigkeit eines Verhaltens begründet werden.[731]

Damit kann gleichzeitig festgestellt werden, dass § 826 BGB auf den vorliegenden Fall grundsätzlich anwendbar ist, da unrechtmäßig verursachte Vermögensschäden umfasst sind. Ist der Vermögensschaden eines Bieters jedoch nur darauf zurückzuführen, dass statt seiner ein Konkurrent den Zuschlag erhalten hat, entspricht dies dem Streben des Marktes nach Wettbewerb und stellt somit

728 Hertel, in: Kloepfer, Gesetzgebungsoutsourcing, S. 153, 160.

729 RGZ 48, 114, 124.

730 Simitis, Gute Sitten und Ordre Public, S. 172 ff. In der Sache ähnlich Deutsch, Allg. Haftungsrecht, Rn. 318.

731 Vgl. Wagner, Münchener Kommentar zum BGB V, § 826, Rn. 11.

einen gewollten Vermögensschaden dar.[732] Solche von der Rechtsordnung gewollte Vermögensschäden stellen aber gerade kein Schutzgut des § 826 BGB dar, weshalb ein Schadensersatzanspruch nach dieser Vorschrift im Ergebnis abzulehnen ist. In diesem Fall kommt es auf ein sittenwidriges Verhalten des öffentlichen Auftraggebers gar nicht mehr an.

b) Rechtsschutz unterhalb der Schwellenwerte

Im Unterschwellenbereich gelten die Vergaberichtlinien nicht, so dass das oberhalb der Schwelle den Rechtsschutz gewährleistete Nachprüfungsverfahren nicht anwendbar ist. Jedoch gebietet der als Teil des Rechtsstaatsprinzips gewährleistete allgemeine Justizgewährungsanspruch,[733] auch im Unterschwellenbereich den Zugang zu den Gerichten, die Durchführung eines Gerichtsverfahrens sowie die verbindliche Entscheidung über den Streitgegenstand.[734]

aa) Primärer Rechtsschutz

Vorrangig sind wiederum primäre Rechtsschutzmöglichkeiten zu untersuchen, da diese dem Interesse der benachteiligten Kanzleien auf Erlangung des Auftrags am besten entsprechen.

(1) Verwaltungsgerichtlicher Primärrechtsschutz

Verwaltungsgerichtlicher Primärrechtsschutz setzt die Eröffnung des Verwaltungsrechtswegs voraus, welche hier fraglich erscheint. Die abdrängende Sonderzuweisung des § 104 Abs. 2 GWB gilt für nachrangige Dienstleistungen im Unterschwellenbereich nicht, so dass sich die Eröffnung des Verwaltungsrechtswegs nach der Generalklausel des § 40 Abs. 1 S. 1 VwGO richtet. Das Vorliegen einer öffentlich-rechtlichen Streitigkeit ist freilich abzulehnen: Zum einen fehlt das regelmäßig vorliegende Über- und Unterordnungsverhältnis[735] im Vergaberecht, da der Staat wie ein privater Nachfrager am Markt tätig wird. Auch wird nicht ausschließlich ein staatlicher Hoheitsträger in dieser Funktion berechtigt oder verpflichtet.[736]

---

732 Zur Unterscheidung zwischen gewollten und nicht gewollten Vermögensschäden Wagner, Münchener Kommentar zum BGB V, § 826, Rn. 11, 13 f.

733 Schulze-Fielitz, in: Dreier, GG II, Art. 20, Rn. 211 f.; Huber, in: v. Mangoldt/Klein/Starck, GG I, Art. 19 Abs. 4, Rn. 352.

734 Vgl. bereits oben C. I. 2. a) bb), Fn. 6855.

735 Hierzu Ehlers, in: Schoch/Schmidt-Aßmann/Bier, VwGO, § 40, Rn. 223; Schmitz, in: Stelkens/Bonk/Sachs, VwVfG, § 1, Rn. 95 f.

736 Vgl. zu diesem Erfordernis GmS-OGB, BGHZ 97, 312, 313 f.; GmS-OGB, BGHZ 108, 284, 286 f.

Zwar ist die öffentliche Hand in all ihren Handlungen an Verfassungs- und Unionsrecht gebunden, dies verleiht aber nicht allen Handlungen automatisch einen öffentlich-rechtlichen Charakter.[737]

Auch eine Aufteilung des Vergabeverfahrens in zwei Stufen bietet sich nicht an, da durch eine solche Spaltung des Verfahrens ein einheitlicher Vorgang getrennt würde: Die Auswahl des Bieters im Vergabeverfahren geht nicht dem Zuschlag voraus, sondern geschieht gerade durch diesen.[738] Das Klagebegehren der Betroffenen kann deshalb entweder auf die Unterlassung des Vertragsschlusses mit einem Konkurrenten oder nur auf den Erhalt von Schadensersatz gerichtet sein.[739] Beide Begehren sind aber privatrechtlich ausgestaltet, so dass gemäß § 13 GVG der Rechtsweg zu den Zivilgerichten eröffnet ist.

(2) Zivilgerichtlicher Primärrechtsschutz

Zivilrechtliche Primärrechtsansprüche sind solche im laufenden Vergabeverfahren, so dass sie auch nur während des Vergabeverfahrens geltend gemacht werden können.[740] Durch den Abschluss eines Vertrages mit einem Konkurrenten erlöschen sie.[741]

Das für die Erstellung eines Gesetzentwurfs zuständige Ministerium wird meist nur mit einer Kanzlei Verhandlung über die Auftragserteilung aufnehmen und dieser im Ergebnis die Aufgabe übertragen. Ebenfalls am Erhalt des Auftrags interessierte Sozietäten bleiben regelmäßig auf die nachträgliche Geltendmachung von Rechtsschutz beschränkt. Diesbezüglich kann jedoch kein Primär- sondern bloß noch Sekundärrechtsschutz geltend gemacht werden.

bb) Sekundärer Rechtsschutz

Zivilrechtlicher Sekundärrechtsschutz kann auch nach Abschluss eines Vertrages des Auftraggebers mit einem Konkurrenten noch geltend gemacht werden und richtet sich, im Gegensatz zu primärem Rechtsschutz, nicht auf den Erhalt des Auftrags, sondern auf den Erhalt von Geldzahlungen.[742]

737 BVerwGE 129, 7, 15 f.

738 BVerwGE 129, 7, 19; Ruthig, NZBau 2005, 497, 499.

739 Ruthig, NZBau 2005, 497, 501.

740 Pietzcker, NJW 2005, 2881, 2883.

741 Pietzcker, NJW 2005, 2881, 2883.

742 Zu den Rechtsfolgen des Schadensersatzanspruches Unberath, in: Bamberger, BGB I, § 280, Rn. 40 ff.; Grüneberg, in: Palandt, BGB, § 280, Rn. 32 f.

(1) Ansprüche aus §§ 280 Abs. 1, 311 Abs. 2, 241 Abs. 2 BGB (*culpa in contrahendo*)

Voraussetzung für einen etwaigen Schadenersatzanspruch aus Verschulden bei Vertragsschluss ist das Vorliegen eines vorvertragliches Schuldverhältnisses, welches aber erst mit der Ausschreibung des Auftrags zustande kommt.[743] Fehlt, wie in den Fällen des Gesetzgebungsoutsourcings, eine solche Ausschreibung, kommt ein Anspruch aus *culpa in contrahendo* nicht in Betracht.

(2) Ansprüche aus Deliktsrecht

Auch unterhalb der durch die VgV festgelegten Schwellenwerte lassen sich bei fehlender Ausschreibung jedoch deliktische Schadensersatzansprüche heranziehen.

(a) Schadensersatzanspruch aus § 823 Abs. 1 BGB

Für eine Anspruchsbegründung aus § 823 Abs. 1 BGB müsste auch im Unterschwellenbereich durch die unterlassene Ausschreibung eines der im Gesetz aufgezählten Rechte verletzt sein, wobei hier nur das Vermögen als „sonstiges Recht" in Betracht käme. Das Vermögen an sich ist aber wie festgestellt kein Schutzgut des Deliktsrechts[744] und auch für die Begründung eines Eingriffs in den eingerichteten und ausgeübten Gewerbebetrieb fehlt es an dessen Unmittelbarkeit und Betriebsbezogenheit.[745]

(b) Schadensersatzanspruch aus § 823 Abs. 2 BGB

§ 823 Abs. 2 BGB setzt die schuldhafte Verletzung eines Schutzgesetzes voraus. Der Vertragsschluss unter Verstoß gegen die Dienstleistungsfreiheit aus Art. 56 AEUV oder das Gleichbehandlungsgebot aus Art. 3 GG stellt eine solche Verletzung dar. Wie bereits beschrieben[746] ist jedoch die Annahme des Verschuldens des Ministeriums abhängig von der vorherigen Geltendmachung eines Unterlassungsanspruches.

Unabhängig hiervon wird es weiterhin an einem Schaden der betroffenen Anwaltskanzleien fehlen, so dass ein Schadensersatzanspruch aus § 823 Abs. 2 BGB i.V.m. Schutzgesetzen im Ergebnis ausscheidet.

---

743 Siehe oben C. I. 2. a) bb) (3).

744 So bereits RGZ 51, 92, 93; 58, 24, 28; 102, 223, 225; BGHZ 41, 123, 127. Aus der Literatur Wagner, in: Münchener Kommentar zum BGB V, § 823, Rn. 184; Sprau, in: Palandt, BGB, § 823, Rn. 11.

745 Vgl. hierzu bereits oben C. I. 2. a) bb) (4) (a).

746 Vgl. oben C. I. 2. a) bb) (4) (b) (dd).

(c) Schadensersatzanspruch aus § 826 BGB

Im Rahmen von § 826 BGB ist der Ersatz unrechtmäßig zugefügter Vermögensschäden verbürgt,[747] so dass auch im Unterschwellenbereich ein Schadensersatz wegen vorsätzlicher sittenwidriger Schädigung möglich ist.[748] Auch hier ist zunächst erforderlich, dass eine nicht vom Markt selbst intendierte Schädigung vorliegt. Gerade eine solche wird aber im Wettbewerb zwischen mehreren Bietern meist gegeben sein. Bereits dann muss ein möglicher Anspruch aus § 826 BGB jedoch abgelehnt werden, eine sittenwidrige Handlung des öffentlichen Auftraggebers ist nicht mehr zu untersuchen.

c) Ergebnis

Die Rechtsschutzmöglichkeiten einer beim Gesetzgebungsoutsourcing nicht berücksichtigten Rechtsanwaltskanzlei richten sich danach, ob der Schwellenwert der Vergabeverordnung überschritten wurde oder sich der Auftragswert im unterschwelligen Bereich bewegt.

Die Geltendmachung primären Rechtsschutzes wird sich in beiden Fällen schwierig gestalten, da mit der Erteilung des Auftrags durch das Ministerium ein solcher Rechtsschutz kaum einmal in Betracht kommen wird.[749] In der Regel wird die Kanzlei stattdessen auf sekundären Rechtsschutz zu verweisen sein. Für dessen Einschlägigkeit ist wiederum das Vorliegen eines Schades essentiell, welcher aufgrund der lediglich geringen wirtschaftlichen Bedeutung regelmäßig abzulehnen sein wird.

Die Geltendmachung von Rechtsschutz wird daher in den Fällen des Gesetzgebungsoutsourcings die Ausnahme bleiben.

II. Beamtenrechtlicher Lösungsansatz: Verbot der gleichzeitigen Arbeit an Mandaten

Neben der vergaberechtlichen Lösung kommt noch ein weiterer Ansatz in Betracht, um den aufgeworfenen Problemen zu begegnen: ein Verbot für die beauftragten Rechtsanwälte, neben ihrer Tätigkeit für das Ministerium noch weitere Mandate, insbesondere solche privatwirtschaftlicher Art, zu bearbeiten. Jedenfalls die Tätigkeit für von dem Gesetzentwurf Betroffene könnte untersagt wer-

747 Dazu schon oben C. I. 2. a) bb) (4) (c).

748 BGH, NJW-RR 2005, 611, 613; Wagner, in: Münchener Kommentar zum BGB V, § 823, Rn. 11.; Sprau, in: Palandt, BGB, § 826, Rn. 3; Irmer, Sekundärrechtsschutz, S. 235;

749 Vgl. zur Anwendbarkeit des Primärrechtsschutzes auch nach Zuschlagserteilung umfassend T. Schneider, Primärrechtsschutz nach Zuschlagserteilung, passim.

den. Insofern bietet sich eine vergleichende Betrachtung zu den Regelungen über die Erlaubtheit einer Nebentätigkeit bei Beamten an. Im Falle des Gesetzgebungsoutsourcings wäre die Erstellung des Gesetzentwurfs durch die beauftragten Rechtsanwälte als „erstberufliche Tätigkeit" einzuordnen, die daneben bearbeiteten Mandate stellten dagegen eine „Nebentätigkeit" dar. Da sich das Phänomen des Gesetzgebungsoutsourcings im Anwendungsbereich des Funktionsvorbehalts abspielt, könnte in entsprechender Anwendung dieser Regelungen eine Beschränkung der Berufsfreiheit solcher Rechtsanwälte geboten sein, die einen Auftrag zur Gesetzentwurferstellung von dem dafür zuständigen Ministerium angenommen haben.

1. Art. 12 GG im Anwendungsbereich des Beamtenrechts

Auch im Beamtenrecht gelten die Grundrechte; die Lehre vom besonderen Gewaltverhältnis wird seit der Strafgefangenen-Entscheidung des Bundesverfassungsgerichts[750] abgelehnt.[751] Beschränkende Regelungen einer Nebentätigkeit sind also grundsätzlich an den Grundrechten zu messen. Vorrangig ist in diesem Zusammenhang die Einschlägigkeit von Art. 12 Abs. 1 GG zu untersuchen, die allgemeine Handlungsfreiheit soll nur subsidiär herangezogen werden.

Die Ausübung eines öffentlichen Amtes ist dabei als Beruf zu werten, da sie alle Merkmale des Berufsbegriffes erfüllt.[752] Schwieriger gestaltet sich in diesem Zusammenhang die Einordnung der Ausübung einer Nebentätigkeit. Voraussetzung für die Anwendung von Art. 12 Abs. 1 GG ist zunächst, dass es sich bei der Ausübung der Tätigkeit um eine solche zur Erhaltung des Lebensunterhalts handelt.[753] Dieses Merkmal ist jedoch weit auszulegen, die Tätigkeit muss nicht für sich allein geeignet sein, den Lebensunterhalt zu sichern, solange es dessen Erhaltung dient.[754] Somit kann auch die Ausübung einer Nebentätigkeit dem Schutzbereich der Berufsfreiheit unterfallen.

---

750 BVerfGE 33, 1 ff.

751 St. Rspr. BVerfGE 33, 1, 9 ff.; E 58, 358, 367; E 116, 69, 80.

752 St. Rspr. BVerfGE 7, 377, 397 f.; E 11, 30, 39; E 17, 371, 377; E 39, 334, 369; E 96, 205, 211. Aus der Literatur Manssen, in: v. Mangoldt/Klein/Starck, GG I, Art. 12, Rn. 39. Die Einschlägigkeit von Art. 12 Abs. 1 GG zugunsten Art. 2 Abs. 1 GG ablehnend Wieland, in: Dreier, GG I, Art. 12, Rn. 58; Wahlers, DÖD 1982, 265, 266.

753 Wieland, in: Dreier, GG I, Art. 12, Rn. 56; Manssen, in: v. Mangoldt/Klein/Starck, GG I, Art. 12, Rn. 38; Michael/Morlok, Grundrechte, Rn. 343.

754 BVerwGE 67, 287, 294 f.; E 84, 194, 197; Wieland, in: Dreier, GG I, Art. 12, Rn. 56.

Fasst man diese Geltungsgebiete von Art. 12 Abs. 1 GG zusammen, so lässt sich der Schluss ziehen, dass im Ergebnis die Nebentätigkeit durch Beamte dem Schutz der Berufsfreiheit unterstehen muss.[755]

Aus dem Anstellungsverhältnis des Beamten folgt ein besonderes Treueverhältnis gegenüber seinem Dienstherrn,[756] weshalb im Anwendungsbereich des Funktionsvorbehalts die Grundrechtsgeltung der Berufsfreiheit eingeschränkt ist.[757] Dies ist möglich, weil Berufswahl und Berufsausübung Bestandteile eines einheitlichen Grundrechts der Berufsfreiheit sind, welches unter einem ebenso einheitlichen Gesetzesvorbehalt steht.[758] Das Nebentätigkeitsrecht für Beamte ist gesetzlich festgelegt in den §§ 97 – 105 BBG und konkretisiert in seiner Gestaltung die Grundsätze des Berufsbeamtentums aus Art. 33 Abs. 4, 5 GG. Hieraus ergeben sich Einschränkungen der Berufsfreiheit.

Verbote einer Nebentätigkeit stellen dabei objektive Berufswahlregelungen dar,[759] bloße inhaltliche Regelungen sind dagegen als Berufsausübungsregelungen zu werten.

Mit der Genehmigungspflicht für Nebentätigkeiten sowie den inhaltlichen Ausgestaltungen verfolgt der Gesetzgeber jedoch den Schutz wichtiger Gemeinschaftsgüter:[760] Zum einen wird die Freiheit einer Vielzahl von arbeitsuchenden Menschen geschützt, denen durch die Nebentätigkeit der Beamten eine geringere Erfolgsmöglichkeit bei der Arbeitssuche zukommt.[761] Zum anderen sind die Grundsätze des Berufsbeamtentums sowie die Zugangsvoraussetzungen zum öffentlichen Dienst als bedeutende Erwägungen des Gemeinwohls zu betrachten, die auf der Abwägungsebene der Berufsfreiheit vorgehen.[762]

---

755 Wie hier Wieland, in: Dreier, GG I, Art. 12, Rn. 56; Manssen, in: v. Mangoldt/Klein/Starck, GG I, Art. 12, Rn. 39; Breuer, in: Isensee/Kirchhof, HStR VIII3, § 170, Rn. 54. Die Nebentätigkeit von Beamten will die Rspr. dagegen häufig nur dem Schutz des Art. 2 Abs. 1 GG unterstellen, vgl. BVerfGE 55, 207, 238; BVerwGE 60, 254, 255 f.; E 67, 267, 294.

756 Siehe dazu oben B. III. 2. b).

757 Ilbertz, Nebentätigkeit, S. 17; Schnelle/Hopkins, NVwZ 2010, 1333.

758 Vgl. hierzu Wieland, in: Dreier, GG I, Art. 12, Rn. 94 ff.; Manssen, in: v. Mangoldt/Klein/Starck, GG I, Art. 12, Rn. 103 ff., Scholz, in: Maunz/Dürig, GG II, Art. 12, Rn. 300 ff.; Michael/Morlok, Grundrechte, Rn. 673 ff.; Pieroth/Schlink, Grundrechte, Rn. 914 ff.

759 Breuer, in: Isensee/Kirchhof, HStR VIII3, § 170, Rn. 79; Papier, DÖV 1984, 536, 539.

760 Zu den Rechtfertigungsanforderungen im Rahmen der Drei-Stufen-Lehre vgl. Wieland, in: Dreier, GG I, Art. 12, Rn. 107 ff.; Manssen, in: v. Mangoldt/Klein/Starck, GG I, Art. 12, Rn. 139 ff. Zur Lösung über das allgemeine Prinzip der Verhältnismäßigkeit Michael/Morlok, Grundrechte, Rn. 681 ff.

761 Breuer, in: Isensee/Kirchhof, HStR VIII3, § 170, Rn. 79.

762 BVerfGE 7, 377, 398; E 11, 30, 40; E 16, 6, 21 f.; E 96, 171, 181 f.; E 96, 189, 197 f.

Die durch das Nebentätigkeitsrecht normierten Einschränkungen der Berufsfreiheit im Geltungsbereich des Funktionsvorbehalts dürften somit als gerechtfertigt anzusehen sein. Eine Verletzung des Grundrechts ist nicht anzunehmen.

2. Abweichende Betrachtung bei der Erstellung von Gesetzentwürfen durch Private?

Im Falle des Gesetzgebungsoutsourcings liegt eine andere Ausgangssituation vor: Für die im Auftrag eines Ministeriums tätig werdenden Rechtsanwälte stellt sich die Mandatsübernahme nur als ein Mandat unter vielen anderen dar. Die gleichzeitige Wahrnehmung anderer Mandate neben der Erstellung eines Gesetzentwurfs kann somit nicht als Nebentätigkeit im klassischen Sinn verstanden werden: Hauptsächlich nimmt der Anwalt private Mandate wahr, bei deren Ausführung er nicht an der Ausübung hoheitlicher Tätigkeiten beteiligt ist, sondern reine Rechtsberatung erteilt. Diese übrige Mandatsarbeit – neben der Erstellung des Gesetzentwurfs für das Ministerium – stellt sich im Vergleich zur Ausführung dieses Auftrags nicht als Nebentätigkeit dar, sondern im Gegenteil als Hauptbeschäftigung. Eine Ähnlichkeit besteht nur dahingehend, dass der Rechtsanwalt bei der Erstellung des Gesetzentwurfs an den Willen des Ministeriums als Mandant gebunden ist. Dem Mandantenwillen folgt der Rechtsanwalt auch bei der Wahrnehmung seiner übrigen Mandate.

Ein weiterer Unterschied zu dem Fall einer regulären Nebentätigkeit ist, dass die Tätigkeit der Erstellung eines Gesetzentwurfs sich zwar im Geltungsbereich des Funktionsvorbehalts bewegt. Gegen diesen Grundsatz wurde durch die Beauftragung von Rechtsanwälten mit der Ausarbeitung eines Gesetzentwurfs aber gerade verstoßen, da diese keine verbeamteten Staatsdiener sind, sondern in der Privatwirtschaft tätig werden. Allein die Tatsache, dass die Tätigkeit eigentlich eine Verbeamtung verlangen würde, um das besondere Treueverhältnis zum Staat zu begründen, kann jedoch nicht zu einer entsprechenden Anwendung der Grundsätze des Berufsbeamtentums in Bezug auf die Rechtsanwälte führen. Das fehlerhafte Vorgehen des beauftragenden Ministeriums würde sonst zu Lasten der Beauftragten gehen. In der Folge bedeutet dies, dass das Nebentätigkeitsrecht der Beamten auf die Praxis des Gesetzgebungsoutsourcings nicht angewendet werden kann.

Eine Vergleichbarkeit der Fälle ergibt sich auch nicht durch eine sonstige Eingliederung der Rechtsanwälte in den Staatsapparat. Allein dadurch, dass der beauftragte Rechtsanwalt in informeller Weise an der Wahrnehmung staatlicher Aufgaben beteiligt ist, wird er nicht zu einem Teil des Staatsapparates, da er weder mit hoheitlichen Befugnissen beliehen wurde,[763] noch zum öffentlich-rechtlichen Beauftragen ernannt wurde.[764]

Ein Verbot der Wahrnehmung anderer Mandate neben der Erstellung eines Gesetzentwurfs für das zuständige Ministerium kommt somit nicht in Betracht.

III. Ergebnis: Effizienz der Lösungen

Zu klären bleibt, inwiefern den verfassungsrechtlichen Problemen, die sich im Zusammenhang mit dem Gesetzgebungsoutsourcing ergeben, durch die aufgeworfenen Lösungsmöglichkeiten *de lege lata* abgeholfen werden kann.

1. Beseitigung des Verstoßes gegen das Demokratieprinzip

Weder der vergaberechtliche noch der beamtenrechtliche Lösungsansatz erscheinen geeignet, einen Verstoß gegen das Demokratieprinzip zu heilen. Zwar wird auch bei dem Phänomen des Gesetzgebungsoutsourcing ein ordnungsgemäßes Gesetzgebungsverfahren durchgeführt, so dass insofern keine Bedenken gegen eine Verletzung des Demokratieprinzips bestehen. Allerdings muss das entstehende Gesetz auch in personeller Hinsicht legitimiert werden, was aber weder das Gesetzgebungsverfahren, noch die Durchführung eines Vergabeverfahrens gewährleisten können.

Die ebenfalls durch die Übertragung eines Gesetzerstellungsauftrags an Rechtsanwälte auftretende Verletzung des dem Demokratieprinzips entstammenden Öffentlichkeitsprinzips kann durch die transparente Vergabe des Auftrags geheilt werden. Denn die Bekanntmachung der Absicht der Vergabe erfüllt die Voraussetzungen, die an die Publizität des Regierungshandels gestellt werden: Die Ziele des politischen Handelns treten hierdurch ersichtlich hervor.

2. Beseitigung der Gemeinwohlschädlichkeit

Das Gemeinwohl kann nur effektiv durch die Verfolgung von Gemeininteressen verwirklicht werden, nicht dagegen durch die ausschließliche Verfolgung von Partialinteressen. Die anwaltliche Tätigkeit ist aber primär dazu bestimmt, letzteren Interessen zur Geltung zu verhelfen, so dass in der Beauftragung von Rechtsanwälten mit der Erstellung eines Gesetzentwurfs wie oben festgestellt[765]

---

763 Vgl. zur Unmöglichkeit der Beleihung Privater mit Gesetzgebungsaufgaben bereits oben A. II. 2. a).

764 Vgl. zu dieser Figur Krepold, Der öffentlich-rechtliche Beauftragte, passim; Kruse, Der öffentlich-rechtliche Beauftragte, passim.

765 Vgl. oben B. II.

ein Gemeinwohlverstoß liegt. Insbesondere sind durch die Orientierung an solchen Interessen Konflikte zwischen den anwaltlichen Mandaten zu erkennen, da eine neutrale Beratung in Bezug auf ein durch die Kanzlei selbst erstelltes Gesetz kaum möglich erscheint. Zum anderen verschwimmt die Grenze zwischen den Sphären der Rechtspflege und der Gesetzgebung mit der Folge, dass weiterhin ein Verstoß gegen das Distanzgebot zwischen diesen Sphären vorliegt. Für die Wahrnehmung zukünftiger Mandate führt dies weiterhin zu Rollenkonflikten, so dass sich die Verletzung des Gemeinwohls weiter fortsetzt.

Die Durchführung eines Vergabeverfahrens ist geeignet, einige dieser Bedenken gegen die Auslagerung der Gesetzesvorlagenerstellung in den privaten Sektor auszuräumen: Da die Durchführung eines Vergabeverfahrens unter Beachtung der tragenden Prinzipien des Vergaberechts zu erfolgen hat, ist es transparent zu gestalten. Dies führt zu der umfassenden Information aller am Auftrag potentiell interessierten Kanzleien, die Kenntnis von der Absicht der Auftragsvergabe erhalten, wenn auch keine öffentliche Ausschreibung vorgenommen wird. Verstößt das Ministerium als öffentlicher Auftraggeber gegen zwingende Vorschriften des Vergabeverfahrens, steht den potentiell Beteiligten Rechtsschutz zu, so dass das Schicksal der Gemeinwohlschädlichkeit durch die sowohl oberhalb als auch unterhalb der Schwellenwerte vorhandenen Rechtsschutzmöglichkeiten abgewendet werden. Auch wenn primäre Rechtsschutzmöglichkeiten dabei eher die Ausnahme bleiben, steht allen Beteiligten ein sekundärer Schadensersatzanspruch insoweit zu, als sie eine echte Chance auf den Erhalt des Auftrags gehabt hätten und ihnen durch dessen Nichterhalt ein Schaden entstanden ist.

Insbesondere wird den dargestellten Interessenkonflikten, denen eine Rechtsanwaltssozietät durch die Erstellung eines Gesetzentwurfes ausgesetzt sein kann, durch eine transparente Vergabe wirksam vorgebeugt. Bieter, bei denen eine Interessenkollision mit anderen Aufträgen ersichtlich ist, können nicht wertungsfrei die staatliche Beratung vornehmen, so dass ein Vertragsschluss mit solchen Teilnehmern den Prinzipien des Vergaberechts widersprechen würde. Notwendig müssen sie somit aus der Entscheidung ausgeschieden werden.

Noch effektiver wird die Vorbeugung vor Interessenskonflikten, wenn sie gleichzeitig mit einer Umgestaltung des Gesetzgebungsoutsourcings erfolgt.[766] Würde den Rechtsanwälten nicht die volle Verantwortlichkeit für die Erstellung des Gesetzentwurfs übertragen, sondern eine bloße Zusammenarbeit mit dem zuständigen Ministerium angestrebt, so stellte sich der Konflikt zwischen Gemeininteressenvertretung und Einzelinteressenvertretung nicht. Denn die bloße

766 Hierzu noch sogleich, vgl. D.

Beratung des Staates durch eine Rechtsanwaltskanzlei ist grundsätzlich zulässig.[767]

Ein Eintreten späterer Rollenkonflikte durch die Erteilung eines staatlichen Auftrags zur Erstellung eines Gesetzentwurfs kann allerdings auch durch die Durchführung eines Vergabeverfahrens nicht völlig ausgeschlossen werden, da innerhalb eines solches Verfahrens nur gegenwärtige Gesichtspunkte berücksichtigt werden. Dem Gemeinwohl dienlich wäre in diesem Zusammenhang wohl die vollständige Offenlegung des Vertragsschlusses zwischen Ministerium und Rechtsanwaltskanzlei, da hierdurch Inhalt und Umfang der Beratungsleistungen allgemein bekannt würden. Diese Kenntnis könnte etwaigen Rollenkonflikten zumindest vorbeugen. Zum völligen Ausschluss einer Verletzung würde jedoch wiederum nur eine Umstrukturierung der Auslagerungspraxis führen.

3. Beseitigung des Verstoßes gegen den Funktionsvorbehalt aus Art. 33 Abs. 4 GG

Auch bezüglich des Funktionsvorbehalts nach Art. 33 Abs. 4 GG, der durch die Beauftragung von Rechtsanwälten mit der Erstellung eines Gesetzgebungsauftrags erstellt wird, kommt eine Heilung nicht in Betracht.

Dabei ist nicht zu bezweifeln, dass auch das Erstellen eines Gesetzentwurfs, welches die Beteiligung der Exekutive an der Gesetzgebung darstellt, grundrechtsrelevant sein kann. Es stellt somit eine hoheitliche Handlung dar, auf die sich der Funktionsvorbehalt erstreckt.

Die Ausarbeitung einer Vorlage ist im Ergebnis nach den Vorgaben des Funktionsvorbehalts durch ministeriumseigene Mitarbeiter vorzunehmen. Eine Heilung durch die Durchführung eines Vergabeverfahrens kommt hier nicht in Betracht, da die Problematik nicht an fehlende Transparenz anknüpft, sondern bereits an den Status der Beauftragten.

767 Vgl. jedoch zu den Kritikpunkten, denen auch die externe sachverständige Beratung ausgesetzt ist, Voßkuhle, in: Isensee/Kirchhof, HStR III3, § 43.

D. Alternativen zur Praxis des Gesetzgebungsoutsourcings und Lösungsansätze *de lege ferenda*

Die *de lege lata* zur Verfügung stehenden Lösungsmöglichkeiten der Probleme, die im Zusammenhang mit dem Gesetzgebungsoutsourcing bestehen, sind nicht ausreichend, um alle Verstöße gegen Verfassungsprinzipien zu beseitigen. Es ist somit nach weiteren Lösungsmöglichkeiten zu suchen, die das Verfahren modifizieren. Darüber hinaus ist sind Kontrollmöglichkeiten zu schaffen, die die Einhaltung der zulässigen Modifizierung des Verfahrens des Gesetzgebungsoutsourcings gewährleisten können.

Hierzu ist zunächst bei den Kanzleien selbst anzusetzen, die verpflichtet sind, durch Selbstkontrolle die Einhaltung des Verfassungsrechts sicher zu stellen. Darüber hinaus ist aber auch die Einführung einer Kontrollinstanz zu überlegen, die außerhalb des Verfahrens steht und somit die Möglichkeit hat, dieses aus einer objektiven Stellung zu betrachten.

I. Erstellung des Entwurfs durch Staatsbedienstete

Die einfachste Lösung zur Beseitigung aller Verfassungsverstöße wäre die Erstellung der Gesetzentwürfe ausschließlich durch dem Staat zugehörige Bediensteste. In diesem Fall würde das zuständige Staatsorgan tätig werden, so dass keine Verstöße gegen den Funktionsvorbehalt oder das Demokratieprinzip festgestellt werden können. Hiergegen werden zwar die Gegenargumente der entstehenden unangemessen hohen Kosten sowie des fehlenden Sachverstands vorgetragen. Diese können jedoch entkräftet werden, denn es bleibt dem für die Materie zuständigen Bundesministerium unbenommen, beratende Tätigkeiten der Rechtsanwälte in Anspruch zu nehmen. Diese wären als externe Berater des zuständigen Ressorts anzusehen, was verfassungsrechtlich zulässig ist.[768] Sachverständige Beratung der Bundesregierung setzt jedoch nach hier vertretender Ansicht das Bestehen eines Gesetzentwurfs bereits voraus, auf dessen Grundlage ungelöste Probleme in Zusammenarbeit mit den beauftragten Rechtsanwälten geklärt werden können.[769] Eine Ausnahme zu diesem Grundsatz bildet die Beratung bezüglich der Frage, ob überhaupt ein Bedarf nach gesetzlicher Regelung

768 Brohm, in: Isensee/Kirchhof, HStR II2, § 36; Voßkuhle, in: Isensee/Kirchhof, HStR III3, § 43.

769 Zutreffend Filges, BRAK-Mitt. 6/2010, 239, 240.

besteht.[770] Auch eine solche Beratung ist freilich verfassungsrechtlich nicht zu beanstanden.

II. Kooperative Erstellung des Gesetzentwurfs

Auch eine kooperative Erstellung eines Gesetzentwurfs, bei der das Handeln von Ministerium und Rechtsanwaltskanzlei ineinander übergeht, ist unter bestimmten Voraussetzungen denkbar: Erforderlich ist in jedem Fall, dass die Entscheidung über den Inhalt des Gesetzentwurfs bei dem dafür originär zuständigen Staatsorgan verbleibt, damit sowohl die personelle Legitimation als auch die Vorgaben des Funktionsvorbehalts gewahrt bleiben.

Die Wahl der Mittel zur Vermeidung eines Verfassungsverstoßes bleibt der Bundesregierung dabei freigestellt. Zu betonen ist aber die Bedeutung der eigenen Ausarbeitung des Gesetzentwurfs. Dieser muss in der Fassung, in der er in den Bundestag eingebracht wird, dem Willen der Regierung entsprechen, was letztlich nur dann möglich ist, wenn er aus der Feder des zuständigen Ministeriums stammt. Anderenfalls kann höchstens ein Einverständnis mit dem Entwurf der Rechtsanwälte zustande kommen, eine eigene Willensbildung findet jedoch bei einem solchen Vorgang nicht statt.

Ein Zwischenmodell zwischen der vollständigen Auslagerung und der ausschließlich eigenen Erstellung stellt insofern ein Kooperationsmodell zwischen dem zuständigen Ministerium und der beauftragten Rechtsanwaltskanzlei dar. Durch eine enge Zusammenarbeit würde dem Ministerium derjenige Sachverstand zufließen, der ihm nach eigenen Angaben zum jetzigen Zeitpunkt fehlt.[771] Weiterhin könnte die Dauer der Gesetzerstellung signifikant gegenüber derjenigen, die ohne eine Mitarbeit der Anwälte bestünde, verkürzt werden. Die konkrete Ausgestaltung bleibt dabei dem Ministerium überlassen; denkbar wäre jedoch beispielsweise die Entsendung sachverständiger Rechtsanwälte in das Ministerium während der Dauer der Ausarbeitung.

III. Gesetzliche Ermächtigung zur Beauftragung Privater

Da die Beauftragung Privater mit der Erstellung eines Gesetzentwurfs nicht mit der Verfassung in Einklang steht, kann zur Lösung dieses Problems die Regelung der Materie durch (einfaches oder verfassungsänderndes) Gesetz angedacht werden.

---

770 Filges, BRAK-Mitt. 6/2010, 239, 240.

771 Vgl. hierzu BT-Drs. 16/13983 vom 04.09.2009, S. 2; BT-Drs. vom 16/14133 vom 26.10.2009, S. 5.

1. Regelung durch einfachrechtliche Ermächtigung

Eine Ermächtigung der Beauftragung Privater mit der Erstellung einer Regierungsvorlage durch das mit dieser Aufgabe betraute Ministerium wird auf einfachrechtlicher Basis wohl nicht in Betracht kommen.

Heranzuziehen ist diesbezüglich die Regelung des Art. 80 Abs. 1 GG: Hierdurch können die Bundesregierung oder sogar einzelne Bundesminister durch Gesetz zum Erlass von Rechtsverordnungen ermächtigt werden. Das Ermächtigungsgesetz muss dabei Inhalt, Zweck und Ausmaß der erteilten Ermächtigung enthalten. Art. 80 Abs. 1 GG beinhaltet also einen „gesetzlichen Totalvorbehalt",[772] denn er bestimmt, dass ohne Ausnahme alle Rechtsverordnungen, unabhängig von ihrer Grundrechtsrelevanz, durch die Bundesregierung nur auf der Grundlage eines Gesetzes erlassen werden dürfen.[773]

Art. 80 Abs. 1 GG stellt in zweierlei Hinsicht eine Ausnahmeregelung dar: Die Norm erlaubt nur den Erlass einer *Rechtsverordnung*, nicht den Erlass von *Gesetzen.* Erlassberechtigt sind weiterhin nur die ausdrücklich genannten Exekutivorgane, nicht jedoch weitere Institutionen. Hintergrund dieser restriktiven Handhabung ist das Prinzip der Gewaltenteilung, welches sich aus dem Rechtsstaatsprinzip ergibt. Die Rechtsetzung steht originär in der alleinigen Befugnis des Parlaments, die Ermächtigung der Exekutive stellt insoweit eine Aufweichung des Gewaltenteilungsprinzips dar.[774]

Das Phänomen des Gesetzgebungsoutsourcings unterscheidet sich insofern von dieser Konstellation, als die Rechtsanwälte zwar selbständig den Gesetzentwurf erarbeiten, dieser aber noch das verfassungsrechtlich vorgeschriebene Gesetzgebungsverfahren durchlaufen wird. Der Vorgang ähnelt im Ergebnis eher der sachverständigen Beratung als der privaten Rechtsetzung, eine Übertragung von Rechtsetzungsmacht durch die staatliche Gewalt soll gerade nicht stattfinden.

Trotzdem zeigt die Existenz des Art. 80 Abs. 1 GG die Notwendigkeit auf, die Beteiligung weiterer Akteure an der Gesetzgebung verfassungsrechtlich ausdrücklich festzulegen, um nicht die ausschließliche Zuständigkeit des Bundestages zur Gesetzgebung zu gefährden.

Eine einfachrechtliche Regelung des Gesetzgebungsoutsourcings kommt im Ergebnis nicht in Betracht.

772 Brenner, in: v. Mangoldt/Klein/Starck, GG II, Art. 80, Rn. 24.

773 Brenner, in: v. Mangoldt/Klein/Starck, GG II, Art. 80, Rn. 24.

774 Nierhaus, in: BK XI, Art. 80, Rn. 72. Zur Möglichkeit der Durchbrechung des Prinzips der Gewaltenteilung vgl. BVerfGE 3, 225, 247.

2. Regelung durch verfassungsrechtliche Ermächtigung

Auch eine verfassungsrechtliche Ermächtigung der Beauftragung Privater mit der Erstellung eines Gesetzentwurfs begegnet erheblichen Bedenken.

Zwar ist eine Verfassungsänderung unter den Voraussetzungen des Art. 79 Abs. 3 GG zulässig. Hiernach kommt sie nur dann nicht in Betracht, wenn Verstöße gegen die Art. 1 und 20 GG offenbar werden. Von einem Verstoß gegen Art. 20 GG durch die Verfassungsänderung muss jedoch ausgegangen werden, da die Praxis des Gesetzgebungsoutsourcings aufgrund fehlender Eigenverantwortlichkeit der Bundesregierung gegen das Demokratieprinzip verstößt. Die verfassungsrechtliche Zulassung des Gesetzgebungsoutsourcings würde diesen Verstoß noch verfestigen, anstatt seine Aufhebung zu bewirken.

Eine Zulassung des Gesetzgebungsoutsourcings durch ausdrückliche Regelung in der Verfassung kommt im Ergebnis nicht in Betracht.

IV. Kontrollmöglichkeiten zur Einhaltung des Verfahrens

Zu befürworten ist die kooperative Erstellung eines Gesetzentwurfs,[775] in der eine enge Zusammenarbeit zwischen dem verantwortlichen Ministerium und einer Rechtsanwaltskanzlei stattfindet, die vor dem Hintergrund einer drohenden Verletzung des Demokratieprinzips (noch) tolerierbar erscheint.

Da der Übergang zwischen Beratung und Mitentscheidung bezüglich einer Regierungsvorlage im Einzelfall fließend ist,[776] kann die Entwicklung einer Kontrollmöglichkeit für die Einhaltung der Verfassungsprinzipien unabdingbar sein. Hierzu ist es sinnvoll, sowohl die zuständigen Mitarbeiter der Bundesministerien als auch die beratenden Sozietäten einzubinden.

1. (Selbst-)Kontrolle der Kanzleien durch gesetzlichen Zwang zur Offenlegung empfangener Gehälter

Da die Initiative zur Annahme eines Gesetzerstellungsauftrags in der Regel von den interessierten Sozietäten selbst ausgehen wird, liegt es in erster Linie an diesen, zur Vermeidung zukünftiger Interessenkollisionen beizutragen. Hierfür ist einerseits interne Kontrolle notwendig. Unabhängig von dem Vertrauen in das rechtschaffene Handeln einer Sozietät ist eine effektive Überwachung aber andererseits nur von außerhalb des Geschäftsbetriebs möglich. Ein wirksames Mittel für eine solche unabhängige Kontrolle ist der Zwang zur Offenlegung von

775 Vgl. soeben D. II.

776 Zum Unterschied siehe oben A. III. 3. b) bb).

empfangenen Gehältern sowie den betreuten Mandanten.[777] Das Verhältnis des Rechtsanwalts zu seinen Mandaten unterliegt zwar der anwaltlichen Schweigepflicht, eine Auskunft darüber erfüllt den Tatbestand der Verletzung von Privatgeheimnissen gemäß § 203 Abs. 1 Nr. 3 StGB.[778] Allerdings besteht die Möglichkeit einer Rechtfertigung, wenn eine mutmaßliche Einwilligung vorliegt,[779] sich der Rechtsanwalt in der Situation des rechtfertigenden Notstands befindet,[780] eine gesetzliche Offenbarungspflicht besteht[781] oder gesetzliche Offenbarungsbefugnisse vorliegen.[782]

In Betracht käme hier die gesetzliche Festlegung einer Offenbarungspflicht zur Abwendung der Rechtswidrigkeit.[783] Im Gegensatz zur Regelung der Zulässigkeit des Gesetzgebungsoutsourcings an sich ist die einfachrechtliche Festlegung einer solchen Kontrollmöglichkeit unproblematisch möglich. Sie wird durch die bestehenden Gesetze sogar bereits erlaubt.

Von dem Vorliegen einer mutmaßlichen Einwilligung kann dagegen in der Regel aufgrund der entgegenstehenden Interessen der Mandanten nicht ausgegangen werden.

Eine solche, nicht nur interne Kontrolle der Arbeit der Kanzleien ist zwar ein wichtiger Beitrag zur Vermeidung von Gemeinwohlverstößen, allerdings kann auch hierdurch eine Verletzung des Funktionsvorbehalts oder gar des Demokratieprinzips nicht beseitigt werden. Dazu bedarf es weiterer Modifizierungen des Vorgehens, die außerhalb der Sphäre der Rechtsanwälte stattzufinden haben.

2. (Selbst-)Kontrolle der Bundesregierung durch transparente Regierungsarbeit

Ein zweiter und gleichzeitig bedeutsamerer Kontrollansatz wäre die Kontrolle des Vorgangs durch den Initiator des Gesetzgebungsoutsourcings selbst, also das zuständige Ministerium.

---

777 Filges, BRAK-Mitt. 6/2010, 239, 242 f.; Kloepfer, NJW 2011, 131, 134. Für eine Offenlegung der konkreten Auftragserteilung spricht sich auch Krüper, JZ 2010, 655, 661 aus.

778 Zu den einzelnen Tatbestandsmerkmalen Cierniak, in: Münchener Kommentar zum StGB III, § 203, Rn. 11 ff.; Kühl, in: Lackner/Kühl, StGB, § 203, Rn. 14 ff.

779 Cierniak, in: Münchener Kommentar zum StGB III, § 203, Rn. 83.

780 Cierniak, in: Münchener Kommentar zum StGB III, § 203, Rn. 84 ff.

781 Cierniak, in: Münchener Kommentar zum StGB III, § 203, Rn. 88 f.

782 Cierniak, in: Münchener Kommentar zum StGB III, § 203, Rn. 90.

783 So auch Filges, BRAK-Mitt. 6/2010, 239, 243, der allerdings eine beschränkte Offenlegungspflicht ohne die Angabe der einzelnen Mandate der vollen Offenbarung vorzieht.

In erster Linie ist auch hier wiederum die Selbstkontrolle heranzuziehen, da diese unmittelbar am Entstehungspunkt des Vorgangs anzusetzen vermag. Wegweisend für die Durchführung einer solchen Kontrolle könnte hierbei eine Initiative der SPD-Bundestagsfraktion zum Thema „Mehr Transparenz wagen – Lobbyismus einen Rahmen geben" sein, die einen Verhaltenskodex für Mitglieder der Bundesregierung fordert.[784]

In erster Linie sollte auch hier die Offenlegung aller vorgenommenen Verfahrensschritte dafür Sorge tragen, dass die Grenzen der Aufgabenübertragung auf Private eingehalten werden. Ein mögliches Mittel hierzu wäre die Einführung einer sogenannten „legislativen Fußspur"[785], das heißt die Erklärung der Bundesregierung zu jedem Gesetz über die eventuelle Beteiligung Privater sowie die Ausmaße der Beteiligung. Ein solches Vorgehen würde die Übertragung bereits existenter Vorgehensweisen auf europäischer Ebene auf nationale Verfahren darstellen.[786]

Bereits der Bundesrechnungshof hatte die Empfehlung ausgesprochen, zu überwachen, dass die Formulierung von Gesetzentwürfen nicht durch externe Berater vorgenommen wird, sondern den eigenen, staatsinternen Mitarbeitern vorbehalten bleibt.[787] Diesen Vorschlag greift auch die Bundestagsfraktion der SPD in ihrem Antrag auf.[788] Die Kontrolle über die tatsächliche Formulierung eines Gesetzentwurfs muss dabei bei der Bundesregierung als dem für die Vorlage zuständigen Organ ansetzen.

Des Weiteren sollte auch der Begründungsaufwand für die Hinzuziehung von Rechtsanwälten als externe Berater erhöht werden, um eine Überwälzung der Erstellungsarbeit auf die Anwälte „durch die Hintertür" zu verhindern. Der Bundesregierung sollte die Pflicht auferlegt werden, detailliert darzulegen, auf

---

784 Antrag des Netzwerks Berlin, „Mehr Transparenz wagen – Lobbyismus einen Rahmen geben", abrufbar unter http://www.netzwerkberlin.de/downloads/20101202_Antrag%20Transparenz.pdf (Abruf am 12.01.2012). Der hier relevante Teil bezüglich des Einsatzes externer Berater in Bundesministerien ist nun auch als Drucksache einsehbar, BT-Drs. 17/5230 v. 23.03.2011.

785 Antrag des Netzwerks Berlin, „Mehr Transparenz wagen – Lobbyismus einen Rahmen geben", S. 4.

786 Entschließung des Europäischen Parlaments vom 8. Mai 2008 zum Bericht über den Aufbau des Regelungsrahmens für die Tätigkeit von Interessenvertretern/-innen (Lobbyisten) bei den Organen der Europäischen Union (2007/2115(INI)). Bereits in dieser Entschließung wird der Gedanke einer „legislativen Fußspur" angesprochen, allerdings auf freiwilliger Basis.

787 Bericht des Bundesrechnungshofs nach § 88 Abs. 2 BHO über die Mitarbeit von Beschäftigten aus Verbänden und Unternehmen in obersten Bundesbehörden, abrufbar unter http://www.flegel-g.de/PDF/BRH-zu-Lobbyismus.pdf (Abruf am 12.01.2012), S. 39.

788 Antrag des Netzwerks Berlin, „Mehr Transparenz wagen – Lobbyismus einen Rahmen geben", S. 4.

welchem Gebiet besonderes Fachwissen benötigt wird und in welcher Form dieses eingeholt werden soll.[789]

3. Kontrolle durch unabhängige Staatsorgane

Auf eine reine Selbstkontrolle von Bundesregierung, Ministerien und beauftragten Kanzleien sollte sich die Kontrolle aber nicht beschränken. Es ist zwar sinnvoll, am Entstehungspunkt des Gesetzgebungsoutsourcings anzusetzen. Jedoch sollte darüber hinaus eine unabhängige Überwachung des Vorgangs stattfinden.

a) Erste Kontrolle durch den Bundestagspräsidenten

Ein denkbarer Ansatz ist insofern die Kodifizierung des gerade erwähnten Verhaltenskodexes. Als selbst auferlegte Pflicht stellt er zwar lediglich ein stumpfes Schwert dar. Durch eine Kodifizierung würde die Einfügung einer legislativen Fußspur an den in den Bundestag einzuleitenden Gesetzentwurf durch den jeweiligen Initiativberechtigten zur gesetzlichen Pflicht. In dem Gesetz wären die vom Bundesrechnungshof als auch die von der SPD-Bundestagsfraktion vorgelegten Empfehlungen einzuarbeiten.

Die erste, wenn auch beschränkte Kontrolle, ob der Gesetzentwurf der Bundesregierung dem Gesetz entspricht, wäre dem Bundestagspräsidenten zuzuweisen. Denn dieser vertritt nach § 7 Abs. 1 S. 1 GOBT den Bundestag und ist berechtigt zur Entgegennahme von Gesetzentwürfen. Bereits zum jetzigen Zeitpunkt steht ihm dabei das Recht zu, eine Überprüfung der Einhaltung der Vorgaben des Art. 76 GG vorzunehmen.[790] Ihm obliegt also die Prüfung der *formellen Voraussetzungen* der Gesetzesvorlage. Er darf den Gesetzentwurf dagegen nicht auf *materielle Fehler* überprüfen oder die Vorlage wegen diesbezüglicher Bedenken ablehnen.[791]

Das Vorhandensein einer legislativen Fußspur wäre indes eine formale Voraussetzung, die von der Prüfungskompetenz des Bundestagspräsidenten umfasst wäre. Fehlt sie, so wäre der Präsident zur Zurückweisung der Vorlage berechtigt. Stellt er allerdings aufgrund der Fußspur fest, dass der Gesetzentwurf unter Verstoß gegen das Demokratieprinzip von Privaten erstellt wurde, steht ihm das

---

789 Antrag des Netzwerks Berlin, „Mehr Transparenz wagen – Lobbyismus einen Rahmen geben“, S. 5.

790 Dietlein, in: Epping/Hillgruber, BeckOK GG, Art. 76, Rn. 9; Masing, in: v. Mangoldt/Klein/Starck, GG II, Art. 76, Rn. 54; Kersten, in: Maunz/Dürig, GG V, Art. 76, Rn. 56.

791 Dietlein, in: Epping/Hillgruber, BeckOK GG, Art. 76, Rn. 9; Masing, in: v. Mangoldt/Klein/Starck, GG II, Art. 76, Rn. 61; Kersten, in: Maunz/Dürig, GG V, Art. 76, Rn. 56.

Recht der Zurückweisung nicht zu. In diesem Fall ist er verpflichtet, den Gesetzentwurf an den Bundestag weiterzuleiten.

b) Hauptsächliche Kontrolle durch den Bundestag im Gesetzgebungsverfahren

Die verfassungsrechtliche Bewertung des Gesetzentwurfs obliegt dagegen dem Bundestag, da hierzu eine eingehende inhaltliche Kontrolle vorzunehmen ist, zu der der Bundestagspräsident nicht berufen ist.[792]

Das Vorhandensein einer legislativen Fußspur vermittelt dem Bundestag dabei die erforderlichen Informationen bezüglich des Entstehungsvorgangs der Gesetzesvorlage, die er benötigt, um das Vorliegen eines Verfassungsverstoßes abschließend beurteilen zu können. Erkennt der Bundestag aufgrund der so geschaffenen Transparenz einen dominierenden Einfluss Privater auf den Gesetzentwurf und nimmt in der Folge einen Verstoß gegen das Demokratieprinzip an, ist ein Beschluss der Vorlage als Gesetz im Ergebnis nicht möglich.

Das Gesetzgebungsverfahren ist somit geeignet, den Einfluss Privater auf die Entstehung von Gesetzentwürfen einzudämmen: Wie bereits beschrieben,[793] ist der Bundestag als Gesetzgebungsorgan Hauptverantwortlicher für das Zustandekommen des Gesetzes, die Beteiligung anderer Staatsorgane gewährleistet aber gleichzeitig eine Kontrolle seiner Handlungen. So liegt es zwar in erster Linie in der Verpflichtung des Bundestages, einen Beschluss des verfassungswidrigen Gesetzentwurfs als Gesetz nicht vorzunehmen. Durch die Beteiligung des Bundesrates und die abschließende Kontrolle des Bundespräsidenten wird dies zusätzlich abgesichert.[794]

Insoweit kommt dem Gesetzgebungsverfahren eine den Einfluss Privater auf die Entstehung von Gesetzentwürfen regulierende Wirkung zu, wenn im Vorfeld eine ausreichende Transparenz geschaffen wurde.

V. Ergebnis

Auch wenn die ausschließlich durch Staatsbedienstete durchgeführte Ausarbeitung eines Gesetzentwurfs wünschenswert wäre, so erscheint sie doch in Anbetracht der Tatsache, dass die Bunderegierung die Kürze der ihr teilweise für die Ausarbeitung eines Gesetzentwurfs zur Verfügung stehenden Zeit beklagt, wenig realistisch. Dennoch ist eine Beschränkung der Zusammenarbeit von Minis-

---

792 Masing, in: v. Mangoldt/Klein/Starck, GG II, Art. 76, Rn. 54, 81; Kersten, in: Maunz/Dürig, GG V, Art. 76, Rn. 56.

793 Vgl. oben B. I. 2. a) cc).

794 Zu den Kontrollmöglichkeiten des Bundesrates vgl. oben B. I. 2. a) cc) (3). Die Beteiligung des Bundespräsidenten wurde bereits unter B. I. 2. a) cc) (4) behandelt.

terium und Rechtsanwälten auf ein bloßes Beratungsverhältnis notwendig. Denn eine bloße Legalisierung des Verfahrens verbietet sich: Eine einfachgesetzliche Regelung kommt schon allein deshalb nicht in Betracht, weil dies einen Verstoß gegen das verfassungsrechtliche Normgefüge darstellen würde, in dem die Gesetzgebungstätigkeit allein dem Parlament vorbehalten ist. Selbst die Exekutive darf hieran nur unter der Voraussetzung des Art. 80 Abs. 1 GG teilnehmen. Hieraus ist zu schließen, dass eine Beteiligung weiterer Akteure an der Gesetzgebung nur unter verfassungsrechtlich normierten Voraussetzungen möglich sein soll. Auch die Schaffung einer verfassungsrechtlichen Grundlage ist jedoch ausgeschlossen, da durch eine solche die Verletzung des Demokratieprinzips, die die Praxis des Gesetzgebungsoutsourcings verursacht, weiter verfestigt würde. Eine solche Regelung verstößt jedoch gegen die Grenze des Art. 79 Abs. 3 GG.

Zur Begrenzung des Einflusses Privater auf die Entstehung eines Gesetzentwurfs ist zunächst bei den Beteiligten in Gestalt der Rechtsanwälte auf der einen Seite und den Ministerien auf der anderen Seite anzusetzen. Diese sollten durch Selbstkontrolle sicherstellen, dass ein Gesetzentwurf nicht vollständig durch Private erarbeitet wird. Zusätzlich ist zur Sicherstellung einer darüber hinausgehenden unabhängigen Kontrolle die Schaffung eines Gesetzes erforderlich, welches die Pflicht zur Einfügung einer „legislativen Fußspur" regelt. Eine solche erhöht die Transparenz des Verfahrens, in dem ein Gesetzentwurf erarbeitet wird und ermöglicht dem Bundestag – nach einer formellen Prüfung durch den Bundestagspräsidenten – die inhaltliche Prüfung des Gesetzes auf dessen Verfassungsmäßigkeit. Lässt die Fußspur erkennen, dass Private in verfassungswidrigem Umfang an der Erstellung des Gesetzes beteiligt waren, so verbietet sich ein Beschluss des Gesetzes. Insofern zeigt das Gesetzgebungsverfahren weitere Kontrollmöglichkeiten durch unabhängige Staatsorgane auf.

E. Schlussbetrachtung

Die Beauftragung privater Kanzleien mit der Erstellung eines Gesetzentwurfs stellt eine Form der Mitentscheidung dar, die sich nicht mit dem typischen Charakter einer Beratungsleistung deckt, sondern darüber hinausgeht. Wollte man die sachverständige Beratung in zwei Stufen teilen, so befänden sich reguläre Beratungsleistungen, die eine Entscheidung über den Beratungsgegenstand unberührt lassen, auf der unteren Stufe, während das Phänomen des Gesetzgebungsoutsourcings aufgrund der vollständigen Übertragung der inhaltlichen Verantwortlichkeit auf der oberen Stufe anzusiedeln wäre.

Die Frage nach der Legitimation einer ausgelagerten Entscheidung ist differenziert zu beantworten: Auch für privat erstellte Gesetzentwürfe ist das Gesetzgebungsverfahren einzuhalten, welches grundsätzlich ein geeignetes Mittel zur Legitimation staatlicher Entscheidungen darstellt.[795] Ein Verstoß gegen dieses Verfahren ist durch das Gesetzgebungsoutsourcing nicht ersichtlich, da die Erstellung des Gesetzentwurfs im „inneren Gesetzgebungsverfahren" stattfindet und weitgehend ungeregelt ist.

Trotzdem ergeben sich Schwierigkeiten im Hinblick auf die Verantwortlichkeit der Bundesregierung gegenüber dem Parlament. Regelmäßig ist auf Seiten des nach außen für den Gesetzentwurf zuständigen Ministers ein Informationsdefizit bezüglich des Inhalts der Vorlage zu befürchten, das sich auf die Beantwortung parlamentarischer Fragen negativ auswirken kann. Des Weiteren ist zu bemängeln, dass eine auf das Volk zurückzuführende Legitimationskette nicht mehr erkennbar ist, wenn die Erstellung eines Gesetzentwurfs durch Rechtsanwälte und nicht durch Angehörige des zuständigen Ministeriums erfolgt. Mangelnde Transparenz bei der Durchführung des Gesetzgebungsoutsourcings beeinträchtigt weiter die Verantwortlichkeit der Bundesregierung gegenüber dem Legitimationssubjekt „Volk" und in der Folge die Legitimation des Gesetzentwurfs. Aufgrund dieser Bedenken ist ein Verstoß gegen das Demokratieprinzip festzustellen.

Auch das Gemeinwohl, welches in einem engen Zusammenhang mit dem Demokratieprinzip steht, wird durch die Praxis des Gesetzgebungsoutsourcings beeinträchtigt. Denn zu einem werden Interessenkollisionen hervorgerufen, wenn Rechtsanwälte, deren Tätigkeit interessenorientiert ist, einen Gesetzentwurf erstellen und so gemeinwohldienliche Aufgaben ausführen. Die Entscheidung über die Formulierung des Gesetzentwurfs überschreitet außerdem die Grenzen zur üblicherweise zulässigen Rechts*beratung* und kann auch insofern nicht zulässig sein. Ein weiterer Verstoß gegen das Gemeinwohl ist in Form des entstehenden Distanzverlustes zwischen Rechtspflege und Legislative zu bejahen. Durch die Wahrnehmung originär staatlicher Aufgaben dringt die Tätigkeit

795 Luhmann, Legitimation durch Verfahren, S. 174 ff.

der Rechtsanwälte in die staatliche Sphäre ein, was in dieser Weise nicht zulässig ist.

Der Verstoß gegen das Gemeinwohl beschränkt sich dabei nicht nur auf die Handlung der Gesetzentwurfserarbeitung selbst, sondern wirkt durch die Durchführung regulärer Beratungsarbeiten der Anwälte in der Zukunft nach: Durch die Beratung von Mandanten in Bezug auf das von ihnen selbst erarbeitete Gesetz verfallen die beauftragten Rechtsanwälte in einen gemeinwohlschädlichen Rollenkonflikt, denn einerseits sind sie zur bestmöglichen Beratung ihrer Mandanten verpflichtet, andererseits sind sie gleichzeitig an die Interessen des Staates gebunden, die eine solche Beratung gerade verbieten.

Schließlich bedeutet die Beauftragung von Rechtsanwälten mit der Erstellung eines Gesetzentwurfs auch die Verletzung des Funktionsvorbehalts aus Art. 33 Abs. 4 GG. Denn dieser ist auf die Ausführung aller hoheitlichen Tätigkeiten anwendbar, die eine Grundrechtsrelevanz aufweisen. Die Erstellung einer Gesetzesvorlage entspricht beiden Voraussetzungen und hat damit ausschließlich Beamten vorbehalten zu bleiben. Eine Übertragung auf private Rechtsanwälte kommt hiernach nicht in Betracht.

De lege lata lassen sich die Verfassungsverstöße durch die Praxis des Gesetzgebungsoutsourcings nicht vollständig beseitigen. In Betracht kommt zwar die Durchführung eines Vergabeverfahrens und somit die Herstellung einer ausreichenden Transparenz der Beauftragungen. Dies führt insbesondere zur Heilung der Gemeinwohlschädlichkeit, da Interessenkonflikten durch den zwingenden Ausschluss betroffener Verfahrensteilnehmer wirksam vorgebeugt werden kann. Die in der Zukunft möglichweise auftretenden Rollenkonflikte können jedoch nicht völlig ausgeschlossen werden, da nur gegenwärtig bekannte Kriterien im Vergabeverfahren zu berücksichtigen sind. Nützlich wäre in diesem Zusammenhang die vollständige Offenlegung des Umfangs und Inhalts der Beratungsleistungen.

Die Verstöße gegen den Funktionsvorbehalt und das Demokratieprinzip sind jedoch nicht auf diese Weise zu heilen. Auch eine vollständige Legalisierung der Praxis des Gesetzgebungsoutsourcings durch gesetzliche Ermächtigung kommt *de lege ferenda* nicht in Betracht. Eine einfachrechtliche Ermächtigung scheidet aus, denn die Übertragung von Rechtsetzungsmacht wird durch die Verfassung eher restriktiv gehandhabt. Dies zeigt sich bereits an der Regelung der Übertragung von Rechtsetzungsbefugnissen in Art. 80 Abs. 1 GG. Dieser legt abschließend fest, welche Akteure zu welchen gesetzgeberischen Handlungen befugt sein sollen. Darüber hinaus soll eine Beteiligung staatlicher oder privater Institutionen an der Gesetzgebung aber gerade nicht möglich sein, denn der Beschluss eines Gesetzes ist ausschließlich Aufgabe des Parlaments. Notwendig erscheint also die verfassungsrechtliche Festlegung aller möglichen Beteiligten im Gesetzgebungsverfahren.

Im Ergebnis ist auch durch eine verfassungsrechtliche Ermächtigung der Bundesministerien zum Outsourcen von Gesetzentwürfen eine Legalisierung dieses Vorgehens nicht zu erreichen. Diese würde eine Änderung der Verfassung voraussetzen, welche an Art. 79 Abs. 3 GG zu messen wäre. Insoweit käme es auf den Verstoß des Gesetzgebungsoutsourcings gegen Art. 33 Abs. 4 GG nicht an, jedoch müsste ein solches Vorhaben an Art. 20 GG scheitern. Da die Beauftragung Privater mit der Erstellung eines Gesetzentwurfs gegen das in Art. 20 Abs. 2 GG verankerte Demokratieprinzip verstößt, würde der Versuch einer verfassungsrechtlichen Legalisierung den Verfassungsverstoß nicht aufheben, sondern noch weiter vertiefen.

Vorzugswürdig ist statt der Legalisierung des an sich verfassungswidrigen Gesetzgebungsoutsourcings die Bemühung eines Kompromisses: Bloße Beratungsleistungen durch Rechtsanwälte können in Form der externen Beratung auch durch Staatsorgane und deren Organteile in Anspruch genommen werden. Diese dürfen jedoch nicht so weit reichen, dass sie als Form der Mitentscheidung qualifiziert werden müssen, die tatsächliche Formulierung der Endfassung des Entwurfs obliegt dem dafür zuständigen Ressort.

Die Einhaltung dieses zulässigen Vorgehens müsste zunächst durch die Kanzleien und die Ministerien selbst überwacht werden. Geeignete Mittel hierfür sind einerseits die Offenlegung der gezahlten Honorare, andererseits die Einfügung einer „legislativen Fußspur" durch die Bundesregierung, welche den Umfang der Beteiligung Privater an der Entstehung eines Gesetzentwurfs aufzeigt. Auf eine bloße Selbstkontrolle sollte sich die Überwachung jedoch nicht beschränken. Sinnvoll wäre in diesem Zusammenhang die gesetzliche Verpflichtung zur Einfügung der bereits erwähnten Fußspur, deren Vorhandensein der Bundestagspräsident vor der Weiterleitung eines Gesetzentwurfs an die Abgeordneten des Bundestages überprüfen könnte. Ist eine solche vorhanden, besteht eine ausreichende Transparenz, um dem Bundestag eine vollständige verfassungsrechtliche Beurteilung der Gesetzesvorlage unter Kenntnisse aller bisherigen Verfahrensschritte zu ermöglichen. Bei der Feststellung einer zu dominanten Beteiligung Privater an der Entstehung der Vorlage dürfte diese nicht als Gesetz beschlossen werden. Die Einhaltung dieser Pflicht des Bundestages wird durch das Gesetzgebungsverfahren selbst sichergestellt, welches zusätzlich die Beteiligung des Bundesrates sowie des Bundespräsidenten vorsieht.

Das Verhältnis von Eigenverantwortung und gegenseitiger Kontrolle bei ausreichender Transparenz ist somit geeignet, die Legitimation eines Gesetzes sicherzustellen oder es bereits nicht zur Geltung gelangen zu lassen.

Literaturverzeichnis

Achterberg, Norbert — Parlamentsrecht, Tübingen 1984
(zit.: *Achterberg,* Parlamentsrecht, S.)

Achterberg, Norbert — Grundzüge des Parlamentsrechts, München 1971
(zit.: *Achterberg,* Grundzüge des Parlamentsrechts, S.)

Alexy, Robert — Theorie der Grundrechte, 2. Aufl., Frankfurt a.M. 1994
(zit.: *Alexy,* Theorie der Grundrechte, S.)

Anschütz, Gerhard — Die Verfassung des Deutschen Reichs, Neudr. d. 14. Aufl., Berlin, Stilke, 1933, Aalen 1987
(zit.: *Anschütz,* Die Verfassung des dt. Reichs, Art., S.)

Arndt, Claus — Das Prüfungsrecht des Bundespräsidenten, in: DÖV 1958, S. 604 – 607

Arnim, Hans Herbert von — Gemeinwohl und Gruppeninteressen. Die Durchsetzungsschwäche allgemeiner Interessen in der pluralistischen Demokratie; ein Beitrag zu verfassungsrechtlichen Grundfragen der Wirtschaftsordnung, Frankfurt a.M. 1977
(zit.: *v. Arnim,* Gemeinwohl und Gruppeninteressen, S.)

Ax, Thomas — Auftragsvergabe. Strenges Vergaberecht, vergaberechtsfreie Vergaben, flexible Verfahrensar-

Schneider, Matthias Siewert, Josephine	ten, Sanktionssystem bei Vergaberechtsverstößen, 2. Aufl., Berlin 2010 (zit.: *Ax/Schneider/Siewert,* Auftragsvergabe, Rn.)
Backherms, Johannes	Das DIN Deutsches Institut für Normung e.V. als Beliehener: zugleich ein Beitrag zur Theorie der Beleihung, Köln 1978 (zit.: *Backherms,* Das DIN als Beliehener, S.)
Badura, Peter	Das Prinzip der sozialen Grundrechte und seine Verwirklichung im Recht der Bundesrepublik Deutschland, in: Der Staat 14 (1975), S. 17 – 48
Balzer, Ralph	Republikprinzip und Berufsbeamtentum, Berlin 2009 (zit.: *Balzer,* Republikprinzip und Berufsbeamtentum, S.)
Bamberger, Heinz Georg (Hrsg.)	Kommentar zum Bürgerlichen Gesetzbuch, Bd. 1: §§ 1 – 610, CISG, 3. Aufl., München 2012 (zit.: *Bearbeiter,* in: Bamberger, BGB I, §, Rn.)
Bayerlein, Walter (Red.)	Praxishandbuch Sachverständigenrecht, 4. Aufl., München 2008 (zit.: *Bearbeiter,* in: Bayerlein, Praxishandbuch Sachverständigenrecht, §, Rn.)
Benda, Ernst (Hrsg.)	Handbuch des Verfassungsrechts der Bundesrepublik Deutschland, 2. Aufl., Berlin 1994 (zit.: *Bearbeiter,* in: HbVerfR, §, Rn.)

Benz, Winfried — Beamtenverhältnis und Arbeitsverhältnis, Stuttgart 1969
(zit.: *Benz,* Beamtenverhältnis und Arbeitsverhältnis, S.)

Berber, Friedrich — Das Staatsideal im Wandel der Weltgeschichte, München 1973
(zit.: *Berber,* Das Staatsideal im Wandel der Weltgeschichte, S.)

Bettermann, Karl August / Nipperdey, Hans Carl (Hrsg.) — Die Grundrechte, Bd. 4, Halbbd. 2: Grundrechte und institutionelle Garantien, Berlin 1962
(zit.: *Bearbeiter,* in: Bettermann/Nipperdey, Grundrechte IV/2, S.)

Beutler, Wilhelm (Hrsg.) — Der Staat und die Verbände, Heidelberg 1957
(zit.: *Bearbeiter,* in: Beutler, Der Staat und die Verbände, S.)

Beyme, Klaus von — Der Gesetzgeber. Der Bundestag als Entscheidungszentrum, Opladen 1997
(zit.: *v. Beyme,* Der Gesetzgeber, S.)

Beyme, Klaus von — Interessengruppen in der Demokratie, 5. Aufl., München 1980
(zit.: *v. Beyme,* Interessengruppen in der Demokratie, S.)

Binder, Reinhart — Die "Öffentlichkeit" nach Art 42 Abs. 1 Satz 1, 44 Abs. 1 Satz 1 GG und das Recht der Massenmedien zur Berichterstattung, in: DVBl. 1985, S. 1112 – 1119

Bitterich, Klaus	Das grenzüberschreitende Interesse am Auftrag im primären Gemeinschaftsvergaberecht. Anm. zu EuGH, Urt. v. 13.11.2007 - C-507/03 - Kommission/Irland (An Post), in: EuZW 2008, S. 14 – 18
Böckenförde, Ernst-Wolfgang	Die Organisationsgewalt im Bereich der Regierung. Eine Untersuchung zum Staatsrecht der Bundesrepublik Deutschland, 2. Aufl., Berlin 1998 (zit.: *Böckenförde,* Organisationsgewalt, S.)
Böckenförde, Ernst-Wolfgang (Hrsg.)	Staat, Verfassung, Demokratie. Studien zur Verfassungstheorie und zum Verfassungsrecht, Frankfurt a.M. 1991 (zit: *Bearbeiter,* in: Böckenförde, Staat, Verfassung, Demokratie, S.)
Boesen, Arnold	Vergaberecht. Kommentar zum 4. Teil des GWB, Köln 2000 (zit.: *Boesen,* Vergaberecht, §, Rn.)
Braun, Stefan	Vereinbarkeit von Beamtenstatus und Rechtsanwaltszulassung?, in: DÖD 2008, S. 217 – 229
Brohm, Winfried	Die Dogmatik des Verwaltungsrechts vor den Gegenwartsaufgaben der Verwaltung, in: VVDStRL 30 (1972), 245 – 312
Brohm, Winfried	Sachverständige und Politik, Rechtsfragen der Beratung in der Wirtschafts- und Sozialpolitik der BRD, in: Festschrift für Ernst Forsthoff zum 70. Geburtstag, München 1972, S. 37 – 75

Bröhmer, Jürgen — Transparenz als Verfassungsprinzip. Grundgesetz und Europäische Union, Tübingen 2004
(zit.: *Bröhmer,* Transparenz als Verfassungsprinzip, S.)

Brugger, Winfried — Rechtsprobleme der Verweisung im Hinblick auf Publikation, Demokratie und Rechtsstaat, in: VerwArch 78 (1987), S. 1 – 44

Bryde, Brun-Otto — Geheimgesetzgebung - Zum Zustandekommen des Justizmitteilungsgesetzes und Gesetzes zur Änderung kostenrechtlicher Vorschriften und anderer Gesetze, in: JZ 1998, S. 115 – 120

Buck, Imme — Die Vergabe sogenannter nachrangiger Dienstleistungsaufträge, Frankfurt a.M. u.a. 2010
(zit.: *Buck,* Die Vergabe sog. nachrangiger Dienstleistungsaufträge, S.)

Burgi, Martin — Der Beliehene – ein Klassiker im modernen Verwaltungsrecht, in: Staat, Kirche, Verwaltung, Festschrift für Hartmut Maurer zum 70. Geburtstag, München 2001, S. 581 – 594

Butzer, Hermann — Der Bereich des schlichten Parlamentsbeschlusses. Ein Beitrag insbesondere zur Frage der Substitution des förmlichen Gesetzes durch schlichten Parlamentsbeschluß, in: AöR 119 (1994), S. 61 – 106

Byok, Jan
Jaeger, Wolfgang
(Hrsg.) — Kommentar zum Vergaberecht, 3. Aufl., Frankfurt 2011
(zit.: *Bearbeiter,* in: Byok/Jaeger, Vergaberecht,

§, Rn.)

Calliess, Christian
Ruffert, Matthias
(Hrsg.)

EUV, AEUV. Das Verfassungsrecht der Europäischen Union mit Europäischer Grundrechtecharta; Kommentar, 4. Aufl., München 2011

(zit.: *Bearbeiter,* in: Calliess/Ruffert, EUV/AEUV, Art., Rn.)

Clemens, Thomas

Die Verweisung von einer Rechtsnorm auf andere Vorschriften, in: AöR 111 (1986), S. 63 – 127

Contiades, Ion

Verfassungsgesetzliche Staatsstrukturbestimmungen, Stuttgart u.a. 1967

(zit.: *Contiades,* Verfassungsgesetzliche Staatsstrukturbestimmungen, S.)

Dagtoglou, Prodromos

Der Private in der Verwaltung als Fachmann und Interessenvertreter , Heidelberg 1964

(zit.: *Dagtoglou,* Der Private in der Verwaltung, S.)

Daub, Walter
Eberstein, Hans Hermann
(Hrsg.)

Kommentar zur VOL/A. Verdingungsordnung für Leistungen - ausgenommen Bauleistungen - Teil A Allgemeine Bestimmungen für die Vergabe von Leistungen unter Berücksichtigung der Vorschriften des GWB (vierter Teil) und der VgV ; Vergaberecht, Rechtsschutz, 5. Aufl., Düsseldorf 2000

(zit.: *Bearbeiter,* in: Daub/Eberstein, VOL/A, §, Rn.)

Dauses, Manfred (Hrsg.)	Handbuch des EU-Wirtschaftsrechts, 27. Erg.-Lfg., München 2010 (zit.: *Bearbeiter,* in: Dauses, EU-Wirtschaftsrecht, Teil, Rn.)
Degenhart, Christoph	Staatsrecht I – Staatsorganisationsrecht, 28. Aufl., Heidelberg 2012 (zit.: *Degenhart,* Staatsrecht I, Rn.)
Denecke, Johannes	Zum Begriff und Wesen des öffentlichen Dienstes, in: RdA 1955, S. 401 – 404
Denninger, Erhard	Verfassungsauftrag und gesetzgebende Gewalt, in: JZ 1966, S. 767 – 772
Deutsch, Erwin	Allgemeines Haftungsrecht, 2. Aufl., Köln u.a. 1996 (zit.: *Deutsch,* Allg. Haftungsrecht, Rn.)
Deutscher Bundestag und Bundesarchiv (Hrsg.)	Der Parlamentarische Rat 1948 – 1949. Akten und Protokolle, Bd. 2: Hauptausschuß, Teilbd. 2, München 2009 (zit.: Der Parlamentarische Rat, Bd. 14/2, S.)
Döbereiner, Walter	Die Bedürfnis-Prüfung bei der öffentlichen Bestellung von Sachverständigen, in: BB 1984, S. 1074 – 1076
Doehring, Karl	Das Staatsrecht der Bundesrepublik Deutschland unter besonderer Berücksichtigung der Rechtsvergleichung und des Völkerrechts, Frankfurt a.M. 1984

(zit.: *Doehring,* Staatsrecht, S.)

Dolzer, Rudolf — Das parlamentarische Regierungssystem und der Bundesrat – Entwicklungsstand und Reformbedarf, erster Bericht, in: VVDStRL 58 (1999), S. 7 – 34

Dolzer, Rudolf (Hrsg.) — Bonner Kommentar zum Grundgesetz, Bd. 5, Art. 20 – 21, 158. Erg.-Lfg, Heidelberg 2012
(zit.: *Bearbeiter,* in: BK V, Art., Rn.)

Dolzer, Rudolf (Hrsg.) — Bonner Kommentar zum Grundgesetz, Bd. 7, Art. 34 – 45, 158. Erg.-Lfg, Heidelberg 2012
(zit.: *Bearbeiter,* in: BK VII, Art., Rn.)

Dolzer, Rudolf (Hrsg.) — Bonner Kommentar zum Grundgesetz, Bd. 10, Art. 74 – 79, 158. Erg.-Lfg, Heidelberg 2012
(zit.: *Bearbeiter,* in: BK X, Art., Rn.)

Dolzer, Rudolf (Hrsg.) — Bonner Kommentar zum Grundgesetz, Bd. 11, Art. 80 – 88, 158. Erg.-Lfg, Heidelberg 2012
(zit.: *Bearbeiter,* in: BK XI, Art., Rn.)

Dreher, Meinrad — Vergaberechtsschutz unterhalb der Schwellenwerte, in: NZBau 2002, S. 419 – 430

Dreier, Horst — Dimensionen der Grundrechte. Von der Wertordnungsjudikatur zu den objektiv-rechtlichen Grundrechtsgehalten, Hannover 1993
(zit.: *Dreier,* Dimensionen der Grundrechte, S.)

Dreier, Horst (Hrsg.)	Grundgesetz. Kommentar, Bd. 1: Präambel, Art. 1 – 19, 2. Aufl. Tübingen 2004 (zit.: *Bearbeiter,* in: Dreier, GG I, Art., Rn.)
Dreier, Horst (Hrsg.)	Grundgesetz. Kommentar, Bd. 2: Art. 20 – 82, 2. Aufl. Tübingen 2006 (zit.: *Bearbeiter,* in: Dreier, GG II, Art., Rn.)
Dreier, Horst (Hrsg.)	Grundgesetz. Kommentar, Bd. 3: Art. 83 – 146, 2. Aufl. Tübingen 2008 (zit.: *Bearbeiter,* in: Dreier, GG III, Art., Rn.)
Dürig, Günter	Der Grundrechtssatz von der Menschenwürde. Entwurf eines praktikablen Wertsystems der Grundrechte aus GG Art 1 Abs 1 iVm Art 19 Abs 2, in: AöR 81 (1956), S. 117 - 157
Ehlers, Dirk (Hrsg.)	Europäische Grundrechte und Grundfreiheiten, 3. Aufl., Berlin 2009 (zit.: *Bearbeiter,* in: Ehlers, Europäische Grundrechte und Grundfreiheiten, §, Rn.)
Ehricke, Ulrich	Dynamische Verweise in EG-Richtlinien auf Regelungen privater Normungsgremien, in: EuZW 2002, S. 746 – 753
Ellwein, Thomas Hesse, Joachim Jens	Das Regierungssystem der Bundesrepublik Deutschland, 10. Aufl., Baden-Baden 2012 (zit.: *Ellwein/Hesse,* Das Regierungssystem der Bundesrepublik Deutschland , S.)

Emde, Ernst Thomas — Die demokratische Legitimation der funktionalen Selbstverwaltung, Eine verfassungsrechtliche Studie anhand der Kammern, der Sozialversicherungsträger und der Bundesanstalt für Arbeit, Berlin 1991
(zit.: *Emde,* Die demokratische Legitimation, S.)

Engel, Christoph — Eigentumsschutz für Unternehmen, in: AöR 118 (1993), S. 169 – 236

Epping, Volker
Hillgruber, Christian — Beck'scher Online-Kommentar. GG, 16. Edition, München 2012
(zit: *Bearbeiter,* in: BeckOK GG, Art.)

Feuerich, Wilhelm
Weyland, Dag — Bundesrechtsanwaltsordnung. Berufsordnung, Fachanwaltsordnung, Partnerschaftsgesellschaftsgesetz, Recht für Anwälte aus dem Gebiet der Europäischen Union, Patentanwaltsordnung ; Kommentar, 7. Aufl., München 2008
(zit.: *Bearbeiter,* in: Feuerich/Weyland, BRAO, §, Rn.)

Fiedler, Jürgen — Zur "Aufspaltung" von Gesetzentwürfen, in: ZRP 1977, S. 9 – 12

Filges, Axel — Gesetzgebungsoutsourcing - ein neues Berufsfeld für Rechtsanwälte?, in: BRAK-Mitt. 6/2010, S. 239 – 244

Fisahn, Andreas — Demokratie und Öffentlichkeitsbeteiligung, Tübingen 2002
(zit.: *Fisahn,* Demokratie und Öffentlichkeitsbeteiligung, S.)

Forsthoff, Ernst — Lehrbuch des Verwaltungsrechts, Bd. 1: Allgemeiner Teil, 10. Aufl., München u.a. 1973

(zit.: *Forsthoff,* Lehrbuch des Verwaltungsrechts, Bd. 1, S.)

Forsthoff, Ernst — Verfassungsrechtliche Prolegomena zu Art 33 Abs. 5 GG, in: DÖV 1951, S. 460 – 462

Frenz, Walter (Hrsg.) — Handbuch Europarecht, Bd. 1: Europäische Grundfreiheiten, Berlin u.a. 2004

(zit.: *Frenz,* Hb. Europarecht I, Kap., §, Rn.)

Friauf, Karl Heinrich — Zur Prüfungszuständigkeit des Bundespräsidenten, in: Einigkeit und Recht und Freiheit. Festschrift für Karl Carstens zum 70. Geburtstag am 14. Dezember 1984, Bd. 2: Staatsrecht, Köln u.a. 1984, S. 545 – 568

Friauf, Karl Heinrich (Hrsg.) — Berliner Kommentar zum Grundgesetz, Berlin 2000

(zit.: *Bearbeiter,* in: Friauf, Berliner Kommentar, Art., Rn.)

Friesenhahn, Ernst — Zum Prüfungsrecht des Bundespräsidenten, in: Die moderne Demokratie und ihr Recht. Festschrift für Gerhard Leibholz zum 65. Geburtstag, Bd. 2: Staats- und Verfassungsrecht, Tübingen 1966, S. 679 – 694

Gallwas, Hans-Ullrich — Verfassungsrechtliche Kompetenzregelungen - ungelöste Probleme des Vergaberechts, in: VergabeR 2001, S. 2 – 10

Goppel, Berhard | Die Rechtsstellung des Bundesrates und des bayerischen Senates bei der Gesetzesinitiative, Würzburg 1968
(zit.: *Goppel,* Die Rechtsstellung des Bundesrates, S.)

Grabenwarter, Christoph (Hrsg.) | Allgemeinheit der Grundrechte und Vielfalt der Gesellschaft, Stuttgart u.a. 1994
(zit.: *Bearbeiter,* in: Grabenwarter, Allgemeinheit der Grundrechte, S.)

Grabitz, Eberhard
Hilf, Meinhard
Nettesheim, Martin (Hrsg.) | Das Recht der Europäischen Union, EUV/EGV, 40. Erg.-Lfg., München 2009
(zit. *Bearbeiter,* in: Grabitz/Hilf, Das Recht der Europäischen Union, EUV/EGV, Art., Rn.)

Grabitz, Eberhard
Hilf, Meinhard
Nettesheim, Martin (Hrsg.) | Das Recht der Europäischen Union, Sekundärrecht, 40. Erg.-Lfg., München 2009
(zit. *Bearbeiter,* in: Grabitz/Hilf, Das Recht der Europäischen Union, Sekundärrecht, Teil, Rn.)

Grabitz, Eberhard
Hilf, Meinhard
Nettesheim, Martin (Hrsg.) | Das Recht der Europäischen Union, EUV/AEUV, 48. Erg.-Lfg., München 2012
(zit. *Grabitz/Hilf/Nettesheim,* Das Recht der Europäischen Union, EUV/AEUV, Art., Rn.)

Grau, Richard | Zum Gesetzentwurf über die Prüfung der Verfassungsmäßigkeit von Reichsgesetzen und Reichsverordnungen, in: AöR 50 (1926), S. 287 – 334

Grawert, Rolf | Verwaltungsabkommen zwischen Bund und Ländern in der Bundesrepublik Deutschland.

	Eine kritische Untersuchung der gegenwärtigen Staatspraxis mit einer Zusammenstellung der zwischen Bund und Ländern abgeschlossenen Abkommen, Berlin 1967 (zit.: *Grawert,* Verwaltungsabkommen zwischen Bund und Ländern, S.)
Grewe, Wilhelm	Zum Begriff der politischen Partei, in: Um Recht und Gerechtigkeit, Festgabe für Erich Kaufmann zu seinem 70. Geburtstage – 21. September 1950, S. 65 – 82
Günther, Norbert	Die Anpassung der Beamtenbesoldung an die allgemeinen wirtschaftlichen und finanziellen Verhältnisse, Berlin 1987 (zit.: *Günther,* Die Anpassung der Beamtenbesoldung, S.)
Häberle, Peter	Die Wesensgehaltgarantie des Art. 19 Abs. 2 GG, zugleich ein Beitrag zum institutionellen Verständnis der Grundrechte und zur Lehre vom Gesetzesvorbehalt, 3. Aufl., Karlsruhe 1983 (zit.: *Häberle,* Die Wesensgehaltgarantie des Art. 19 Abs. 2 GG, S.)
Häberle, Peter	Grundrechte im Leistungsstaat, in: VVDStRL 30 (1972), S. 43 – 131
Habermas, Jürgen	Technik und Wissenschaft als Ideologie, 7. Aufl., Frankfurt a.M. 1974 (zit.: *Habermas,* Technik und Wissenschaft als Ideologie, S.)

Hattig, Oliver
Ruhland, Bettina

Die Rechtsfigur der Dienstleistungskonzession, in: NZBau 2005, S. 626 – 630

Hebeler, Timo

Ist der Gesetzgeber verpflichtet, Gesetze zu begründen? – Grundsätzliche Überlegungen anlässlich des Bundesverfassungsgerichtsurteils zur Leistungsgestaltung im SGB II –, in: DÖV 2010, S. 754 – 762

Heiermann, Wolfgang (Hrsg.)

Vergaberecht, 3. Aufl., Saarbrücken 2011

(zit.: *Bearbeiter,* in: Heiermann, Vergaberecht, § 5 VgV, Rn.)

Heiermann, Wolfgang (Hrsg.)

Handkommentar zur VOB, 12. Aufl., Wiesbaden 2011

(zit.: *Bearbeiter,* in: Heiermann, VOB/A, §, Rn.)

Heller, Hermann

Gesammelte Schriften, Band 1, Orientierung und Entscheidung, 2. Aufl., Tübingen 1992

(zit.: *Heller,* Gesammelte Schriften I, S.)

Henckel, Wolfram

Vom Gerechtigkeitswert verfahrensrechtlicher Normen, Göttingen 1966

(zit.: *Henckel,* Vom Gerechtigkeitswert verfahrensrechtlicher Normen, S.)

Henssler, Martin (Hrsg.)

Bundesrechtsanwaltsordnung. Mit Rechtsanwaltsprüfungsgesetz, EuRAG, Eignungsprüfungsverordnung, Berufs- und Fachanwaltsordnung, Rechtsberatungsgesetz, Partnerschaftsgesellschaftsgesetz und CCBE-Berufsregeln ; Kommentar, 2. Aufl., München 2004

(zit.: *Bearbeiter,* in: Henssler, BRAO, §, Rn.)

Herrmann, Christoph — Richtlinienumsetzung durch die Rechtsprechung, Berlin 2003
(zit.: *Herrmann,* Richtlinienumsetzung, S.)

Herrmann, Klaus — Staatssekretäre ohne Beamtenverhältnis - organisationsrechtlicher Pragmatismus oder Verstoß gegen Art. 33 Abs. 4 und 5 GG, in: VerwArch 2010, S. 377 – 398

Hertwig, Stefan — Praxis der öffentlichen Auftragsvergabe, 4. Aufl., München 2009
(zit.: *Hertwig,* Praxis der öffentlichen Auftragsvergabe, Rn.)

Hertwig, Stefan — Das neue Vergaberecht ist komplett. Zur Neufassung der Vergabeverordnung, in: DStR 2001, S. 172 – 174

Herzog, Roman — Entscheidung und Gegenzeichnung, in: Festschrift für Gebhard Müller. Zum 70. Geburtstag des Präsidenten des Bundesverfassungsgerichts, Tübingen 1970, S. 117 – 139

Herzog, Roman — Bundespräsident und Bundesverfassungsgericht, in: Festschrift für Karl Carstens zum 70. Geburtstag am 14. Dezember 1984, Bd. 2: Staatsrecht, Köln u.a. 1984, S.601 – 611

Herzog, Roman — Allgemeine Staatslehre, Frankfurt a.M. 1971
(zit.: *Herzog,* Allgemeine Staatslehre, S.)

Hesse, Konrad — Grundzüge des Verfassungsrecht der Bundesrepublik Deutschland, 20. Aufl., Heidelberg 1999 (zit.: *Hesse,* Grundzüge, Rn.)

Hesse, Konrad — Der Rechtsstaat im Verfassungssystem des Grundgesetzes, in: Staatsverfassung und Kirchenordnung, Festgabe für Rudolf Smend zum 80. Geburtstag am 15. Januar 1962, Tübingen 1962, S. 71 – 95

Hesse, Konrad — Bestand und Bedeutung der Grundrechte in der Bundesrepublik Deutschland, in: EuGRZ 1978, S. 427 – 438

Heun, Werner; Honecker, Martin; Morlok, Martin; Wieland, Joachim — Evangelisches Staatslexikon, Stuttgart 2006 (zit.: *Bearbeiter,* in: Heun/Honecker/Morlok/Wieland, S.)

Hillgruber, Christian; Goos, Christoph — Verfassungsprozessrecht, 3. Aufl., Heidelberg 2011 (zit.: *Hillgruber/Goos,* Verfassungsprozessrecht)

Hipp, Dietmar; Reiermann, Christian; Rosenbach, Marcel; Schmid, Barbara; Wassermann, Andreas — Die Gesetzesflüsterer, in: Der Spiegel 34/2009, S. 68 – 82

Hirsch, Joachim — Die öffentlichen Funktionen der Gewerkschaf-

ten. Eine Untersuchung zur Autonomie sozialer Verbände in der modernen Verfassungsordnung, Stuttgart 1966
(zit.: *Hirsch,* Die öffentlichen Funktionen der Gewerkschaften, S.)

Hirschberg, Lothar — Der Grundsatz der Verhältnismäßigkeit, Göttingen 1981
(zit.: *Hirschberg,* Der Grundsatz der Verhältnismäßigkeit, S.)

Hopt, Klaus — Rechtssoziologische und rechtsinformatorische Aspekte im Wirtschaftsrecht, in: BB 1972, S. 1017 – 1024

Horn, Lutz
Graef, Andreas — Vergaberechtliche Sekundäransprüche. Die Ansprüche aus §§ 125, 126 GWB und dem BGB, in: NZBau 2005, S. 505 – 508

Huber, Peter — Der Schutz des Bieters im öffentlichen Auftragswesen unterhalb der sog Schwellenwerte, in: JZ 2000, S. 877 – 882

Hübner, Alexander — Anwendung der Grundsätze aus Art. 43 und 49 EG auf Aufträge über nicht prioritäre Dienstleistungen, Anmerkung zu EuGH, Urt. v. 13.11.2007, Rs. C-507/03 (An Post), in: VergabeR 2008, S. 58 – 61

Huerkamp, Florian — Gleichbehandlung und Transparenz als gemeinschaftsrechtliche Prinzipien der staatlichen Auftragsvergabe, Tübingen 2010
(zit.: *Huerkamp,* Gleichbehandlung und Transparenz, S.)

Ilbertz, Wilhelm — Nebentätigkeit im öffentlichen Dienst des Bundes, der Ländern und Kommunen, Berlin 2008
(zit.: *Ilbertz,* Nebentätigkeit, S.)

Immenga, Ulrich
Mestmäcker, Ernst-Joachim
(Hrsg.) — Wettbewerbsrecht, Band 2 – GWB, 4. Aufl., München 2007
(zit.: *Bearbeiter,* in: Immenga/Mestmäcker, GWB, §, Rn.)

Ingenstau, Heinz
Korbion, Hermann — VOB, Teile A und B – Kommentar, 17. Aufl., Köln 2010
(zit: *Bearbeiter,* in: Ingenstau/Korbion, VOB, §, Rn.)

Ipsen, Hans Peter — Europäisches Gemeinschaftsrecht, Tübingen 1972
(zit.: *Ipsen,* Europäisches Gemeinschaftsrecht, S.)

Ipsen, Jörn — Staatsrecht, Bd. 1: Staatsorganisationsrecht, 23. Aufl., Neuwied u.a. 2011
(zit.: *Ipsen,* Staatsrecht I, Rn.)

Irmer, Wolfram — Sekundärrechtsschutz und Schadensersatz im Vergaberecht. Die Notwendigkeit der Neuordnung des Primär- und Sekundärrechtsschutzes im Vergaberecht, Frankfurt a.M. u.a. 2004
(zit.: *Irmer,* Sekundärrechtsschutz, S.)

Isensee, Josef — Beamtenstreik. Zur rechtlichen Zulässigkeit des Dienstkampfes, Bonn-Bad Godesberg 1971
(zit.: *Isensee,* Beamtenstreik, S.)

Isensee, Josef Kirchhof, Paul (Hrsg.)	Handbuch des Staatsrechts, Bd. 2: Demokratische Willensbildung – die Staatsorgane des Bundes, 2. Aufl., Heidelberg 1998 (zit.: *Bearbeiter,* in: Isensee/Kirchhof, HStR, II², §, Rn.)
Isensee, Josef Kirchhof, Paul (Hrsg.)	Handbuch des Staatsrechts, Bd. 2: Verfassungsstaat, 3. Aufl., Heidelberg 2004 (zit.: *Bearbeiter,* in: Isensee/Kirchhof, HStR, II³, §, Rn.)
Isensee, Josef Kirchhof, Paul (Hrsg.)	Handbuch des Staatsrechts, Bd. 3: Demokratie – Bundesorgane, 3. Aufl., Heidelberg 2005 (zit.: *Bearbeiter,* in: Isensee/Kirchhof, HStR, III³, §, Rn.)
Isensee, Josef Kirchhof, Paul (Hrsg.)	Handbuch des Staatsrechts, Bd. 5: Rechtsquellen, Organisation, Finanzen, 3. Aufl., Heidelberg 2007 (zit.: *Bearbeiter,* in: Isensee/Kirchhof, HStR, V³, §, Rn.)
Isensee, Josef Kirchhof, Paul (Hrsg.)	Handbuch des Staatsrechts, Bd. 8: Grundrechte: Wirtschaft, Verfahren, Gleichheit, 3. Auflage, Heidelberg 2001 (zit.: *Bearbeiter,* in: Isensee/Kirchhof, HStR, VIII³, §, Rn.)
Jacobi, Erwin	Grundlehren des Arbeitsrechts, Leipzig 1927 (zit.: *Jacobi,* Grundlehren des Arbeitsrechts, S.)
Jarass, Hans	Grundrechte als Wertentscheidungen bzw. objektivrechtliche Prinzipien in der Rechtspre-

chung des Bundesverfassungsgerichts, in: AöR 110 (1985), S. 363 – 397

Jarass, Hans
Pieroth, Bodo
Grundgesetz für die Bundesrepublik Deutschland – Kommentar, 12. Aufl., München 2012

(zit.: *Bearbeiter,* in: Jarass/Pieroth, GG, Art., Rn.)

Jekewitz, Jürgen
Der Grundsatz der Diskontinuität der Parlamentsarbeit im Staatsrecht der Neuzeit und seine Bedeutung unter der parlamentarischen Demokratie des Grundgesetzes, Berlin 1977

(zit.: *Jekewitz,* Der Grundsatz der Diskontinuität, S.)

Jellinek, Georg
Gesetz und Verordnung. Staatsrechtliche Untersuchungen auf rechtsgeschichtlicher und rechtsvergleichender Grundlage, Neudr. d. Aufl. Freiburg 1887, Aalen 1964

(zit.: *Jellinek,* Gesetz und Verordnung, S.)

Jellinek, Georg
Allgemeine Staatslehre, 3. Aufl., Berlin 1922

(zit.: *Jellinek,* Allgemeine Staatslehre, S.)

Jellinek, Georg
System der subjektiven öffentlichen Rechte, 2. unveränd. Nachdr. d. 2. Aufl. Tübingen 1905, Darmstadt 1963

(zit.: *Jellinek,* System der subjektiven öffentlichen Rechte, S.)

Jestaedt, Matthias
Demokratieprinzip und Kondominialverwaltung. Entscheidungsteilhabe Privater an der öffentlichen Verwaltung auf dem Prüfstand des

Verfassungsprinzips Demokratie, Berlin 1993

(zit.: *Jestaedt*, Demokratieprinzip und Kondominialverwaltung, S.)

Jung, Jörg — Die Zweispurigkeit des Öffentlichen Dienstes. Eine Untersuchung über die Veränderungen der Personalstruktur im Öffentlichen Dienst und die Verankerung des Berufsbeamtentums im Grundgesetz, Berlin 1971

(zit.: *Jung,* Die Zweispurigkeit des Öffentlichen Dienstes, S.)

Kaiser, Joseph Heinrich — Die Repräsentation organisierter Interessen, Berlin 1956

(zit.: *Kaiser,* Die Repräsentation organisierter Interessen, S.)

Kalkbrenner, Helmut — Verfassungsauftrag und Verpflichtung des Gesetzgebers, in: DÖV 1963, S. 41 – 51

Kapellmann, Klaus
Messerschmidt, Burkhard — VOB Teile A und B, 3. Aufl., München 2010

(zit.: *Bearbeiter,* in: Kapellmann/Messerschmidt, VOB Teile A und B, §, Rn.)

Karpen, Hans-Ulrich — Die Verweisung als Mittel der Gesetzgebungstechnik , Berlin 1970

(zit.: *Karpen,* Die Verweisung als Mittel der Gesetzgebungstechnik, S.)

Karpen, Ulrich — Gesetzgebungs-, Verwaltungs- und Rechtsprechungslehre, Baden-Baden 1989

(zit.: *Karpen,* Gesetzgebungs-, Verwaltungs-

und Rechtsprechungslehre, S.)

Karpen, Ulrich — Gesetzesgestaltung und Gesetzesanwendung im Leistungsrecht, in: NJW 1988, S. 2512 – 2521

Katzenstein, Dietrich — Rechtliche Erscheinungsformen der Machtverschiebung zwischen Bund und Ländern seit 1949, in: DÖV 1958, S. 593 – 604

Kellner, Martin — Die Fortbildungspflicht der Rechtsanwälte und Fachanwälte, in: NJW 2002, S. 1372 – 1376

Kirchhof, Ferdinand — Private Rechtsetzung, Berlin 1987
(zit.: *F. Kirchhof,* Private Rechtsetzung, S.)

Kirchhof, Paul — Der Begriff der hoheitlichen Befugnisse in Artikel 33 Absatz IV des Grundgesetzes, München 1968
(zit.: *P. Kirchhof,* Der Begriff der hoheitlichen Befugnisse, S.)

Kißler, Leo — Die Öffentlichkeitsfunktion des Deutschen Bundestages, Berlin 1976
(zit.: *Kißler,* Die Öffentlichkeitsfunktion, S.)

Klein, Friedrich — Zur rechtlichen Verbindlichkeit von Bundestagsbeschlüssen - BVerwGE 12, 16, in: JuS 1964, S. 181 – 190

Kleine-Cosack, Michael (Hrsg.) — Bundesrechtsanwaltsordnung. Mit Berufs- und Fachanwaltsordnung ; Kommentar, 5. Aufl.,

München 2008
(zit.: *Bearbeiter,* in: Kleine-Cosack, BRAO, §, Rn.)

Kloepfer Michael (Hrsg.) | Gesetzgebungsoutsourcing – Gesetzgebung durch Rechtsanwälte? Baden-Baden 2011
(zit.: *Bearbeiter,* in: Kloepfer, Gesetzgebungs-outsourcing, S.)

Kloepfer, Michael | Gesetzgebungsoutsourcing – Die Erstellung von Gesetzentwürfen durch Rechtsanwälte, in: NJW 2011, S. 131 – 134

Knauff, Matthias | Das Kaskadensystem im Vergaberecht - ein Regelungsmodell mit Zukunft?, in: NZBau 2010, S. 657 – 662

Knöbl, Jan | Rechtsschutz bei der Vergabe öffentlicher Aufträge unterhalb der Schwellenwerte, Berlin 2009
(zit.: *Knöbl,* Rechtsschutz bei der Vergabe öffentlicher Aufträge unterhalb der Schwellenwerte, S.)

Krepold, Hans-Michael | Der öffentlich-rechtliche Beauftragte. Erscheinungsformen, Rechtsfigur, Definition, verfassungsrechtliche Einbindung und bisherige Erfahrungen, Augsburg 1992
(zit.: *Krepold,* Der öffentlich-rechtliche Beauftragte, S.)

Kriele, Martin | Das demokratische Prinzip im Grundgesetz, in: VVDStRL 29 (1971), S. 46 – 84

Kriele, Martin | Einführung in die Staatslehre. Die geschichtlichen Legitimitätsgrundlagen des demokratischen Verfassungsstaates, 6. Aufl., Stuttgart u.a. 2003
(zit.: *Kriele,* Einführung in die Staatslehre, S.)

Kröger, Klaus | Die Ministerverantwortlichkeit in der Verfassungsordnung der Bundesrepublik Deutschland, Frankfurt a.M. 1972
(zit.: *Kröger,* Ministerverantwortlichkeit, S.)

Krüger, Jürgen | Wissenschaftliche Beratung und sozialpolitische Praxis. Die Relevanz wissenschaftlicher Politikberatung für die Reformversuche um die gesetzliche Krankenversicherung ; mit einem Anhang: Zum Sachverständigenbericht "Mitbestimmung im Unternehmen" (1970), Stuttgart 1975
(zit.: *Krüger,* Wissenschaftliche Beratung und sozialpolitische Praxis, S.)

Krüper, Julian | Lawfirm - legibus solutus? Legitimität und Rationalität des inneren Gesetzgebungsverfahrens und das "Outsourcing" von Gesetzentwürfen, in: JZ 2010, S. 655 – 662

Kruse, Julia | Der öffentlich-rechtliche Beauftragte: ein Beitrag zur Systematisierung *der* deutschen Variante des Ombudsmannes, Berlin 2007
(zit.: *Kruse,* Der öffentlich-rechtliche Beauftragte, S.)

Kühn, Hermann | Die Entwicklung der Kompetenzen des Bundesrates, Göttingen 1954
(zit.: *Kühn,* Die Entwicklung der Kompetenzen

des Bundesrates, S.)

Kümmel, Wilhelm | Der Begriff des öffentlichen Dienstes im Beamten-, Besoldungs- und Tarifrecht, in: RiA 1954, S. 64 – 67

Kulartz, Hans-Peter (Hrsg.) | Kommentar zur VOL/A, 2. Aufl., Köln 2011 (zit.: *Bearbeiter,* in: Kulartz, VOL/A, §, Rn.)

Kulartz, Hans-Peter (Hrsg.) | Kommentar zum GWB-Vergaberecht, 2. Aufl., Köln 2009 (zit.: *Bearbeiter,* in: Kulartz, GWB, §, Rn.)

Lackner / Kühl, Kristian (Hrsg.) | Strafgesetzbuch – Kommentar, 27. Aufl., München 2011 (zit.: *Bearbeiter,* in: Lackner/Kühl, StGB, §, Rn.)

Lamb, Irene | Kooperative Gesetzeskonkretisierung. Verfahren zur Erarbeitung von Umwelt- und Technikstandards, Baden-Baden 1995 (zit.: *Lamb,* Kooperative Gesetzeskonkretisierung, S.)

Lampe-Helbig, Gudrun / Wörmann, Klaus | Handbuch der Bauvergabe. Verfahren, Überprüfung, Schadensersatz, 2. Aufl., München 1995 (zit.: *Lampe-Helbig/Wörmann,* Hb. der Bauvergabe, Rn.)

Lange, Max | Politische Soziologie, 2. Aufl., Berlin 1964 (zit.: *Lange,* Politische Soziologie, S.)

Langen, Eugen
Bunte, Hermann-Josef
(Hrsg.)

Kommentar zum deutschen und europäischen Kartellrecht, Bd. 1: Deutsches Kartellrecht, 11. Aufl., Köln 2011

(zit.: *Bearbeiter,* in: Langen/Bunte, KartR I, §, Rn.)

Larenz, Karl
Wolf, Manfred

Allgemeiner Teil des Bürgerlichen Rechts, 9. Aufl., München 2004

(zit.: *Larenz/Wolf,* Allgemeiner Teil des BGB, S.)

Laufer, Heinz
Münch, Ursula

Das föderative System der Bundesrepublik Deutschland, Opladen 1998

(zit.: *Laufer/Münch,* Das föderative System, S.)

Leibholz, Gerhard
v. Mangoldt, Hermann

Jahrbuch des öffentlichen Rechts der Gegenwart, neue Folge, Band 1, Tübingen 1951

(zit.: *Bearbeiter*, in: Leibholz/v. Mangoldt, JöR n.F. 1 (1951), S.)

Leinemann, Ralf

Die Vergabe öffentlicher Aufträge, 4. Aufl., Köln 2007

(zit.: *Leinemann,* Die Vergabe öffentlicher Aufträge, Rn.)

Leisner, Walter

Öffentlichkeitsarbeit der Regierung im Rechtsstaat. Dargestellt am Beispiel des Presse- und Informationsamtes der Bundesregierung, Berlin 1966

(zit.: *Leisner*, Öffentlichkeitsarbeit, S.)

Leisner, Walter

Das Berufsbeamtentum im demokratischen Staat. Beiträge zum Dienstrecht und zur Dienst-

(Hrsg.) rechtsreform, Berlin 1975
(zit.: *Bearbeiter,* in: Leisner, Berufsbeamtentum, S.)

Lerche, Peter — Das Bundesverfassungsgericht und die Verfassungsdirektiven. Zu den "nicht erfüllten Gesetzgebungsaufträgen", in: AöR 90 (1965), S. 341 – 372

Lerche, Peter — Verbeamtung als Verfassungsauftrag? Rechtsgutachten zu Verfassungsfragen des öffentlichen Dienstes, insbesondere zur Frage, ob das Grundgesetz die Verbeamtung der dienstordnungsmäßig angestellten Personen bei den gewerblichen und landwirtschaftlichen Berufsgenossen fordert und in welcher Weise diese Forderung gegebenenfalls zu realisieren ist, Bonn-Bad Godesberg 1973
(zit.: *Lerche,* Verbeamtung als Verfassungsauftrag, S.)

Lewinski, Kai von — Anwaltliches Berufsrecht und Mandatsvertrag, in: JuS 2004, S. 396 – 401

Loewenheim, Ulrich / Meessen, Karl / Riesenkampff, Alexander (Hrsg.) — Kartellrecht, 2. Aufl., München 2009
(zit.: *Bearbeiter,* in: Loewenheim/Meessen/Riesenkampff, Kartellrecht, §, Rn.)

Lompe, Klaus / Rass, Hans-Heinrich / Rehfeld, Dieter — Enquete-Kommissionen und Royal Commissions. Beispiele wiss. Politikberatung in d. BRD u. in Grossbritannien, Göttingen 1981
(zit.: *Lompe/Rass/Rehfeld,* Enquete-Kommissionen und Royal Commissions, S.)

Looschelders, Dirk — Schuldrecht, Bd. 2: Besonderer Teil, 7. Aufl., Köln u.a. 2012

(zit.: *Looschelders,* Schuldrecht BT, §, Rn.)

Lorz, Ralph Alexander — Interorganrespekt im Verfassungsrecht. Funktionenzuordnung, Rücksichtnahmegebote und Kooperationsverpflichtungen ; eine rechtsvergleichende Analyse anhand der Verfassungssysteme der Bundesrepublik Deutschland, der Europäischen Union und der Vereinigten Staaten, Tübingen 2001

(zit.: *Lorz,* Interorganrespekt im Verfassungsrecht, S.)

Lücke, Jörg — Soziale Grundrechte als Staatszielbestimmungen und Gesetzgebungsaufträge, in: AöR 107 (1982), S. 15 – 60

Luhmann, Niklas — Legitimation durch Verfahren, Neuwied a. R. 1969

(zit.: *Luhmann,* Legitimation durch Verfahren, S.)

Maihofer, Werner (Hrsg.) — Theorie und Methoden der Gesetzgebung. Kolloquium d. Deutschen und Schwedischen Gesellschaften für Rechtsvergleichung in Freiburg vom 28. - 31. März 1982, Frankfurt a.M. 1983

(zit.: *Bearbeiter,* in: Maihofer, Theorie und Methoden der Gesetzgebung, S.)

Mangoldt, Hermann von; Klein, Friedrich; Starck, Christian — Kommentar zum Grundgesetz, Bd. 1: Präambel, Art. 1 – 19, 6. Aufl., München 2010

(zit.: *Bearbeiter,* in: v. Mangoldt/Klein/Starck, GG I, Art., Rn.)

(Hrsg.)

Mangoldt, Hermann von
Klein, Friedrich
Starck, Christian
(Hrsg.)
Kommentar zum Grundgesetz, Bd. 2: Art. 20 – 82, 6. Aufl., München 2010
(zit.: *Bearbeiter,* in: v. Mangoldt/Klein/Starck, GG II, Art., Rn.)

Mangoldt, Hermann von
Klein, Friedrich
Starck, Christian
(Hrsg.)
Kommentar zum Grundgesetz, Bd. 3: Art. 83 – 146, 6. Aufl., München 2010
(zit.: *Bearbeiter,* in: v. Mangoldt/Klein/Starck, GG III, Art., Rn.)

Marx, Fridhelm
Verlängerung bestehender Verträge und Vergaberecht, in: NZBau 2002, S. 311 – 315

Maunz, Theodor
Dürig, Günter
(Begr.)
Grundgesetz – Kommentar, Bd. 1: Texte, Art. 1 – 5, 66. Erg.-Lfg., München 2012
(zit.: *Bearbeiter,* in: Maunz/Dürig, GG I, Art., Rn.)

Maunz, Theodor
Dürig, Günter
(Begr.)
Grundgesetz – Kommentar, Bd. 3: Art. 16 – 22, 66. Erg.-Lfg., München 2012
(zit.: *Bearbeiter,* in: Maunz/Dürig, GG III, Art., Rn.)

Maunz, Theodor
Dürig, Günter
(Begr.)
Grundgesetz – Kommentar, Bd. 4: Art. 23 – 53a, 66. Erg.-Lfg., München 2012
(zit.: *Bearbeiter,* in: Maunz/Dürig, GG IV, Art., Rn.)

Maunz, Theodor
Dürig, Günter
Grundgesetz – Kommentar, Bd. 5: Art. 54 – 85, 66. Erg.-Lfg., München 2012
(zit.: *Bearbeiter,* in: Maunz/Dürig, GG V, Art.,

(Begr.) Rn.)

Maunz, Theodor
Schmidt-Bleibtreu, Bruno
Klein, Franz
Bethge, Herbert
(Hrsg.)
Bundesverfassungsgerichtsgesetz – Kommentar, Bd. 1, 38. Erg.-Lfg., München 2012
(zit.: *Bearbeiter,* in: Maunz/Schmidt-Bleibtreu/Klein/Bethge, BVerfGG I, §, Rn.)

Maunz, Theodor
Schmidt-Bleibtreu, Bruno
Klein, Franz
Bethge, Herbert
(Hrsg.)
Bundesverfassungsgerichtsgesetz – Kommentar, Bd. 2, 38. Erg.-Lfg., München 2012
(zit.: *Bearbeiter,* in: Maunz/Schmidt-Bleibtreu/Klein/Bethge, BVerfGG II, §, Rn.)

Medicus, Dieter
Schuldrecht, Bd. 2: Besonderer Teil, 16. Aufl., München 2012
(zit.: *Medicus,* Schuldrecht II, §, Rn.)

Mehde, Veith
Die Ministerverantwortlichkeit nach dem Grundgesetz. Dogmatischer Kernbestand und aktuelle Herausforderungen, in: DVBl. 2001, S. 13 – 19

Meßling, Miriam
Grundrechtsschutz durch Gesetzgebungsverfahren, in: Grundrechte und Solidarität, Festschrift für Renate Jaeger, Kehl am Rhein 2011, S. 787 – 821

Meyer-Cording, Ulrich
Die Rechtsnormen, Tübingen 1971
(zit.: *Meyer-Cording,* Rechtsnormen, S.)

Michael, Lothar	Die drei Argumentationsstrukturen des Grundsatzes der Verhältnismäßigkeit - Zur Dogmatik des Über- und Untermaßverbotes und der Gleichheitssätze, in: JuS 2001, S. 148 – 155
Michael, Lothar Morlok, Martin	Grundrechte, 3. Aufl., Baden-Baden 2012 (zit.: *Michael/Morlok,* Grundrechte, Rn.)
Mosler, Hermann	Die auswärtige Gewalt im Verfassungssystem der Bundesrepublik Deutschland, in: Völkerrechtliche und Staatsrechtliche Abhandlungen, Festschrift für Carl Bilfinger zum 75. Geburtstag am 21. Januar 1954, Köln 1954, S. 243 – 299
Motzke, Gerd Pietzcker, Jost Prieß, Hans-Joachim (Hrsg.)	Beck'scher VOB-Kommentar. Verdingungsordnung für Bauleistungen Teil A, München 2001 (zit.: *Bearbeiter,* in: Motzke/Pietzcker/Prieß, VOB Teil A, §, Rn.)
Müller, Richard	Der Bestandsschutz des Unterhaltsrechts der Beamten im Grundgesetz. Zugleich ein Beitrag zu den beamtenrechtlichen Treuepflichten, Berlin 1997 (zit.: *R. Müller,* Der Bestandsschutz des Unterhaltsrechts, S.)
Müller-Foell, Martina	Die Bedeutung technischer Normen für die Konkretisierung von Rechtsvorschriften, Heidelberg 1987 (zit.: *Müller-Foell,* Die Bedeutung technischer Normen für die Konkretisierung von Rechtsvorschriften, S.)

Müller-Wrede, Malte (Hrsg.) — Vergabe- und Vertragsordnung für Leistungen - VOL/A. Kommentar, 3. Aufl., Köln 2010
(zit.: *Bearbeiter,* in: Müller-Wrede, VOL/A, §, Rn.)

Müller-Wrede, Malte (Hrsg.) — Verdingungsordnung für freiberufliche Leistungen (VOF). Kommentar zur Auftragsvergabe und zum Rechtsschutzverfahren, Düsseldorf 1999
(zit.: *Bearbeiter,* in: Müller-Wrede, VOF, §, Rn.)

Münch, Ingo von
Kunig, Philip (Hrsg.) — Grundgesetz-Kommentar, Bd. 2: Art. 20 – 69, 5. Aufl., München 2001
(zit.: *Bearbeiter,* in: v. Münch/Kunig, GG II, Art., Rn.)

Münch, Ingo von
Kunig, Philip (Hrsg.) — Grundgesetz-Kommentar, Bd. 3: Art. 70 – 146 und Gesamtregister, 4./5. Aufl., München 2003
(zit.: *Bearbeiter,* in: v. Münch/Kunig, GG III, Art., Rn.)

Nicklisch, Fritz — Sachkunde, Neutralität und Unabhängigkeit technischer Sachverständiger und Sachverständigenorganisationen – am Beispiel des Kraftfahrzeugwesens –, in: BB 1981, S. 1653 – 1664

Nierhaus, Michael — Entscheidung Präsidialakt und Gegenzeichnung. Ein Beitrag zur verfassungsrechtlichen Stellung des Bundespräsidenten im System des Grundgesetzes, München 1973
(zit.: *Nierhaus,* Entscheidung, S.)

Otto, Volker — Das Staatsverständnis des Parlamentarischen Rates. Ein Beitrag zur Entstehungsgeschichte des Grundgesetzes für die Bundesrepublik Deutschland, Bonn-Bad Godesberg 1971
(zit.: *Otto,* Staatsverständnis, S.)

Palandt, Otto (Begr.) — Bürgerliches Gesetzbuch, 71. Aufl., München 2012
(zit.: *Bearbeiter,* in: Palandt, BGB, §, Rn.)

Pannhausen, Rainer — Das Alimentationsprinzip im Beamtenrecht, Regensburg 1978
(zit.: *Pannhausen,* Das Alimentationsprinzip im Beamtenrecht, S.)

Papier, Hans-Jürgen — Bedeutung der Verwaltungsvorschriften im Recht der Technik, in: Festschrift für Rudolf Lukes zum 65. Geburtstag, Köln u.a. 1989, S. 159 – 168

Papier, Hans-Jürgen — Versagung der Nebentätigkeitsgenehmigung aus arbeitsmarktpolitischen Gründen, in: DÖV 1984, S. 536 – 541

Pieroth, Bodo; Schlink, Bernhard — Grundrechte, 28. Aufl., Heidelberg 2012
(zit.: *Pieroth/Schlink,* Grundrechte, Rn.)

Pietzcker, Jost — Die Zweiteilung des Vergaberechts. Subjektive Rechte - Rechtsschutz – Reform, Baden-Baden 2001
(zit.: *Pietzcker,* Die Zweiteilung des Vergaberechts, S.)

Pietzcker, Jost — Änderungen des Rechtsschutzes bei der Auftragsvergabe, in: Rechtsstaat zwischen Sozialgestaltung und Rechtsschutz, Festschrift für Konrad Redeker zum 70. Geburtstag, München 1993, S. 501 – 514

Pietzcker, Jost — Defizite beim Vergaberechtsschutz unterhalb der Schwellenwerte?, in: NJW 2005, S. 2881 – 2884

Priddat, Birger — Politik unter Einfluss. Netzwerke, Öffentlichkeiten, Beratungen, Lobby, Wiesbaden 2009

(zit.: *Priddat,* Politik unter Einfluss, S.)

Prieß, Hans-Joachim; Niestedt, Marian — Rechtsschutz im Vergaberecht. Praxishandbuch für den Rechtsschutz bei der Vergabe öffentlicher Aufträge oberhalb und unterhalb der EG-Schwellenwerte, Köln u.a. 2006

(zit.: *Prieß/Niestedt,* Rechtsschutz im Vergaberecht, S.)

Pünder, Hermann; Schellenberg, Martin (Hrsg.) — Vergaberecht – Handkommentar, Baden-Baden 2011

(zit.: *Bearbeiter,* in: Pünder/Schellenberg, Vergaberecht, §, Rn.)

Püttner, Günter — Zur Neutralitätspflicht der Beamten, in: Öffentlicher Dienst, Festschrift für Carl Hermann Ule zum 70. Geburtstag am 26. Februar 1977, Köln u.a. 1977, S 383 – 398

Quaritsch, Helmut — Die wissenschaftlichen Dienste des Bundestages, in: Festschrift für Ernst Forsthoff zum 70.

Geburtstag, München 1972, S. 303 – 324

Radbruch, Gustav — Rechtsphilosophie, 8. Aufl., Stuttgart 1973
(zit.: *Radbruch,* Rechtsphilosophie, S.)

Radbruch, Gustav — Vorschule der Rechtsphilosophie, 2. Aufl., Göttingen 1959
(zit.: Vorschule der Rechtsphilosophie, §)

Rau, Johannes — Vom Gesetzesprüfungsrecht des Bundespräsidenten, in: DVBl. 2004, S. 1 – 8

Reicherzer, Max — Authentische Gesetzgebung. Gesetzesvorbereitende Vereinbarungen mit Umsetzungsgesetz auf dem Prüfstand des Grundgesetzes, Berlin 2006
(zit.: *Reicherzer,* Authentische Gesetzgebung, S.)

Reihlen, Helmut
Lehmann, Klaus — Europäische Normung und Umweltschutz, in: Umwelt. Politik, Technik, Recht; Heinrich von Lersner zum 60. Geburtstag, Berlin 1990, S. 319 – 325

Remus, Dieter — Präsidialverfassung und gesetzlicher Richter. Zur Entwicklung des Begriffs des gesetzlichen Richters und seiner Bedeutung für die Präsidialverfassung des Gerichtsverfassungsgesetzes, Hamburg 2008
(zit.: *Remus,* Präsidialverfassung, S.)

Rennert, Klaus — Beleihung zur Rechtsetzung?, in: JZ 2009,

S. 976 – 984

Richardi, Reinhard — Kollektivgewalt und Individualwille bei der Gestaltung des Arbeitsverhältnisses, München 1968
(zit.: *Richardi,* Kollektivgewalt, S.)

Richardi, Reinhard — Koalitionsgewalt und individuelle Koalitionsfreiheit, in: AöR 93 (1968), S. 243 – 269

Ricken, Oliver — Autonomie und tarifliche Rechtsetzung. Die Tarifzuständigkeit als Wirksamkeitserfordernis des Tarifvertrags, München 2006
(zit.: *Ricken,* Autonomie und tarifliche Rechtsetzung, S.)

Römermann, Volker
Hartung, Wolfgang — Anwaltliches Berufsrecht, 2. Aufl., München 2008
(zit.: *Römermann/Hartung,* Anwaltliches Berufsrecht, S.)

Rudolf, Walter — Der öffentliche Dienst im Staat der Gegenwart, in: VVDStRL 37 (1979), S. 175 – 211

Ruthig, Josef — Verwaltungsrechtsschutz bei der staatlichen Auftragsvergabe? Eine verwaltungsrechtliche Kritik der Lenkwaffen-Entscheidung des OVG Koblenz, in: NZBau 2005, S. 497 – 503

Ruthig, Josef
Storr, Stefan — Öffentliches Wirtschaftsrecht, 2. Aufl., Heidelberg 2008
(zit.: *Ruthig/Storr*, Öffentliches Wirtschafts-

recht, §, Rn.)

Ryffel, Hans — Grundprobleme der Rechts- und Staatsphilosophie, Neuwied 1969
(zit.: *Ryffel*, Grundprobleme der Rechts- und Staatsphilosophie, S.)

Ryffel, Hans — Öffentliche Interessen und Gemeinwohl: Reflexionen über Inhalt und Funktion, in: Wohl der Allgemeinheit und öffentliche Interessen, Vorträge und Diskussionsbeiträge der 36. Staatswissenschaftlichen Fortbildungstagung der Hochschule für Verwaltungswissenschaften Speyer 1968, Berlin 1968, S. 13 – 31

Sachs, Michael — Das parlamentarische Regierungssystem und der Bundesrat – Entwicklungsstand und Reformbedarf, zweiter Bericht, VVDStRL 58 (1999), S. 39 – 77

Sachs, Michael (Hrsg.) — Grundgesetz – Kommentar, 6. Aufl., München 2011
(zit.: *Bearbeiter,* in: Sachs, GG, Art., Rn.)

Säcker, Franz Jürgen; Rixecker, Roland (Hrsg.) — Münchener Kommentar zum Bürgerlichen Gesetzbuch, Bd. 5: Schuldrecht Besonderer Teil III, § 705 – 853, Partnerschaftsgesellschaftsgesetz, Produkthaftungsgesetz, 5. Aufl., München 2009
(zit.: *Bearbeiter,* in: Münchener Kommentar zum BGB V, §, Rn.)

Schäfer, Friedrich — Der Bundestag, 4. Aufl., Opladen 1982

(zit.: *F. Schäfer,* Der Bundestag, S.)

Schäfer, Hans — Der Bundesrat, Köln 1955
(zit.: *H. Schäfer,* Der Bundesrat, S.)

Schenke, Wolf-Rüdiger — Die Verfassungsorgantreue, Berlin 1977
(zit.: *Schenke*, Verfassungsorgantreue, S.)

Scheuner, Ulrich (Hrsg.) — Staatstheorie und Staatsrecht, Berlin 1978
(zit.: *Bearbeiter,* in Scheuner, Staatstheorie, S.)

Scheuner, Ulrich — Normative Gewährleistungen und Bezugnahme auf Fakten im Verfassungstext. Ein Beitrag zur Auslegung des Grundgesetzes, in: Öffentliches Recht und Politik, Festschrift für Hans Ulrich Scupin zum 70. Geburtstag, Berlin 1973, S. 323 - 341

Schlaich, Klaus / Korioth, Stefan — Das Bundesverfassungsgericht, 9. Aufl. 2012
(zit.: *Bearbeiter,* in: Schlaich/Korioth, Das Bundesverfassungsgericht, Rn.)

Schlink, Bernhard — Der Grundsatz der Verhältnismäßigkeit, in: Festschrift 50 Jahre Bundesverfassungsgericht, Zweiter Band, Klärung und Fortbildung des Verfassungsrechts, Tübingen 2001, S. 445 – 465

Schmidt-Aßmann, Eberhard — Das allgemeine Verwaltungsrecht als Ordnungsidee. Grundlagen und Aufgaben der verwaltungsrechtlichen Systembildung, 2. Aufl., Berlin 2006
(zit.: *Schmidt-Aßmann,* Das allgemeine Verwal-

tungsrecht als Ordnungsidee, S.)

Schmidt-Aßmann, Eberhard — Verwaltungslegitimation als Rechtsbegriff, in: AöR 116 (1991), S. 329 – 390

Schmidt-Bleibtreu, Bruno; Hofmann, Hans (Hrsg.) — Kommentar zum Grundgesetz, 12. Aufl., Köln u.a. 2011
(zit.: *Bearbeiter,* in: Schmidt-Bleibtreu/Hofmann, GG, Art., Rn.)

Schmidt-Jortzig, Edzard — Die Steuerungskraft der Verfassungsvorschriften über das Gesetzgebungsverfahren - Zur formellen Rechtmäßigkeit der umstrittenen Novelle des Diäten- und Senatsgesetzes 1987 in Hamburg, in: ZParl 1992, S. 582 – 604

Schmitt, Carl — Die Tyrannei der Werte, in: Säkularisation und Utopie, Ernst Forsthoff zum 65. Geburtstag, Stuttgart u.a. 1967, S. 37 – 62

Schmitt, Carl — Verfassungslehre, 8.Aufl., Neusatz auf Basis der 1928 erschienenen 1. Aufl., Berlin 1993
(zit.: *Schmitt,* Verfassungslehre, S.)

Schneider, Hans — Gesetzgebung, 3. Aufl., Heidelberg 2002
(zit.: *H. Schneider,* Gesetzgebung, Rn.)

Schneider, Hans-Peter; Zeh, Wolfgang (Hrsg.) — Parlamentsrecht und Parlamentspraxis in der Bundesrepublik Deutschland, Berlin 1989
(zit.: *Bearbeiter,* in: Schneider/Zeh, Parlamentsrecht, §)

Schneider, Tobias — Primärrechtsschutz nach Zuschlagserteilung. Der oberhalb der Schwellenwerte bestehende vergaberechtliche Primärrechtsschutz des nichtberücksichtigten Bieters nach Zuschlagserteilung, Berlin 2007

(zit.: *T. Schneider,* Primärrechtsschutz nach Zuschlagserteilung, S.)

Schnelle, Eva Marie
Hopkins, Richard — Ausgewählte Probleme des Nebentätigkeitsrechts, in: NVwZ 2010, 1333 – 1338

Schnur, Roman — Gemeinwohl und öffentliche Interessen in den Verfassungen und den Gesetzen des sozialen Rechtsstaates, in: Wohl der Allgemeinheit und öffentliche Interessen. Vorträge und Diskussionsbeiträge der 36. Staatswissenschaftlichen Fortbildungstagung der Hochschule für Verwaltungswissenschaften Speyer 1968, Berlin 1968, S. 57 – 72

Schoch, Friedrich
Schmidt-Aßmann, Eberhard
Bier, Wolfgang
(Hrsg.) — Verwaltungsgerichtsordnung, Band I, 24. Erg.-Lfg., München 2012

(zit.: *Bearbeiter,* in: Schoch/Schmidt-Aßmann/Bier, VwGO, §, Rn.)

Scholl, Patrick — Der private Sachverständige im Verwaltungsrecht. Elemente einer allgemeinen Sachverständigenlehre, Baden-Baden 2005

(zit.: *Scholl,* Der private Sachverständige im Verwaltungsrecht, S.)

Schürmann, Martin — Die Umgehung des Bundesrates im sog "Ersten Durchgang" einer Gesetzesvorlage, in: AöR 115 (1990), S. 45 – 63

Schürmann, Martin — Grundlagen und Prinzipien des legislatorischen Einleitungsverfahrens nach dem Grundgesetz, Berlin 1987
(zit.: *Schürmann*, Grundlagen und Prinzipien, S.)

Schulze-Fielitz, Helmuth — Theorie und Praxis parlamentarischer Gesetzgebung, Berlin 1988
(zit.: *Schulze-Fielitz,* Theorie und Praxis, S.)

Schumpeter, Joseph Alois — Kapitalismus, Sozialismus und Demokratie, 7. Aufl., Tübingen u.a. 1993
(zit.: *Schumpeter,* Kapitalismus, Sozialismus und Demokratie, S.)

Schwarze, Jürgen (Hrsg.) — EU-Kommentar, 3. Aufl., Baden-Baden 2012
(zit.: *Bearbeiter,* in: Schwarze, EU-Kommentar, Art., Rn.)

Schwierz, Matthias — Die Privatisierung des Staates am Beispiel der Verweisungen auf die Regelwerke im technischen Sicherheitsrecht, Frankfurt a.M. u. a. 1986
(zit.: *Schwierz,* Die Privatisierung des Staates, S.)

Sellmann, Klaus-Albrecht — Der schlichte Parlamentsbeschluß. Eine Studie zum Parlamentsakt außerhalb des Gesetzgebungsverfahrens ; dargestellt an Beschlüssen des Bundestages und des Bayerischen Landtages, Berlin 1966
(zit.: *Sellmann,* Der schlichte Parlamentsbeschluß, S.)

Simson, Werner von — Das demokratische Prinzip im Grundgesetz, in: VVDStRL 29 (1971), S. 3 – 45

Singer, Reinhard — Zwischen Berufsethos und Kommerz: Eine Frage der Ehre!? Gedanken zur anwaltlichen Berufsethik, in: AnwBl 2009, S. 393 – 401

Sommermann, Karl-Peter — Staatsziele und Staatszielbestimmungen, Tübingen 1997
(zit.: *Sommermann*, Staatsziele, S.)

Sontheimer, Kurt; Bleek, Wilhelm — Abschied vom Berufsbeamtentum? Perspektiven einer Reform des öffentlichen Dienstes in der Bundesrepublik Deutschland, Hamburg 1973
(zit.: *Sontheimer/Bleek*, Abschied vom Berufsbeamtentum?, S.)

Sontheimer, Kurt (Hrsg.) — Handbuch des politischen Systems der Bundesrepublik Deutschland, 2. Aufl., München u.a. 1978
(zit.: *Bearbeiter,* in: Sontheimer, Hb. des politischen Systems der Bundesrepublik Deutschland, S.)

Steiner, Udo — Öffentliche Verwaltung durch Private, Hamburg 1975
(zit.: *Steiner,* Öffentliche Verwaltung durch Private, S.)

Stelkens, Paul; Bonk, Joachim — Verwaltungsverfahrensgesetz, 7. Aufl., München 2008
(zit.: *Bearbeiter,* in: Stelkens/Bonk/Sachs,

Sachs, Michael (Hrsg.) VwVfG, §, Rn.)

Stern, Klaus (Hrsg.) Das Staatsrecht der Bundesrepublik Deutschland, Bd. 1: Grundbegriffe und Grundlagen des Staatsrechts, Strukturprinzipien der Verfassung, 2. Aufl., München 1984
(zit: *Stern,* Staatrecht I, §, S.)

Stern, Klaus (Hrsg.) Das Staatsrecht der Bundesrepublik Deutschland, Bd. 2: Staatsorgane, Staatsfunktionen, Finanz- und Haushaltsverfassung, Notstandsverfassung, München 1980
(zit.: *Stern,* Staatsrecht II, §, S.)

Stickler, Thomas; Reidt, Olaf; Glahs, Heike: Vergaberecht – Kommentar, 2. Aufl., Köln 2003
(zit.: *Bearbeiter,* in: Stickler/Reidt/Glahs, GWB, §, Rn.)

Streinz, Rudolf: Europarecht, 9. Aufl., Heidelberg 2012
(zit.: *Streinz,* Europarecht, Rn.)

Streinz, Rudolf; Ohler, Christoph; Hermann, Christoph: Der Vertrag von Lissabon zur Reform der EU, 3. Aufl., München 2010
(zit.: *Streinz/Ohler/Hermann,* Der Vertrag von Lissabon, Teil, §.)

Stuible-Treder, Jutta: Der Beliehene im Verwaltungsrecht, Tübingen 1986
(zit.: *Stuible-Treder,* Der Beliehene im Verwaltungsrecht, S.)

Summer, Rudolf — Die hergebrachten Grundsätze des Berufsbeamtentums - ein Torso, in: ZBR 1992, S. 1 – 6

Summer, Rudolf — Neue Aspekte zur Fürsorgepflicht – Einerseits Entzauberung, andererseits weitere Anwendungen, in: ZBR 1998, S. 151 – 154

Thiele, Alexander — Art 33 Abs. 4 GG als Privatisierungsschranke. Zugleich Anmerkung zum Urteil des Niedersächsischen Staatsgerichtshofs vom 05.12.2008, 2/07, in: Der Staat 49 (2010), S. 274 – 298

Thieme, Werner — Der Aufgabenbereich der Angestellten im öffentlichen Dienst und die hoheitsrechtlichen Befugnisse nach Artikel 33 Absatz 4 des Grundgesetzes, Hamburg 1962

(zit.: *Thieme,* Der Aufgabenbereich der Angestellten im öffentlichen Dienst, S.)

Thieme, Werner — Der öffentliche Dienst in der Verfassungsordnung des Grundgesetzes (Art. 33 GG), Göttingen 1961

(zit.: *Thieme,* Der öffentliche Dienst in der Verfassungsordnung des Grundgesetzes, S.)

Thieme, Werner — Demokratie - Ein Staatsziel im Wandel der gelebten Verfassung -, in: DÖV 1998, S. 751 – 760

Thoma, Richard — Das richterliche Prüfungsrecht, in: AöR 43 (1922), S. 267 – 286

Till, Gerhard — Die Entwicklung des Alimentationsprinzips.

	Zum tieferen Verständnis eines hergebrachten Grundsatzes des Berufsbeamtentums in der Diskussion um die Dienstrechtsreform, München 1979 (zit.: *Till,* Die Entwicklung des Alimentationsprinzips, S.)
Triepel, Heinrich	Der Weg der Gesetzgebung nach der neuen Reichsverfassung, in: AöR 39 (1920), S. 456 – 546
Troßmann, Hans	Der Bundestag - Verfassungsrecht und Verfassungswirklichkeit, in: JöR 28 (1979), S. 1 – 304
Trute, Hans-Heinrich	Die Forschung zwischen grundrechtlicher Freiheit und staatlicher Institutionalisierung. Das Wissenschaftsrecht als Recht kooperativer Verwaltungsvorgänge, Tübingen 1994 (zit.: *Trute,* Die Forschung zwischen grundrechtlicher Freiheit und staatlicher Institutionalisierung, S.)
Ule, Carl Hermann	Beamtenrecht, Köln u.a. 1970 (zit.: *Ule,* Beamtenrecht, §, Rn.)
Unger, Sebastian	Das Verfassungsprinzip der Demokratie. Normstruktur und Norminhalt des grundgesetzlichen Demokratieprinzips, Tübingen 2008 (zit.: *Unger,* Das Verfassungsprinzip der Demokratie, S.)
Voppel, Reinhard Osenbrück, Wolf	Verdingungsordnung für freiberufliche Leistungen ; Kommentar, 3. Aufl., München 2012

Bubert, Christoph (zit.: *Voppel,* VOF, §, Rn.)

Wagner, Hellmut — Die Risiken von Wissenschaft und Technik als Rechtsproblem, in: NJW 1980, S. 665 – 672

Wahlers, Wilhelm — Kein Anspruch auf Ausübung einer Nebentätigkeit zur Durchführung von Vorsorgeuntersuchungen, in: DÖD 1982, S. 265 – 269

Waltermann, Raimund — Rechtsetzung durch Betriebsvereinbarung zwischen Privatautonomie und Tarifautonomie , Tübingen 1996

(zit.: *Waltermann,* Rechtsetzung durch Betriebsvereinbarung, S.)

Weber, Max — Gesammelte Aufsätze zur Wissenschaftslehre, hrsgg. v. Winckelmann, Johannes, 7. Aufl., Tübingen 1988

(zit: *Bearbeiter,* in: Weber, Gesammelte Aufsätze zur Wissenschaftslehre, S.)

Weber-Fas, Rudolf — Zur staatsrechtlichen Stellung des Bundespräsidenten, in: Festschrift für Konrad Duden zum 70. Geburtstag, München 1977, S. 685 – 704

Weinacht, Paul-Ludwig (Hrsg.) — Die Verfassungsprinzipien des Grundgesetzes im Lichte der europäischen Integration, Baden-Baden 2003

(zit.: *Bearbeiter,* in: Weinacht, Verfassungsprinzipien, S.)

Weisel, Klaus — Das Verhältnis von Privatisierung und Beleihung. Eine verfassungsrechtliche Untersuchung

der Kombinationsfähigkeit von Privatisierung und Beleihung sowie der Einflüsse der Anwendung des neuen Steuerungsmodells für die öffentliche Verwaltung auf ihre Zulässigkeit, Baden-Baden 2003
(zit.: *Weisel,* Das Verhältnis von Privatisierung und Beleihung, S.)

Wertenbruch, Wilhelm — Für und wider das materielle Prüfungsrecht des Bundespräsidenten, in: DÖV 1952, S. 201 – 204

Wiegand, Britta Beate — Die Beleihung mit Normsetzungskompetenzen. Das Gesundheitswesen als Exempel, Berlin 2008
(zit.: *Wiegand,* Die Beleihung mit Normsetzungskompetenzen, S.)

Wienholtz, Ekkehard — Normative Verfassung und Gesetzgebung: die Verwirklichung von Gesetzgebungsaufträgen des Bonner Grundgesetzes, Freiburg 1968
(zit.: *Wienholtz,* Normative Verfassung, S.)

Wietersheim, Mark von; Schranner, Urban — Das neue Vergaberecht, München 2010
(zit.: *v. Wietersheim/Schranner,* Das neue Vergaberecht, S.)

Willenbruch, Klaus; Wieddekind, Kristina (Hrsg.) — Kompaktkommentar Vergaberecht, 2. Aufl., Köln 2011
(zit.: *Bearbeiter,* in: Willenbruch/Wieddekind, Vergaberecht, §, Rn.)

Wittig, Oliver — Wettbewerbs- und verfassungsrechtliche Probleme des Vergaberechts, Düsseldorf 1999

(zit.: *Wittig,* Wettbewerbs- und verfassungsrechtliche Probleme des Vergaberechts, S.)

Wolff, Hans-Julius
Bachof, Otto
Stober, Rolf
Kluth, Winfried — Verwaltungsrecht, Bd. 1, 12. Aufl., München 2007
(zit.: *Wolff/Bachof/Stober/Kluth,* Verwaltungsrecht I, S.)

Wolff, Hans-Julius
Bachof, Otto
Stober, Rolf
Kluth, Winfried — Verwaltungsrecht, Bd. 3, 5. Aufl., München 2004
(zit.: *Wolff/Bachof/Stober/Kluth,* Verwaltungsrecht III, S.)

Wyduckel, Dieter — Der Bundesrat als Zweite Kammer. Zur verfassungsrechtlichen Stellung des Bundesrats im Gesetzgebungsverfahren, in: DÖV 1989, S. 181 – 192

Yi, Zoonil — Das Gebot der Verhältnismäßigkeit in der grundrechtlichen Argumentation, Frankfurt a.M. u.a. 1998
(zit.: *Yi,* Das Gebot der Verhältnismäßigkeit in der grundrechtlichen Argumentation, S.)

Ziekow, Jan — Öffentliches Wirtschaftsrecht, München 2007
(zit.: *Ziekow,* Öffentliches Wirtschaftsrecht, §, Rn.)

Zippelius, Reinhold — Demokratie als Ideal und Wirklichkeit, in: Dimensionen des Rechts, Gedächtnisschrift für René Marcic, Bd. 2, Berlin 1974, S. 921 – 933

Zippelius, Reinhold — Legitimation durch Verfahren?, in: Festschrift für Karl Larenz zum 70. Geburtstag, München 1973, S. 293 – 304

Zippelius, Reinhold / Würtenberger, Thomas — Deutsches Staatsrecht, 32. Aufl., München 2008 (zit.: *Zippelius/Würtenberger,* Staatsrecht, §, Rn.)